中国名校纪实丛书

将星升起的地方

中国人民解放军国防大学纪实

ZHONGGUO RENMIN JIEFANGJUN GUOFANG DAXUE JISHI

郭高民◎著

人民出版社

责任编辑:侯　春
装帧设计:肖　辉

图书在版编目(CIP)数据

将星升起的地方——中国人民解放军国防大学纪实/郭高民 著.
-北京:人民出版社,2013.6
(中国名校纪实丛书)
ISBN 978-7-01-011908-3

Ⅰ.①将…　Ⅱ.①郭…　Ⅲ.①中国人民解放军国防大学-校史
Ⅳ.①E251.3-09

中国版本图书馆 CIP 数据核字(2013)第 059451 号

将星升起的地方
JIANGXING SHENGQI DE DIFANG
——中国人民解放军国防大学纪实

郭高民　著

人民出版社 出版发行
(100706　北京市东城区隆福寺街 99 号)

北京瑞古冠中印刷厂印刷　新华书店经销

2013 年 6 月第 1 版　2013 年 6 月北京第 1 次印刷
开本:710 毫米×1000 毫米 1/16　印张:16.5
字数:210 千字　印数:0,001-5,000 册

ISBN 978-7-01-011908-3　定价:45.00 元

邮购地址 100706　北京市东城区隆福寺街 99 号
人民东方图书销售中心　电话 (010)65250042　65289539

★ 1951 年 1 月 15 日，毛泽东在刘伯承院长陪同下视察中国人民解放军军事学院

★ 1974 年 7 月，邓小平在萧克校长陪同下视察中国人民解放军军政大学

★ 1989 年 12 月 29 日，江泽民在张震校长陪同下视察中国人民解放军国防大学

★ 2010 年 10 月 27 日，胡锦涛、习近平会见中国人民解放军国防大学第五次党代会全体代表

（李刚　摄）

★ 中国工农革命军第一军第一师第一团军官教导队旧址（井冈山）

★ 中国工农红军学校在瑞金

★ 中国人民抗日红军大学旧址（瓦窑堡）

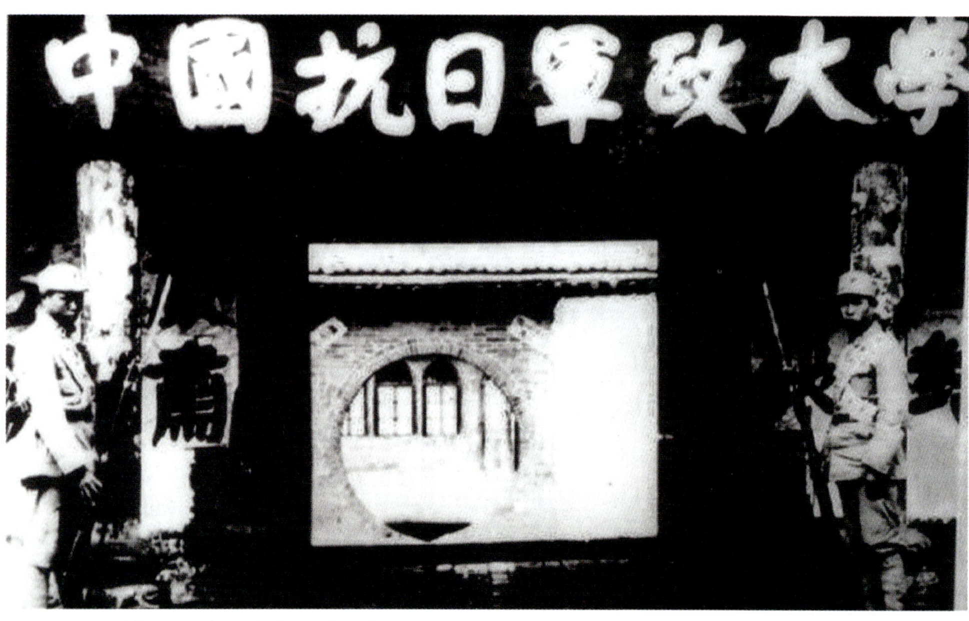

★ 中国人民抗日军事政治大学在延安

★ 中国人民解放军华北军政大学在石家庄

★ 中国人民解放军军事学院旧址（南京）

★ 中国人民解放军国防大学校训墙

★ 中国人民解放军国防大学综合办公楼　　（郑春龙　摄）

★ 中国人民解放军国防大学校园雕塑——长征　　（郑春龙　摄）

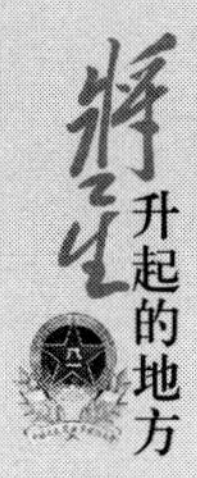

CONTENTS

目 录

导　言

国防大学是中国最高军事学府，肩负着军队高级军事人才培养、军事理论创新、军委总部决策咨询、国防教育和对外军事交流的职能任务，地位重要，使命光荣，责任重大。

国防大学的根在井冈山。1927 年 9 月，毛泽东领导了秋收起义，随后率部队把革命的旗帜插上井冈山，并于同年 11 月下旬在井冈山北麓的龙江书院创办起中国工农革命军第一军第一师第一团军官教导队（后称井冈山教导队）。从此，中国革命走上了工农武装割据的崭新道路，人民军队也开启了自己办学育人的先河。作为中国共产党最先创建的学校，井冈山教导队培养的 150 多名干部，连同它培育、创造的理论联系实际的优良作风，以及既是学习队又是战斗队、工作队的办学模式，几经辗转，在红军各部队以及由中国共产党开办的各类学校发挥着“种子”与“酵母”的作用，对革命力量由小到大、由弱到强的成长发展，产生了重要而深远的影响。

国防大学在革命战争年代的辉煌期是抗日军政大学时期。说它辉煌，是因为抗大人创造了自力更生、艰苦奋斗、爱国忠党、勇于献身、与时俱进、锐意创新的抗大精神。这种精神就像一个巨大的磁场，不断地吸引着、凝聚着全国各地热血青年和仁人志士投身抗日战争的洪流之中，最多时一天内入校新生达到 1000 多名，以至于当时印度的志愿援华医生柯棣华先生将抗大赞叹为“东方的耶路撒冷”。说它辉煌，又在于抗大创造了一种完全不同于一切旧教育，也完全不同于其他一切军校的教育模式，它的方方面面都是革新的、革命的、生机盎然的。在抗大，不论校长、队长、教员还是学员，大家都是平等的、民主的，甚至干部的劳动指标比学员高，生活标准则比教员低，因而不存在或者极少有发自内部的矛盾、冲突和耗散。它的所有显性的和潜在的能量都能够最大限度地凝合到一起，形成一个拳头，一致对外；

抗大从教学到生产，从政治到战争，是最大限度地实现了课堂与实践的“无缝链接”，因而整个教学过程成了一个能力转化过程，它培养的人才成了日军声称“宁可用20个士兵生命换一个抗大学员”的革命者；抗大的领导干部同时又是教员和学员，因而它的每一项教学甚至是每一堂课的运行、每一个教学细节问题的解决，都能够最大限度地在决策者的感同身受中进行，它的整个进程始终处于集思广益、与时俱进的科学轨道之中。这也就是说，抗大为人民教育事业开辟了崭新的路径，创造了宝贵的经验，积淀了发展的基础，培育了优良的学风和校风，留下了经得起历史考验、值得后人代代相传的宝贵精神财富。

国防大学在和平建设时期也写下了不朽篇章。在抗美援朝战争中，它发扬革命战争年代优良传统，创造了课堂与战场紧密链接的“实战化”办学模式，通过不间断的战教互动，为赢得战争胜利提供了强有力的人才和智力支持。在和平建军中，它大胆借鉴苏军经验，大胆起用原国民党军官，大胆探索符合时代要求、具有我军特色的育将之道，为推进军队革命化、现代化、正规化建设提供了强有力的理论和人才支持。在“左”的年代，它勇于捍卫真理，勇于保持实事求是的学风，坚持在“左”与“右”的“夹缝”中求生存、求发展，为人民军队巩固国防、抵御侵略提供了必要的人才支持。改革开放以来，它勇立潮头，放眼世界，与时俱进，锐意改革创新，在教育理念、办学模式、教学内容和教学手段上不断有所创造，实现了从“合同型”到“联合型”，从机械化到信息化，从“备战化”到“实战化”的战略转变，使人才的培养和培养的人才越来越符合信息时代的发展要求。

几年前，在一次视察国防大学时，中央军委原副主席张万年环顾在座的军委、总部首长，高兴地对参加座谈会的学员们说：“我们都是国防大学的学员！”的确，新中国成立以来，从国防大学及其前身南京军事学院、高等军事学院、军政大学、军事学院、政治学院、后勤学院走出的时代骄子，一如满天星斗，遍布党、政、军、科、教、文等各条战线，支撑着、闪耀着共和国的蓝天。他们当中，不仅有名闻世界的政治家、军事家，还有著名的理论家、科学家、教育家、艺术家，甚至还有名震商海的企业家。他们，既是国防大学辉煌历史的书写者、见证者，又是这所中国最高军事学府美好未来的传承者、昭示者。

可以说，国防大学的发展历程，与中国共产党的军事、政治斗争实践紧紧地联结在一起，与中国人民解放军的战斗、发展历程紧紧地联结在一起，与中华民族的独立抗争、和平发展紧紧地联结在一起。而这种联结，既是国防大学的性质、地位和任务所决定的，又是国防大学的特色、传统和前进动力所在，是值得我们认真总结和大力发扬的。

在当今“全球化”浪潮中，我国经济发展触角逐步向世界各地延伸；与此相应，政治上面临的社会矛盾及“西化”、“分化”的压力也与日俱增；随着信息技术革命的深度发展，随着世界新军事变革的迅猛推进，战争的触角也由原来的三维空间、有形空间延伸至多维空间和无形空间，战争形态正在发生深刻变革。这就要求国家军事战略和军队建设指导方针必须进行调整，国防大学教育思想、办学模式和教学内容、方法等也要做相应调整。为此，国防大学要紧密团结在以习近平为总书记的党中央周围，深入贯彻党的十八大精神，高举中国特色社会主义伟大旗帜，以邓小平理论、“三个代表”重要思想、科学发展观为指导，牢牢把握党在新形势下的强军目标，全面加强军队革命化现代化正规化建设，为建设一支听党指挥，能打胜仗，作风优良的人民军队而奋斗。要认真学习习近平主席有关重要讲话，教育学员时刻牢记，听党指挥是灵魂，决定军队建设的政治方向，必须毫不动摇地坚持党对军队的绝对领导，任何时候任何情况下都坚决听党的话、跟党走；时刻牢记，能打胜仗是核心，反映军队的根本职能和军队建设的根本指向，必须按照打仗的标准搞建设抓准备，确保我军始终能够召之即来、来之能战、战之必胜；时刻牢记，作风优良是保证，关系军队的性质、宗旨、本色，必须保持严明的作风和铁的纪律，确保部队高度集中统一和安全稳定。要不断弘扬国防大学的优良传统和作风，积极探索信息时代育将之道和军队建设规律，切实培养出能打仗、打胜仗的将才来，为全面建成小康社会提供坚强安全保障，努力在实现“中国梦”的伟大征程上创造出无愧于前人、无愧于时代、无愧于党和人民重托的新业绩。

Introduction

NDU is the highest military institution of higher learning in China. It shoulders the responsibility of educating senior military officers, military theoretical innovation, policy consultation for CMC Headquarters, national defense education and foreign military exchanges. It holds a vitally important position in the military, undertakes glorious missions and great responsibilities.

NDU has its root in Jinggang Mountain. In September 1927, comrade Mao Zedong led the Qiushou Uprising, and led the troops to start the armed revolution in Jinggang Mountain. In November in the same year, it founded the Officers' Teaching Team of the 1st regiment, 1st division, 1st corp of China's Workers and Peasants Revolutionary Forces. From then on, Chinese revolution took on the road of "separate regime of worker–peasant army" , and people's army has started the precedentce of running schools and educating personnel. As the earliest established school by CPC, Jinggang Mountain Teaching Team educated more than 150 carders, cultivated the fine style of combining theory with practice, and created the teaching mode of acting as learning team, combat team and working team, and played the role of "seeds" and "yeast" for various kinds of schools run by CPC. It has exerted important and profound influence for the growth of revolutionary forces, which developed from small to big in scale, and from weak to strong.

NDU's golden age in the revolutionary era was its Anti–Japanese Military and Political University(AJMPU, or Kangda in Chinese) period. Her brilliance was due to the "Kangda Spirit" of self–reliance, hard working and plain living, loyalty to the party, the courage to sacrifice, keeping up with the times, and the courage of innovation created by Kangda people. This spirit was like an immense magnetic field, attracting and uniting patriotic youth and people of lofty ideals to join the Anti–Japanese War. It once enrolled 1000 freshmen in one day at its most, and Mr. Kotnis, the Indian doctor who volunteered to assist China, admired it as the "Jerusalem in the East" . Her brilliance was also due to her new teaching mode which distinguished her from any form of the old education, or any other education system of other military schools. Every aspect of Kangda was reformative, revolutionary, and full of life. In Kangda, whether it was the president, or team leader, teacher or student, everyone was equal and democratic; carders' working load were even higher than students, while their living standard lower than students. Therefore, there were very few internal contradictions, conflicts and dissipation; all her apparent and potential power could be cohered in its maximum to fight against foreign invasion. From teaching to production, from politics to war, it maximally achieved the "seamless connection" between class teaching and practice, and the whole teaching process had become the process of capability transformation. Tangda graduates were so capable that the Japanese army claimed that they would trade 20 Japanese soldiers'lives for one Kangda student. The leaders of Kangda were teachers and students at the same time, which meant the operation and solution of every teaching item, even every class, or every topic could be conducted by the policy makers themselves. The whole operation was on the track of keeping with the times and avoiding mistakes. Kangda has pioneered new approach for people's education, left invaluable experiences, laid foundation for development, and cultivated fine learning styles and scholl spirit. It also left valuable spiritual wealth that can endure historical test and be worthy of inheriting by later generations.

NDU also accomplished great achievements in the time of peaceful construction. During the War to Resist US Agression and Aid Korea, she carried forward the fine traditions in war times, and created the teaching mode of "real combat" , which closely connected classroom with battlefield. By continuous interaction between combat and teaching, it provides strong intelligence and personnel support for winning the war. In the time of peaceful army construction, she boldly borrowed from the Soviet experience, used Kuomintang defecting people, and explored the way of educating officers that suited the requirement of the times and having our military characteristics, thus providing powerful theoretical support and personnel support for the army's revolutionary, modern and regularized construction. In the era of extreme leftism, she had the courage to defend truth and maintain the realistic and practical learning style, pursuing survival and development in the crevice between political left and right, and had provided necessary support for consolidating national defense and resisting invasion for the people's armed forces. Since the reform and opening up policy was adopted, she bravely stands at the front and took an international perspective, keeping with the times and insisting on reform and innovation, and had made innovation in education thought, school-running mode, teaching content and teaching means, and has realized the strategic transformation from "combination" to "jointness" , from mechanization to informationization, and from "war preparation" to "war fighting" .

Several years ago, when inspecting NDU, the former CMC President Zhang Wannian, looking around the leaders from CMC and the Headquarters, said happily to the students at present, "We are all NDU students!" Indeed, since the founding of PRC, numerous outstanding people have been educated by NDU and its predecessors, i.e., Nanjing Military Academy, Advanced Military Academy, Military and Political University, Military academy, Political Academy, and Logistics Academy. They have been taking important positions in the party, politics, military, science, education and culture, like the shining stars in the sky, lightening our country's future. Among them, there are world famous politicians, militarists, educators, artists, and notable entrepreneurs in the business world. They are not only the writers and witness of NDU history, but the inheritors and revealers of the bright future of China's most senior military academy.

It can be said that the development of NDU is closely connected with the military and political practice of the Communist Party of China, and also closely linked with the combat and development of the PLA. This connection is not only determined by the nature, position and tasks of the NDU, but is also where her characteristics, tradition and motivation for advance originate, which is worthy of our study and carrying forward.

In the waves of globalization, our economic antenna has been extending towards every corner of the world. Correspondingly, the emerging social contradictions, together with the rising pressure of confronting the "westernization", and "secession" also increase with each passing day. With the deepening of informational technology revolution, and with the rapid evolution of world new military reforms, the antenna of war also extended towards multi–dimensional spaces and intangible spaces, and the forms of war is under profound transformation. This situation demands that national military strategy and military construction guidelines must be adjusted, and NDU's educational thought, school–running mode and teaching content and methodology must be adjusted correspondingly. To that end, NDU must follow closely the the CPC with comrade Xi Jinping as the General Secretary, earnestly implement the thematic thought of the 18th CPC National Congress, uphold the banner of socialism with Chinese characteristics, follow the guidelines of Deng Xiaoping theories, the important thinking of "three represents" , and the scientific development outlook. NDU should also closely pursue the goal of strengthening the army under the new situation, and comprehensively enhancing the modernization and regularization of the armed forces, to build a people's armed forces that can follow CPC's command, win wars and have fine traditions. NDU should seriously study relevant speeches made by President Xi Jinping, and educate the students to bear in mind that listening to the party command is the soul of a strong army, and they must unswervingly adhere to the absolute leadership of the party over the army, and follow the party at any time, in every circumstance. They must also bear in mind that being able to fight and win the war is the demand of a strong army, and must promote army construction and war preparation with the wartime standard, so as to ensure that the military can be assembled at command, and can fight a war when assembled, and can win a win when fight. They must also bear in mind that running the armed by law and enforcing strict discipline is the foundation of a strong army, and the military must keep strict style and ruthless discipline to ensure the high-level unity and stability. NDU should further uphold the fine traditions and working style of NDU, explore the rule of educating commanders and military construction in the informational age, effectively educate commanders that can fight wars and win wars, so as to provide strong security guarantee for comprehensively building a well-off society, and try to accomplish new achievements on our journey towards realizing the "Chinese Dream" that is worthy of our predecessors, our times, our party and our people's great trust.

自白：我何以揽下“瓷器活儿”

在进入出版程序之后，我才真正明白了什么叫做“没有金刚钻儿，莫揽瓷器活儿”。

一位教授曾像数落自己不懂事的弟弟一样对我说：“你考虑过这事儿能干吗？几年前出版社就约我写，让我给推了。先不说别的，单是写谁不写谁的问题，你能摆平吗？”

我当时只是笑了笑——决不是不在话下的那种笑。

是时，我已在出版合同上“画押”。

便只好硬了头皮，摸着石头过河了。

石头是人类工具从而也是人类自己的母腹。

石头是中国改革开放的路标。

石头也成了本书“写谁不写谁”的一个分水岭——在国防大学 80 多年的征程上，谁立起过一座“石碑”——划时代的，或是划阶段、划领域、划学科、划课题、划境界、划……的里程碑，就写谁。

然而，一翻动 200 多本参考书、数百万字的文件和图片资料，特别是一拿起笔来，我又发现自己还是想得太“石头”了些——值得写、需要写、应该写的人太多了！不写哪个人都是一种缺憾、一种痛苦，甚至是一种罪过！那些表面上看并没有或者还没有立起一座“石碑”、划出一道亮光的人，事实上只不过是在用另外的方式立着同样不朽的“石碑”、划着同样耀眼的光芒啊！比如名字没有出现在本书目录上，甚至也没有在叙述中被提及的、在革命战争年代不声不响献出宝贵生命的部、系（科）领导，教研人员，机关干部，学员，职工等，他们是“石碑”的基石，是“亮光”的燃料啊！

当然，正像武则天的无字碑所表明的，无名者的伟大和魅力恰恰是文字不能言说的；而我先已如此计较起这些，或许是正着了“以小人之心度君子之腹”的道儿呢。天下本无事、庸人自扰之的事是常常发生的。尽管这多少带了些阿Q式的自我宽慰。

但有一点，是哪怕用《石头记》的办法也无法自圆其说的：一种难以名状的能力惶恐感。中国最高军事学府的人和事该由最高的手笔来写的，却阴差阳错、鬼使神差到了我的手头。尽管出版社编辑几番提醒我的作家名头、获奖荣耀和多年国防大学工作积累，而担心我会打退堂鼓的他有所不知，这反倒加大了我的压力。人总是在发现自己的“钻头”并非“金刚”之后，才怪自己揽下了“瓷器活儿”。

这个“瓷器活儿”的另一“瓷”处，是写什么、怎么写。它肯定不是写校史，那样的书已经出了好几本了；它又不是人物列传，对于“将星升起的地方”而言，光有人物没有“筋儿”，那会搞成连史料价值也没有的“现代兵马俑”。我想到了以人带事连史这么一种搞法，但人、事、史简单组合显然也不成，那充其量只会是一串数不出几个钱的“铜钱串子”。我知道，要让读者看得下去，并且能看出些值得看的东西来，必须找到一个魂儿，一个国防大学的魂儿，一个人民军队的魂儿，一个真正能够把国防大学80多个春秋的人、事、史凝结起来、激活起来的魂儿。可它是什么，在哪里？按出版需要只有4个来月就必须交稿了，时间老人也急了：你就赶紧先动起来吧！或许写着写着，它就出来了。

只有一点，我是有些底的：实事求是。它是马克思主义活的灵魂、中国共产党的思想路线。是它孕育分娩了中国特色革命道路、中国特色社会主义道路、中国特色新军事变革、中国特色将才培养模式，它当然也要成为国防大学80多年人、事、史写作的基本遵循。尽管报告文学允许并鼓励“合理想象”，但本书这个题材非同寻常。它的确只是写一所军校，里面却鲜活着一个红色政权的生命源泉；它的确已成历史，里面却标定着一支军队乃至一个民族的光辉未来；它的确是一个人才培养问题，里面却包含着政治、经济、军事、人文、科技等所有人类社会实体都无可回避的所有问题。因此，拔苗助长之类的勾当，不干。

事实上，作为一所老牌名校，国防大学的“苗”是无需“拔”的。单是从国防大学走出的时代骄子，便足以让人们老实了笔头嘴尾了：他们当中，不仅有闻名世界的政治家、军事家、理论家、教育家、科学家，还有大名鼎鼎的文学家、演艺明星，甚至也有名震商海的企业家。《西点之道》的作者在书中曾不无炫耀地说：“与‘黄埔’稍有不同的是，（美国）西点（军校）不仅是一个‘名将’辈出的地方，还是一个培养企业领导人的地方。”而现在，他看到中国的“红埔”——国防大学也培养出了优秀的企业领导人乃至艺术大师时，不知要作何感言了。这或许也是我之所以强揽“瓷器活儿”的一个逻辑支点。

于是，在截稿日来写这篇前言时，我仿佛也有了至少是阿Q那样的自信。

第一章 世纪雕塑

——人民共和国领袖与国防大学

北伐时有个黄埔，我们要办“红埔”，开办个培养干部的基地。

——毛泽东

从北京市中心区往国防大学走，要路过颐和园。这座清朝的皇家园林，曾以其与圆明园一起被帝国主义侵略军洗劫的屈辱史而闻名中外。

国防大学就在颐和园北侧的百望山脚下。从校门前跨过京密引水渠，往东南方向不到1公里，就可走到中共中央党校。

中国的两所分别培养政治、军事人才的最高学府，在这里文韬武略地呼应，意味深长。

与人民军队同龄，国防大学已走过80多年风雨征程。

这80多年是一个怎样的概念？

它的“根”——中国工农革命军第一军第一师第一团军官教导队，与中国共产党开创的“农村包围城市，武装夺取政权”革命道路之根一起，同时植入中国人民第一块农村革命根据地——井冈山。

它的“果”——那打造新中国、保卫新中国乃至建设新中国的代代英才，一如满天星斗，闪耀着中华民族伟大复兴的辉煌历史和灿烂未来。

于是，便有人做出这样的结论：国防大学的历史，与中国共产党的军事、政治斗争实践紧紧地联结在一起，与中国人民解放军的战斗、发展历程紧紧地联结在一起，与中华民族的独立抗争、和平发展紧紧地联结在一起。

于是，在一次视察国防大学时，江泽民用了一个不乏神话色彩的字眼儿来加以评价：国防大学就是一个“宝”。

而追溯这种联结，人们首先想到的，便是人民共和国领袖们对这个“宝”的精心雕琢了。

毛泽东：“中国红色军校之父”

提起毛泽东，人们都知道他是中国共产党、中国人民解放军、中华人民共和国的缔造者。

但要说毛泽东还是“中国红色军校之父”，恐怕不少人会反问：“是吗？”这不能怪人们所知之少，就像在太阳下面谁也不会注意到还亮着一盏煤油灯一样，尽管在某些时候，煤油灯可能与太阳同等重要。

——植根井冈山

1927年10月，在国共合作的大革命失败、共产党领导发动的各地城市暴动也相继失利、中国革命面临道路选择的历史关头，34岁的毛泽东率领秋收起义部队，把红旗插上了井冈山。从此，中国共产党揭开了“农村包围城市，武装夺取政权”革命道路的新篇章，人民军队也开启了自己办学育人的先河。

毛泽东深知“治军必先治校”的道理。在进军井冈山途中，他领导的秋收起义部队，有农民自卫军、工人纠察队、旧的国民革命军，还有游民无产者，总计只剩下700余人。为之痛心疾首的毛泽东，还没到达目的地井冈山，即在三湾村进行著名的“三湾改编”时，便刻不容缓地“编”了一个“军官团”。只是那时，毛泽东无暇也没有便利条件来摆布他建校育才的急切愿望。

☆龙江奠基　（赵进武、杨芳　绘）

井冈山崖峭壁险，谷深壑幽，峰峦似浪，嶂岫如波，东西绵延250公里，形若一条枕戈待旦的蛟龙，横亘于湘赣交界的罗霄山脉中段，果然是一块武装割据的“风水宝地”。毛泽东是在秋收起义前夜得知井冈山更宜与官府“捉迷藏”的。令他喜出望外的是，这里还有一个现成的办学场所——龙江书院。

龙江书院坐落在井冈山北麓，是一座9厅18井①、占地2000多平方米的古典建筑。这所清朝光绪年间由客籍人集资建起的乡试学府，在辛亥革命后成为当地县立小学，秋收起义部队到来之前已经因兵荒马乱而停办。有趣的是，它的门前也有一条河——龙江河，后面也有形同“五马归槽”的5个连脊山头儿环绕着，恰与现今国防大学依山面水的地理特征如出一辙。

11月下旬，井冈山教导队宣告成立。在当时国民党军队不断“进剿”、封锁，部队宣传发动群众工作十分繁重的情况下，还要抽出力量来办学，大家的认识并不一致，但毛泽东一再强调：磨刀不误砍柴工。

---

① 厅，即可以用作教室或会议室的房屋厅堂；井，即天井，指四面房屋围成的状如方井的露天空地。

"名义上叫教导队"，毛泽东对他亲自点名委任的教导队队长吕赤，党代表蔡钟，教员袁炎飞、黄天华，区队长陈伯钧、张令彬、陈士榘、王良等人说，"实际上是随军的学校。它既不同于黄埔军校，拉起摊摊搞，也不同于广州、武汉的农民运动讲习所，侧重于搞农民运动，它的主要任务是培训、输送军队和地方干部，改造战俘，调查研究敌军情况等。"①

按照毛泽东的意图，井冈山教导队本着作战连队的编成原则，分为相当于排的4个区队，每个区队3个班，每班3个组。教学制度被概括为"三操两讲一点名"（早操及上、下午的操练，上、下午的两堂理论课，晚上的点名讲评）。教导队的培养目标，是使学员彻底地从"城市中心主义"的思维定式中解脱出来，成为适应"农村包围城市，武装夺取政权"革命道路和建设新型人民军队要求的骨干。而围绕这一目标的教学工作具体怎么搞，则与革命道路的转换一样，尚需探索。

大约开学半月后的一天上午，毛泽东在听取吕赤等教导队领导和教员汇报后，与他们作了一次长谈：

> 你们的训练是有成绩的。但不能光搞基本训练和队列动作训练，今后要加强战术训练和夜间训练。战术训练训练些什么呢？为了使大家好记，第一点讲18个字的战术，就是利用地形地物，发扬火力，消灭敌人，保存自己。利用地形地物不是躲起来，不是怕死，而是要利用有利的地形条件隐蔽自己，减小目标；两只眼睛要盯着敌人的行动瞄准敌人放枪，使敌人增加伤亡，这样才能达到保存自己的目的……保存自己的目的，在于更好的消灭敌人。
>
> 第二点，讲十二个字的游击战术，叫做：敌进我退，敌驻我扰，敌退我追。敌进我退，不是逃跑，而是有计划的撤退，并在撤退中利用有利地形杀伤敌人，打乱敌人的行进步伐，然后找有利地形隐藏起来，待机杀敌。这样反复的杀敌和有计划的退却，就能延误敌人的行动，

① 苏士甲、康景海：《中国人民解放军院校发展史》，国防大学出版社1991年版，第3页。

争取时间，保护老百姓撤退。敌驻我扰，就是扰乱驻守中的敌人，采取各种手段和方法来袭击他们，发动各阶层的人民群众，如学生、工人、农民、妇女，打进敌人的营地，探察情况，破坏敌人的军事设施，搅得他们昼夜不宁，疲劳不堪，然后打它、消灭它。敌退我追，就是敌人退却时我们要尾追，打他的伙夫担子，俘虏他的伤残人员，收缴他的枪支弹药。就是不让敌人痛痛快快地撤走……[①]

在后来的作战实践中，毛泽东对上述十二字游击战术又补充了4个字：敌疲我打，使之成为著名的游击战“十六字诀”。

第三点，还要搞夜间训练。要学会走夜路，走山路。

学会夜间摸敌哨、看目标，还要学会夜间传达口令和命令。在地形复杂、接近敌人的岔路口要派人站哨。换哨时要交代敌人动向。夜间行军注意请好向导，向导一般都要熟悉好几条路。尖兵排、排长要注意掌握好各条道路的方向和各个方向的敌情。在前进中发现敌人，要立即侦查清楚，报告给连长处理。连长再将自己的决心和建议报告营、团指挥官，做出决定。

“我们的军队包括军官，都是老百姓的儿子”，见大家笑起来，毛泽东问道，“你们的父母是不是老百姓？”大家旋即严肃地齐答：“是！”毛泽东也笑了：“这就对喽。我们工农革命军是为老百姓办事的，我们做一切事情，都要先想想老百姓。比如说向导，请来后先要同他谈心，使他不怕你，感到你这个红军是打白匪的，是帮老百姓办事的，他就会同你讲心里话，给你带好路。要老百姓讲心里话是不容易的……老百姓历来就受军阀拉夫、抽丁之苦，是害怕军队的。我们是新型的人民军队，同老百姓不能摆官架子。这个军队由一个无产阶级的政党——共产党来领导，是不同于以往任何军队

① 张令彬：《中国人民解放军历史资料丛书 · 院校回忆史料》，解放军出版社1995年版，第3—4页。

的。为了搞好军队的建设，你们要做好健全党支部的工作。支部建在连上这个组织办法是很好的，将来会发挥很好的作用的……”①

毛泽东这次谈话，被认为是毛泽东军事思想中有关人民军队、人民战争及部队教育训练思想的雏形和基石，对于井冈山教导队乃至后来名称各异的红色军校办学育才，堪称教范，影响深远，至今仍不失其指导意义。

从那以后，井冈山教导队“就像一下子有了魂儿一样”，不仅训练搞得热火朝天，还时常利用各种机会开展游击战和政治活动。学员们分赴井冈山周围各地，打土豪，筹粮款，发动群众，宣传群众，组织群众，帮助群众建立苏维埃政权组织、赤卫队和工农暴动队，等等，既扩大了革命根据地和红军队伍，又开风气之先地培养了理论联系实际的学风，使教导队集学习队、战斗队、工作队于一身。从人才培养角度看，中国革命之所以能够走向成功，与这种注重实践环节及综合能力煅造的办学模式是分不开的。

井冈山教导队的学员有100多人②，大多为农家子弟，也有一些工人、学生。毛泽东隔三差五地总要来走一走，看一看，听取汇报，检查指导工作，找学员谈天说地，有“灵感”时便集合起来给大家上一课。毛泽东讲课每每都是纵横古今，深入浅出，妙趣横生，发人深省。用当时常听他讲课的张令彬区队长的话说，就是“特别解渴”。教导队的物质生活很艰苦，“红米饭、南瓜汤”的歌曲悦耳动听，实际上常常吃不饱肚子，但那时人们追寻革命真理的热情同求生存一样发自内心需求。不知是谁开的头儿，渐渐的，学员们都把毛泽东讲课称为“毛委员③发饷”。意思是听毛委员讲课，跟发军饷、吃饱饭一样让人来劲。这个说法，一直延续到抗大时期。而在毛泽东的影响下，高层领导亲自办学、上台讲课，成为人民军队办学的一个传统。

---

① 张令彬：《中国人民解放军历史资料丛书·院校回忆史料》，解放军出版社1995年版，第4—5页。

② 初为百余人，其中有从部队选拔的班长和士兵30多人、井冈山周围各县党组织选送的赤卫队骨干60多人；1928年3月，先期招收的学员均被分配到部队或地方赤卫队工作，后又招收了50余名学员。

③ 毛泽东当时任中共前敌委员会委员。

有一天，毛泽东来看教导队的刺杀训练。训练场上，教员袁炎飞正在怒斥学员谢华光，因为这个从地方赤卫队转过来的学员不得要领，提不起精神，“怎么整都不带个挺儿”。毛泽东走了过去，突然指着前面的稻草人大喝：谢华光你看，这就是恶霸嵩艾①，他又带着乡丁上门捉拿你娘来了，还不一刀刺杀了他！听这么一喊，谢华光顿时怒火中烧，一跃而上。眨眼间，他手中用来练刺杀的木棍已刺穿靶子。在一旁观看的袁炎飞和学员们不禁喝起彩来。今天国防大学的所谓“情景教学法”，若是追本溯源，“老祖宗”便在这里。

井冈山教导队实际上仅办了一期，时间也只有近半年，但它培养的150多名干部，几经辗转，遍布红军各个部队。他们，连同井冈山教导队创造、培植的办学经验和优良作风，在中国革命和建设事业中发挥了宝贵的“种子”与“酵母”作用。董必武在1960年重上井冈山时，写下这样的诗句：

四面重峦障，
五溪曲水萦。
红根已深植，
今日正繁荣。

——瑞金办“红埔”

继井冈山教导队之后，名称各异的随营学校雨后春笋般地遍布红军各部队——闽西、赣西南的红军学校，红一军团、红三军团的随营学校，湘鄂西军政学校，彭杨学校，红四方面军随营学校，鄂西学生队……但那时，各地红军及其随营学校尚处于“星星之火”分块“燎原”之势，还没有形成一个“统一的司令部”。

1931年夏秋之交，红一方面军在毛泽东、朱德指挥下，粉碎国民党军第三次“围剿”，使闽西、赣南两块革命根据地连成一片。中华苏维埃共和

① 嵩艾是当时井冈山地区的一个劣绅，曾因谢华光家交不起田租而将谢母拘禁。

国临时中央政府于同年11月定都江西瑞金，“集中办学”成为可能。

一天，在宁都县小布村的卧室兼办公室里，毛泽东起身迎进了红一方面军的两位高级将领：何长工和邓萍。

“今天请你们来，是要‘撤’你们两位军长的职哩。”没等二人转过神儿来，毛泽东先笑了，“天将降大任于斯人也，你们又有重任喽！”

毛泽东向何长工、邓萍谈了革命形势由游击战向运动战转变、由创建游击根据地向初步建设巩固的根据地过渡，中革军委准备利用较长的战争间隙，抽调两个军长、四个师长、十多个团级干部，建一所正规的红军学校之后，转而一字一板道：

“北伐时有个黄埔，我们要办个‘红埔’，开办个培养干部的基地……我们把中央苏区的一些学校集中在一起，选贤任能，下决心镀这个‘红点子’……新旧军阀很懂得有权必有军，有军必治校这个道理，我们是人民的军队，为了战胜反动派，也要学会办校、治军，培养自己的建军人才。”①

“红埔”在瑞金时期初名中央军事政治学校，后相继改称中国工农红军学校（简称“红校”）、中国工农红军大学校（简称“红大”）。“红埔”办学的一大特点，是就地取材、因陋就简。把瑞金城内的一个祠堂打扫一下，摆上群众送来的各式桌椅，便是校部。学员宿舍和讲堂，则要看哪里有空闲的民房和庙宇了——瑞金城内外，东西南北中，见缝插针。但有一点不能“就简”：领导和教员。学教育出身的毛泽东早就说过，办学校最重要的是两样：一个好的校长，一支好的教员队伍。

校长谁来当，毛泽东已心中有数：萧劲光。此人留苏归来后，出任闽粤赣军区参谋长，又兼着彭杨军事政治学校校长，作战、办学兼优，可当此任。至于教员队伍，毛泽东把呈报给他的名单往桌上一放说，不要总是搞“近亲繁殖”。我们要有排山倒海的胸怀，要不分军内外、党内外，能者为师，广招良才，一定要搞出一支至少不比黄埔军校差的教员队伍。

于是，便有了这样一份值得一看的教员名单：

---

① 国防大学训练部：《毛泽东、邓小平、江泽民军事教育重要论述摘编》，第1页。

军事教员：

陈赓、韦国清、陈伯钧、郭化若、粟裕、伍修权、庄田、武亭（朝鲜人）、陈德勤、洪水（越南人）、阎捷三、钟伟剑、许卓、谭西林、朱光甫、刘海清、姜元升、黄冠英、李嵩高、胡国杰、周子昆、苏进、边章伍、鲍德心、韩振纪、赵志奇、张子承、吴子罕、卢寿椿、孙毅、李达夫等。

政治教员：

董必武、瞿秋白、欧阳钦、张如心、吴亮平、朱瑞、沙可夫、李弼廷、海荆洲、蔡畅、危拱之、蔡书彬、邱创成、黄世昌、罗贵波、铁轮、黄火青、陈明、李伯钊等。

文化教员：

王叔振、赵品三、崔音波、石联星、沈乙庚、刘月华、施英、施月娥等。

上述教员，既有保定军官学校、黄埔军官学校、西北军官学校的毕业生，也有苏联多所著名军政学院以及日本士官学校的留学生；既有党内元老、军中翘楚，又有社会精英、艺界名流，甚至还有一些外国志士。世界上的事情就是这样子，有了梧桐树，自有金凤来，而“凤凰”也的确是“非清泉不饮，非梧桐不栖”的。

在毛泽东直接指导下，“红埔”逐步形成人民军队历史上第一个基本完备的军校体系。除健全的各级党组织外，学校机关分设训练、政治、校务 3 个部门（初称处，后为部）。其下属机构也五脏俱全，如政治部设秘书科、组织调配科、宣传鼓动科、俱乐部等，在体制轮廓上可以说与今大同小异。学员队则按战斗序列编为 4 个步兵连，设连长、指导员；随着办学规模不断扩大，改按专业分编为步兵科、政治科及特科，建制级别也由连而营至团地逐步升格；后来，根据需要还开设了上级科和高级科，培训部队的中高级干部。同时，“红埔”还不断发展完善井冈山时期开创的“因时、因地、因人、因课制宜”的灵活办学方式、“以战教战”的理论联系实际学风、注重培养实际能力的“少而精、启发式”教学方法。学制也很有弹性：一般规定为6个月，但根据实际需要，学员可随时毕业。后来，在何长工、刘伯承、叶剑英等校领导精心组织下，学校从课程设置到教材编写，从党的建设到行政管理，各方面都日趋规范、严格，使“红埔”逐步有了正规军校的样子。珍存于解放军档案馆的一张“课程表”，就很能说明问题：

起床：6时。

早点名：6时20分。

早操：6时30分至7时。

早饭：7时20分到7时40分。

操课（1）：8至9时。

操课（2）：9时15分至10时15分。

讨论会：10时20分至11时15分。

午饭：12时至12时20分。

诊断[①]：12时30分至12时50分。

操课（3）：13至14时。

操课（4）：14时15分至15时15分。

操课（5）：15时30分至16时30分。

晚饭：16时40分至17时。

娱乐：17时10分至18时10分。

会报（集体读报）：18时20分至18时40分。

自习：18时50分至20时20分。

晚点名：20时30分。

就寝：21时。

① 指有伤病的学员在此时间到红校医院诊断治疗。

1933年10月，“红埔”根据中革军委命令，将红校原高级班、上级干部队改建为中国工农红军大学校（简称“红大”），负责培养团以上干部；将六期团[①]和七期团分别改建为红军第一、第二步兵学校，主要培养营级干部；将工兵营、炮兵连、重机枪连、防空和装甲车连改建为红军特科学校，将游击队训练班改建为游击队学校，承担连、排干部培养任务。人民军队院校初、中、高三级培训体制，就此成形。按照中革军委的明确指示，改建后的红大还肩负着统一拟定中、初级院校教学计划并指导其教学工作的重任，在红军的办学实践中发挥起“龙头”作用。

与部队保持紧密的互动联系，是“红埔”一贯秉持的基本办学制度。除了尽可能多地派员参与前线作战指挥、随时派学员接替前线伤亡干部并及时将战场信息带回学校，随时请到瑞金办事的部队干部作报告、谈情况而外，学校的各级领导和教员还经常与部队干部轮换任职。在不满3年间，单是校长就换了4任：萧劲光—何长工—刘伯承—叶剑英—周昆。这就从根本上保证了经验积累、理论创新与综合能力提升之水的鲜活流动，使学校始终知晓“理论”究竟要联系什么样的实际和怎样更好地联系实际,部队也始终知晓“实际”究竟要接受什么样的理论指导和怎样更好地接受理论的指导。这个做法，同现在一些发达国家的军校教员与部队干部轮换交流制度如出一辙!

如同毛泽东常到井冈山教导队讲课、作指示一样，周恩来、朱德、刘少奇、王稼祥、刘伯承、邓小平等中共中央和红军领导同志，也是红大学员们热切期盼且时常能够迎来的“发军饷”者。像周恩来的《把敌人消灭在我们面前，瓦解在他们心间》政治工作课、邓小平的《党的建设》课等，许多红大校友几十年后仍然记忆犹新。

毛泽东还时常给红大学子发放“特殊的军饷”——旁听中央的重要会议。在中华苏维埃第二次全国代表大会期间，数百师生甚至还被安排旁听了毛泽东的政治报告和朱德总司令的军事报告。这种“直通车”式的做法，等于是为高质量人才的摇篮“插上了翅膀”。

① 相当于现在中级军事院校的团级学员大队，改建后的红军步兵学校系中级院校，下同。

由于国民党政权的军事“围剿”和经济封锁，中央苏区的物质生活异常困难。但困难像块磨刀石，把“红埔”人磨砺得愈加坚强和智慧。在第五次“围剿”中，国民党军不断出动飞机对“红都”瑞金进行狂轰滥炸。面对红军长期对空中打击无还手之力的被动局面，红大学员在兵工厂技术工人郝郗英等人指导与合作下，几经实验，把平射的“三十节式”重机枪安上高射架和对空射击瞄准仪，改造成高射机关枪，为人民军队新成立的防空部队提供了第一件“对空宝贝”。被授予“对空射击手”荣誉称号的学员王文礼，还创造了用老式步枪击落敌机的奇迹。这一卓绝战绩的创造，得益于“红埔”富于创新特质的办学方式。

至1934年10月中央红军转入长征时，红校和红大在瑞金一共办了9期，为红军、地方武装和党、政、群组织输送约1.3万名干部，其中大部分在作战中献出了宝贵的生命。而在枪林弹雨中幸存下来的，大都成为党、政、军栋梁之材，如：张爱萍、陈丕显、宋任穷、宋时轮、韦国清、方强、康克清、刘忠、邓华、周子昆、张宗逊、郭天民、马俊良、唐亮、苏振华等人。

“红埔”既是各革命根据地军民敬仰、向往的地方，又是国民党军忌惮、仇视的地方。就在它告别瑞金转入万里长征之后，国民党军还兴师动众地将校舍和操场等设施全部摧毁。但这些摧毁者并没有意识到，“红埔”的精神是不可摧毁的——当他们还在挖地三尺“干净、彻底”地消除红大遗迹时，它已经在长征途中开办起前无古人的“脚板大学”。①

——宝塔山上唱大风

在中国，提起宝塔山，人们便知那是说延安了；而说起延安，许多人还知道毛泽东在那里亲手创办的中国人民抗日军事政治大学。

在纪念抗大建校60周年大会上，江泽民是这样说的：“人们永远不会

---

① 1934年10月，由于中央红军未能打破国民党军第五次“围剿”，红大与第一、第二步兵学校及特科学校合并为干部团，随中央纵队转入长征。长征路上，干部团坚持且走且教、且战且学，既维持了学校职能，又创造了充当“长征开路先锋”、架设“长征第一桥”等骄人成绩，被后人誉为“拖不垮的脚板大学”。

忘记那场决定中国人民命运的战争，也永远不会忘记抗日军政大学在那场战争中所作出的巨大贡献”，更不会忘记“毛泽东同志亲自担任抗大教育委员会主席，亲手制定教育方针和校训，并直接过问抗大的各项建设，审定教学大纲和教学计划，还经常给学员讲课”。①

一个政党和军队的最高领导人，如此对待一所军校，可谓世所罕见。

“要煽动全国的烽火”，毛泽东在抗大讲课时多次向提问的学员们解释创办抗大的目的，“有了全国人民做干柴还不够，而火与助火的风，都需要我们来制造。”②

毛泽东要“制造”怎样的“风”呢?

事实上，毛泽东是中国近代以来最执着的“教育兴国”探索者。他在就读湖南第一师范时就透彻地看到，“教育乃促进社会进步之利器”。旧中国之所以积贫积弱、受制于人，根子在“从前的教育，是贵族和资本家的专利，一般平民，绝没有机会受得。他们既独有知识，于是生出智愚的阶级”。在贵族阶级垄断下的学校，学生整日读的是“一大堆古典式、死尸式的臭文章”，做的是“行‘古礼’、守‘古法’”。这种教育“坏的总根，在使学生立于被动，消磨个性，灭掉性灵，庸懦的随俗浮沉，高才的相与裹足”。③ 于是，他在1920年致黎锦熙的信中说：“我一生恨极了学校！”于是，他像所有注定成就大事的年轻人一样，开始了不无理想色彩的宏大探索——革新旧教育，创造新中国。可以说，毛泽东在青年时代与志同道合者成立新民学会，创办湖南自修大学及农民运动讲习所，在拉起武装队伍后创办井冈山教导队、红校和抗大，直至在新中国成立后推行扫盲运动和一系列“教育革命”，都是围绕这样一个宏大的革命抱负展开的。

而抗大则是他这一探索中最理想、最成功、最具深远影响力的一笔。

说它最理想，是因为抗大的创办几乎占尽了天时、地利、人和。日军的战略失算——不断扩大侵华战争、企图吞并全中国，与其实力不足相矛盾，

---

① 江泽民：《在纪念抗大建校六十周年大会上的讲话》，《解放军报》1996年6月1日。

② 《党史研究资料》1989年第10期，第2—3页。

③ 《毛泽东早期文稿》第2卷，湖南出版社1966年版，第31页。

造成中日战争之持久态势；蒋介石政权政治腐朽造成的抗战无能、失地千里，引发了广大青年知识分子对国民党的深度失望，从而在事实上把共产党推举到“民族救星”之位，使以毛泽东为代表的共产党人获得了蓄势待发的绝好“天时”。以至于中国各地纷纷掀起抗日浪潮，就连国民党内的地方实力派张学良、杨虎城也出于民族良知而在西安发动“兵谏”，逼蒋抗日。1936年6月1日正式开学的抗大①，之所以能够持续发展10年而又“越抗越大”——在敌后抗日根据地还相继开办14所分校，“从延安到各抗日根据地，到处都有抗大的旗帜，都能听到抗大的校歌”②，是与这一国内政治形势分不开的。

陕北山区的极端穷困和共产党在这里创建的相对巩固的红色根据地，为抗大锤炼无所畏惧的抗战骨干提供了绝佳的“地利”。抗大的一个突出特点，就是坚持教育同生产劳动相结合，通过大力倡导自力更生、艰苦奋斗的创业精神，通过充满革命乐观主义的劳动实践，将艰难困苦变成磨刀石，如毛泽东所说的，把学员磨砺成“一把把锋利的利刃，去打倒日本帝国主义”。愈困愈苦而益坚益乐，几乎成了抗大人的一种生命惯性；而相对巩固的根据地环境，又使抗大得以更其从容地走自己的路。毛泽东在给抗大学员讲课时，说过这样一段为后来事实所证明的妙语：在我们的征途上摆着一样东西，其名曰“困难”。我们告诉它，我们是从抗日军政大学锻炼出来的，不怕你。它说它有很大的本领，能使我们没衣服穿，我们不怕；能使我们没饭吃，我们不怕；它说它还有飞机、大炮、坦克，但我们都不怕。我们克服了一切的困难，再问它还有没有，它说没有了，便只好缴枪。在蒋介石政权对陕甘宁边区实行经济封锁的异常艰难时期，抗大人在宝塔山上安营扎寨，一边开荒种地，一边进行教学，既克服了粮荒，又掌握了自力更生这个“革命法宝”。李富春在1939年4月2日的《新中华报》上这样描述道：“现在从事劳动的劳动者，在一月以前，或者是从未拿过锄的文弱书生，或者是刚刚离开了大都市的富裕家庭与学校而来延安的男女青年学生，

① 包括中国人民抗日红军大学。

② 江泽民：《在纪念抗大建校六十周年大会上的讲话》，《解放军报》1996年6月1日。

或者历来是只知‘笔耕’的文艺人才，他们都下决心自觉的改变了他们的习惯、生活与意识，拿起锄头，爬上山头，不怕风尘仆仆，不怕皮破血流，不畏疾病侵袭；兴趣豪迈，歌声扬扬地努力开荒，用锄头，用血汗，开辟了自己的新的人生！使劳动与学习，工作与斗争，从自己的实践中联系起来，使每个人自己体会了、实践了‘劳动神圣’的光荣！”

至于“人和”，则要归因于毛泽东的“主义”。对于创造新教育，毛泽东在青年时代就开始了积极的探索。在1920年11月致罗章龙的信中，他提出：“中国坏空气太深太厚，吾们诚哉要造成一种有势力的新空气，才可以将它换过来。我想这种空气，固然要有一班刻苦励志的人，尤其要有一种为大家共同信守的‘主义’，没有主义，是造不成空气的。我想我们学会①，不可徒然做人的聚集，感情的结合，要变为主义的结合才好。主义譬如一面旗子，旗子立起了，大家才有所指望，才知所趋赴。”正因此，在中华民族面临外侮内患的危难关头，以毛泽东为核心的中共中央审时度势，及时创办起以专门培养抗战人才、专门研究传播抗日救亡办法为旗帜的抗大，并由毛泽东亲笔题词和多次讲课、演讲，为抗大制定了富于马克思主义品格的教育方针和校风要求（后统称“校训”）：坚定正确的政治方向、艰苦朴素的工作作风、灵活机动的战略战术，团结、紧张、严肃、活泼，从而不仅赢得了抗大所在地民众乃至全国人民的大力支持，不仅吸引来了全国各地乃至国外一批批热血青年和仁人志士，甚至还赢得和吸引来了众多以张学良之弟张学思、杨虎城之子杨拯民为代表的国民党高级将领的家人、子女。斯诺在《为亚洲而战》一文中描述道：“战事开始以后，我每每走到一处地方，哪怕是最料不到的地方，总有那腋下夹着一本《西行漫记》的青年，问我怎样走进延安的学校。在一座城市，教育局长象一个谋叛者似的到我这里来，要我‘介绍’他的儿子，让他去进延安的军政大学。在香港，一个发达的银行家使我吃惊地做出了同样的请求。假使我在上海或汉口或重庆设立一个招募站，我可以募集好几个大队，这也许是对中国最好的贡

① 指新民学会。

献。”对此，毛泽东在给抗大学员讲课时则是这样说的：“我们彼此都不认识，但也可以说又都认识，因为我们在政治上是站在一条战线上的，从政治上说，从精神上说，我们是彼此贯通的，是相识的。”①

说抗大最成功、最具深远影响力，是因为它创造了一种完全不同于一切旧教育，也完全不同于其他一切军校的教育模式，这就是它的方方面面都是革新的、革命的、生机盎然的。在抗大，不论校长、队长、教员还是学员，大家都是平等的、民主的，甚至干部的劳动指标比学员高，生活标准则比教员低，因而没有或者极少有发自内部的矛盾、冲突和耗散。它的所有显性的和潜在的能量，都能够最大限度地凝合到一起，形成一个拳头，一致对外。抗大从教学到生产，从政治活动到作战行动，是最大限度地实现了课堂与战场的“无缝链接”，因而它的整个教学过程完全成了一个能力转化过程——这种转化着的能力是全方位的、富于针对性和实用性的，因而它培养的人才是日军声称“宁可用20个士兵生命换一个抗大学员，用50个士兵换一个抗大干部”、“消灭了抗大就是消灭了边区一半”的革命者。抗大办学模式的一个突出特点，是它没有纯粹的行政干部，校、队领导人员同时又是教员和学员（尽管在第三期以后，新生数量急剧增加，学生成分日益多样，需要做大量行政管理工作，但抗大所有领导干部都有授课任务，都必须和学员一起听课，并没有根本改变“行政干部”集教员、学员于一身的身份多重性），因而它的每一项教学甚至是每一堂课、每一个教学细节问题的调控和处理，都能够最大限度地在决策者的感同身受中进行，学校的整个运行始终处于一种与时俱进的、无失误或极少失误的科学轨道之中。

“抗大为什么全国闻名、全世界闻名”，毛泽东在谈到抗大的成功原因时说，“就是因为它比较其他的军事学校最革命最进步，最能为民族解放与社会解放而斗争，到延安参观的人们，所以十分注意去看抗大，我想不外这个道理。抗大的革命与进步，是因为它的职员教员与课程是革命的进步的，又因为它的学生是革命的进步的，没有这两方面的革命性进步性，抗大决

① 《毛泽东文集》第二卷，人民出版社1993年版，第116页。

不能成为全国与全世界称赞的抗大。”① 正因如此，“抗大办校10年间，培养出来的干部达10多万人，其中许多人成为党和军队的高级干部……为我党我军的发展壮大，为夺取抗日战争和解放战争的胜利，也为建国后的社会主义革命和建设事业的发展，奠定了重要的组织基础”。②

而在80多年后的今天，不仅抗大的校训依然作为国防大学的校训，镌刻在校训墙上、凝结在校园核心位置，不仅抗大的“少而精”、理论联系实际、突出实践环节的办学模式，以及“启发式”、“研究式”、“实验式”的教学方法依然在国防大学应用着、发展着，不仅抗大精神——自力更生、艰苦奋斗、爱国忠党、勇于献身、与时俱进、锐意创新——依然在国防大学不断传承、发展、开花、结果，就连《抗日军政大学校歌》也依然作为国防大学校歌响彻课堂内外。

1996年5月31日，在北京人民大会堂，纪念抗大建校60周年大会隆重举行。

“今天，在纪念抗大建校六十周年的时候”，江泽民充满激情地说，“结合改革开放、现代化建设和军队建设的实际，我们学习抗大的经验，应着重在以下这些方面多下功夫。第一，发扬抗大精神，努力造就大批能够担当国家改革和发展重任的优秀干部……第二，发扬抗大精神，坚持把坚定正确的政治方向放在首位……第三，发扬抗大精神，在工作中始终坚持实事求是、理论联系实际这个马克思主义的基本原则……第四，发扬抗大精神，始终注意保持艰苦奋斗的政治本色……”③

江泽民激情澎湃的声音，从人民大会堂传出，仿佛正在天安门城楼上袅袅缭绕。

40多年前，由抗大转而组建的晋冀鲁豫、东北、华东、华北、西北、中南地区的6所军政大学，以“什么时间需要，什么时间就有学员毕业”的速成育才方式，源源不断地向人民解放军各部队输送着正规战指挥人才。如虎添翼的人民军队，历经4年浴血奋战，横扫大江南北，终于推翻了蒋

① 《毛泽东文集》第二卷，人民出版社1993年版，第187页。

② 江泽民：《在纪念抗大建校六十周年大会上的讲话》，《解放军报》1996年6月1日。

③ 江泽民：《在纪念抗大建校六十周年大会上的讲话》，《解放军报》1996年6月1日。

介石政权在大陆的腐朽统治，取得了中国人民革命战争的辉煌胜利。

于是，1949 年 10 月 1 日，在天安门城楼上，一个庄严得几乎每两三字就要停顿一下的声音，经由中外广播电台，响彻全世界：

“中华——人民共和国——中央人民政府——今天——成立了！”

这就是毛泽东当年在解释创办抗大目的时所谓要“制造”的那种“风”吗？

邓小平：现代化“总设计师”

当时间老人将人类的日历翻到 20 世纪 70 年代末的时候，中国大地上漫卷起另一种“风”——改革开放，发展经济，进行现代化建设。在这之前，中国先后发生了反右派、“大跃进”、反“右倾”、“文化大革命”等“左”的错误，致使国民经济濒临崩溃，社会主义建设遭受严重挫折，耽误了 20 年宝贵的发展时间——人们管它叫毛泽东的“晚年错误期”。因此，这时的中国社会迫切需要变革，迫切需要发展，迫切需要呼吸正常的“风”。掀起这个“风”的，就是中国改革开放的“总设计师”——邓小平。

邓小平领导中国人民拨乱反正、进行现代化建设，也是首先从教育入手。1977 年 8 月 4 日，刚刚恢复工作的邓小平，向全国教育界宣布，自己要给中国科教事业当“后勤部长”。“我们国家要赶上世界先进水平，从何着手呢？”73 岁的邓小平向科学和教育工作座谈会的与会者说，“要从科学和教育着手。”

于是，在那只看似不大的巨手挥动下，从恢复原有的学校到新建一批需要兴办的学校，从恢复高考到恢复教学秩序，直至真正恢复知识分子的政治名誉和社会地位——包括从他们头上去掉“臭老九”的绰号和纸糊的高帽子，从他们的档案中剔除“右派分子”等罪名，中国教育事业在恢复中迎来久违的春天。国防大学的前身——“文化大革命”中被撤销和压缩的军事学院、高等军事学院和政治学院，也就是在这场教育大恢复中重新敞开了校门。

敞开校门要比解决培养什么样的人才、怎样培养的问题简明得多。在这以前的很长时间里，中国军队的教育训练方针一直是指向“准备早打、大打、打核战争”的。1985年，邓小平准确判定国际形势，指出在今后一个较长时期，不会爆发世界大战，要打也是局部战争。据此，这位身材并不高大的世界巨人，在中央军委扩大会议的主席台上，竖起一个惊世的手指：裁军100万！这个手指然后又徐徐一弯，像拧钟表一样把军队建设的指针拨向以教育训练为中心。这意味着，军队人才培养的一系列问题，都要重新设计。

作为“总设计师”，邓小平对包括国防大学前身——军事学院、政治学院、后勤学院在内的军队院校的“设计”，可谓细致入微，甚至连许多应当由“工程师”办的事情都想到了。

——关于恢复办学

“要把原有的学校，除个别的外，基本上恢复起来。”邓小平在1977年8月23日召开的中央军委座谈会上说。这里“个别的”是指“文化大革命”中另行组建的院校。“还有，各军兵种的技术专业学校，都要恢复起来，如果不够，可以增加，有些也可以合并。”①

在此之前，解放军原有的147所院校被砍掉104所。而在“文化大革命”中组建的军政大学为了“突出政治”，曾一度没有编配军事教员。

“学校有各级的：高级、中级、初级。高级的有军事学院，政治学院，后勤学院……还有中级的、初级的。”这实际上是要重新确立军队院校三级培训体制。为了突出院校建设的战略地位，他特别强调指出：“宁肯少几个兵，少几个机关人员，也要把学校办好，让多一点人进学校。”②

——关于办校方针

1983年10月1日，邓小平书赠北京景山学校③ 16个苍劲有力的大字：

① 《邓小平文选》第二卷，人民出版社1994年版，第61、62页。

② 《邓小平文选》第二卷，人民出版社1994年版，第63、289页。

③ 景山学校，是当时国家教委确定的中小学教学改革试验学校。

教育要面向现代化，面向世界，面向未来。

这16个字，被认为是邓小平教育思想的精髓。其办学理念的科学性、时代性、前瞻性，至今仍是教育理论探讨的重要题目。正因如此，它一经提出，即被作为新时期中国教育事业的指导方针，作为解放军三大学院及后来由它们合并组建的国防大学的办校方针，甚至作为其他各行业、各部门的工作指导方针，书写在大门上、墙壁上，教室和会议室里。而主张教育“要从娃娃抓起”的邓小平，把“三个面向”送给景山学校，足见其深远意蕴。

——关于办学方法

“学校怎么办？我想对学校提出三个要求。第一，训练干部，选拔干部，推荐干部。用形象化的语言说，就是各级学校的本身要起到集体政治部的作用，或者说起到集体干部部的作用。第二，认真学习现代化战争知识，学习诸军兵种联合作战……第三，恢复我们军队的传统作风。概括地说，这种作风就是艰苦奋斗的作风，实事求是的作风，群众路线的作风。要在学校里培养这种作风，并把它带到部队，发扬光大。不能像前些年办学校的办法”。邓小平在这里所批评的“前些年办学校的办法”，是指“文化大革命”中以政治冲击一切、把正常的抓军事当成“单纯军事观点”加以批判的错误倾向，这种倾向致使许多军事干部甚至连军用地图都识不得了。所以，他斩钉截铁地强调：“要讲一点有用的东西。”①

——关于教学内容

“对干部的教育训练，要使他们学好马列著作和毛泽东同志的著作，懂得现代战争知识，有好的思想作风，有强的指挥能力和管理能力；还要使他

① 《邓小平文选》第二卷，人民出版社1994年版，第62页。

们学点搞工业、农业的知识和必要的现代科学知识，学点历史、地理、外语；有条件的，还要使他们学点专业技术……毛泽东同志提倡干部学多种知识。这些年，由于林彪、四人帮的干扰破坏，使得一些干部知识很简单”。[①]这里所说的“简单”，是指由于受到“文化大革命”中“左”的“空头政治”错误导向的深重影响，军队乃至地方干部的知识结构往往被搞得很“狭窄”——政治可以替代一切，政治知识就是一切知识，以至于许多人往往把精力投放于背诵和引用“红宝书”（即红色塑料皮做封面的口袋书《毛主席语录》）。因此，“各级军事学校，教学时间的比例，可以三七开，军七政三。要认真学习军事知识，如飞机、坦克的型号、性能，怎么样对付，诸军兵种联合作战怎样指挥等等。政治学校，四六开，政六军四。政治干部要学军事”。[②]

——关于教员队伍

“要选好办学校的干部，包括教师，这个很重要。这些干部比现职干部还重要，要选最优秀的，特别是能深入实际、努力工作、艰苦奋斗、以身作则的干部……凡是适合办学校的干部，宁肯从现有工作岗位上调出来。”[③]

其时，在“恢复”中回校任教的教研人员，大多是在“文化大革命”中被遣散到各地的老教员，专业多有荒废。为此，邓小平强调说：“学校领导干部可以兼课，大军区和所属部门的领导同志也都可以兼课。”[④]

领导干部兼课是中国共产党人办学的一个传统做法。邓小平从红校到军政大学，都曾兼课。1949 年 9 月 12 日，也就是再过十几天便要在世界东方诞生一个新中国的历史时刻，邓小平给第二野战军军政大学师生讲的是“过关”：“我今天给大家讲一个问题，题目叫‘过关’。”一生有过“三落三起”

① 《邓小平文选》第二卷，人民出版社 1994 年版，第 79 页。
② 《邓小平文选》第二卷，人民出版社 1994 年版，第 64 页。
③ 《邓小平文选》第二卷，人民出版社 1994 年版，第 63 页。
④ 《邓小平文选》第二卷，人民出版社 1994 年版，第 64 页。

经历的邓小平，对“过关”恐怕是最有发言权了。而现在，他要重新按照党的教育传统，来引领全党、全军、全国人民，过“人才”这个兴国兴军的大关。

——关于学用一致

“从排长起，各级军官都必须经过军官学校的训练。”邓小平在1980年3月12日召开的中央军委常委扩大会议上说。在此之前，部队干部是从士兵骨干中直接选拔。因此，他强调说：“排连干部要初级步兵学校毕业。毕业后，一般的当排长，好的当连长。营团干部要进过中级军官学校。从排长、连长里选好的来学，经过一定时间学习才去当营长、团长。军和师的领导干部也要进过高级军官学校的才能当。这个要制度化。”并且，以后“军官的晋升也要制度化。每个阶段的晋升都必须经过学习，掌握现代化战争的知识。特种兵也应该如此”。①从1980年起，中国军队开始废止直接从士兵中提拔干部的做法，实行由院校培养干部的制度。

——关于选拔学员

> 高级学校的训练对象要稍微改动一下。现在军政大学训练的基本上是军师干部，团的干部只占百分之二十。以后团的干部的比重要增加。我建议高级学校的学员应该以团的干部为主，加上一部分优秀的营的干部，同时训练军师干部。②

“为什么提出学员要以团的干部为主呢？就是为了能使作战部队指挥员年轻化或比较年轻化。”“文化大革命”10年间，军队干部严重“老龄化”，改革开放初期出现严重的所谓“青黄不接”的人才断层问题。所以，邓小平指出：“我设想，到五年以后尽最大可能达到这一点”。③

后来的实践表明，邓小平的这一“设计”是富于战略远见的。21世纪

---

① 《邓小平文选》第二卷，人民出版社1994年版，第289页。
② 《邓小平文选》第二卷，人民出版社1994年版，第64页。
③ 《邓小平文选》第二卷，人民出版社1994年版，第64页。

初期的包括军委总部首长在内的许多大军区以上领导干部，如郭伯雄、曹刚川、徐才厚、范长龙、许其亮等人，就是20世纪80年代初中期从三大学院分别开办的“中青班”（当时名为“完成班”）脱颖而出的。

——关于办学模式

现代战争的发展对军队办学模式提出新的要求：“联合办学”。过去那种军事、政治、后勤高级人才“分家”培养的做法，越来越难以适应邓小平刚复出时就提出的注重“合成军”和“联合作战”的建设要求。早在1982年召开的关于军队体制改革问题的中央军委常务会议上，邓小平曾针对这种体制性弊病，提出合并三大学院、办一所合同指挥大学的设想。但由于种种原因，直到1985年全军整编时，它才被重新提上日程。

这是一个关系未来战争也涉及眼前方方面面利益的大动作，需要一位敢负责也能够担负起这个重任的将才来具体运筹。1985年4月30日，根据邓小平的提议，中央军委常务会议作出决定：“委托张震同志牵头，吸收三总部有关同志参加，负责筹建国防大学。”①

同年9月10日，邓小平再次主持召开中央军委常务会议，逐条讨论筹建领导小组呈报的《关于筹建国防大学的意见》，继而由《意见》而《方案》，最终由国务院、中央军委联合颁布第139号文件，宣告人民军队第一所“合同指挥大学”诞生。

这是一个本着“三个面向”，旨在实现高级军事人才培养体系现代化的系统设计。从学校的名称、性质、职能任务、组织机构，到它的教研队伍、教学内容、教学方法等，可谓是老一辈无产阶级革命家适应时代要求、大胆改革创新的智慧结晶。尽管随着时间的推移，会在实践中做出这样那样的调整乃至新的设计，但其基本精神，甚至包括一些基本做法——诸如“高、新、宽、深”的教学内容，“博、精、短、活”的教学方式，“研究式”、“启发式”的教学方法等，是富于生命力的。

---

① 《张震回忆录》（下），解放军出版社2003年版，第283页。

1985 年 12 月 24 日，中央军委主席邓小平颁布命令，宣布中国人民解放军国防大学正式成立。这意味着在一个以现代化建设为中心、“尊重知识，尊重人才”正在蔚成风气的新时代，国防大学这所中国最高学府，揭开了历史的新篇。

伫立国防大学门前，门楣上 11 个规整而又绵里带刚的大字——“中国人民解放军国防大学”，金光闪烁，分外醒目。那是年逾八旬的邓小平亲笔题写。此外，他还为国防大学研究生院题写了院名。一生很少题词的邓小平，为一所大学的校、院两级题写名称，是从没有过的。

在国防大学成立后，邓小平还专门接见学校领导班子成员。在与校长张震、政委李德生等校领导一一握手之后，他语重心长地说：我军从井冈山时期就创办了军官教导队，以后革命发展，军队院校也发展，留下了许多光荣的革命传统，这是我们今天办学最宝贵的财富。

要了解国防大学成立后是怎样珍惜那“最宝贵的财富”的，只要看看它的筹建者和首任担纲人是如何对待“上级决定”的就可以了。本来，中央军委在决定成立国防大学时，已经明确其下设军事、政治、后勤 3 个系，并且将之写进了中央军委常务会议纪要。负责筹建国防大学的张震，经过反复考虑，主张打破传统的设系方法，改为按训练目标设系，实行陆海空、军政后学员混合编班，统一施训；并在 1985 年 9 月 10 日列席中央军委常务会议时，再次提出这一想法，反复说明，终于得到中央军委同意。

在素以“下级服从上级”为铁律的解放军队伍中，如此一再坚持己见，而最高统帅部又是如此从谏如流，只有一种解释能说明它的底蕴：这正是邓小平渴望在全社会出现的那种“风”——勇于负责，对党和国家负责，对人民和军队负责，对未来战争负责，正像邓小平当年面对随时可能再次被“打倒”的个人政治风险，依然坚持要整顿、要改革、要把一切被颠倒的再颠倒过来那样。

或许正因如此，1992 年，“根据小平同志的建议”①，78 岁高龄的国防大学校长张震被任命为中央军委副主席。中共中央、中央军委这一超常举措，

---

① 《张震回忆录》(下)，解放军出版社 2003 年版，第 356 页。

既是对张震本人政治品格和工作能力的高度信任，也可谓是对国防大学未来发展的巨大激励和殷切期望。

江泽民：呼唤“信息化”

作为中国现代化接力长跑的自然延伸，当以江泽民为核心的党的第三代中央领导集体从老一辈无产阶级革命家手中接过新一程“接力棒”时，迎面而来的已是世界新军事变革的疾风巨浪——信息化。正如江泽民所指出的：人类战争经过冷兵器战争、热兵器战争、机械化战争几个阶段后，正在进入信息化战争阶段。在这场变革中，以美军为代表的发达国家军队，不仅在信息化武器装备的发展上遥遥领先，而且在信息化战争理论和人才建设等方面也领先一大步走在世界前面。而此时，中国军队尚未完成机械化的进程。面对时代落差，面对中国军队既要完成机械化又要进行信息化建设的双重历史任务，江泽民在接任中央军委主席后不久，提出一个不无哲学色彩的新概念：中国特色军事变革，即立足中国国情、军情，走“跨越式发展”之路，实现由机械化半机械化向信息化的历史性转变。这意味着中国军队必须找到改革发展的“捷径”。而在江泽民看来，“捷径”也是抓教育。他指出：在今后相当长一个时期内，我军的武器装备整体上还是由少量先进技术装备和大量一般技术装备构成，因此，立足以现有装备战胜高技术装备的强敌，这是我军军事训练的基本出发点。他强调：人才是兴军之本，没有人才，一切都是空话；培养高素质的军事人才，必须把院校教育摆在优先发展的战略地位。于是，作为全军院校的“龙头”，国防大学便很自然地成为江泽民和中央军委推行“军队人才战略工程”所要关注的一个焦点。

自中共十三届四中全会以后的 13 年间，江泽民先后 8 次为国防大学题词，8 次亲临国防大学视察，8 次在人民大会堂、京西宾馆或中央军委驻地接见国防大学师生，对国防大学的建设与发展倾注了无尽的心血。

江泽民在1990年5月30日视察国防大学时指出：三大学院合并成国防大学，这所国防大学就是一个宝；国防大学是解放军最高军事学府，担负着培养适应部队现代化建设和未来战争需要的高级军事人才的任务，任重而道远。他认为，在加速实现军队信息化的伟大实践中，国防大学可以起到引领和示范作用。在出任中央军委主席不到一年间第二次视察国防大学时，他欣然命笔，写下显然经过深思熟虑的题词："发扬传统，改革创新，博采众长，把国防大学办成全军革命化、现代化、正规化的楷模。"

"楷模"二字，分量千钧。它既是江泽民对老一辈无产阶级革命家"治军必先治校"重要思想的继承与发展，也是江泽民国防和军队建设思想的智慧结晶；既是对信息时代国防大学职能任务的新概括、新规定、新要求，也是为整个军队信息化建设指出的新策略、新路径、新方法。而率先践行"楷模"二字的，还是江泽民。

1992年12月2日，江泽民第三次来到国防大学。他嘱托教员："你们设置的那些课程，你们自己编的讲义教材，送我一份，我要学习。"后来，他得知国防大学为举办中国特色社会主义建设理论研讨班，从部队收集整理了80多个问题，还特地让学校送给他一份。这位谈论学习最多的中国党政军最高领导人，有个著名提法："学习、学习、再学习。"而现在，面对信息化这个全新课题，他自己先要做学习的"楷模"了。校领导和教员们当然也明白，江泽民这是在用行动向全军而首先是向国防大学人发出学习的号令——你们也要做学习的楷模。

围绕"楷模"目标，江泽民每次到国防大学视察，都会当场拍板，为学校解决一些只有他拍板才能解决的问题。当人们津津乐道国防大学日益信息化的教学设施时，当人们欣然游览国防大学日益公园化、人文化的校园环境时，也许还有所不知，眼前这一切，就是在江泽民直接关怀下，打破"军队要忍耐"大背景下形成的国防大学经费预算"瓶颈"之后，才成为可能。

办学培养人才，关键是要学用一致。江泽民在1995年10月6日听取国防大学领导汇报时强调指出：要坚持学习理论与研究现实问题相结合的方法，注重在军事教学中加大实践环节。他指示国防大学组织学员到重要地域、重要方向现地作业和到各大军区、各军兵种参观见学，并当场要求中央军委办公厅和总部领导协调解决相关问题。近些年，国防大学相继在解放战争三大战役战场遗址和各军兵种重点部队建立了教学联系点，多次组织学员参与或观摩大型军事演习和新型武器装备科研试验，并由此在弘扬理论联系实际优良学风、加强与部队的互动教学、最大限度实现资源共享、形成信息化建设整体合力等方面不断有所创新和发展，都是与此分不开的。

江泽民还多次调阅国防大学的发展规划、教改方案，多次与校领导和教研人员一起探讨军队院校建设的特点、规律，多次与来自部队的高中级干部学员共商治军之道、强军之策和军事斗争准备大计，为国防大学在人民军队信息化进程中发挥"楷模"作用，写下富于信息时代特征的篇章。

校风、学风是一个学校的灵魂，也是一支军队的军魂所系。正因如此，江泽民十分注重国防大学校风、学风建设。在国防大学礼堂（现改称国防大讲堂）前厅，镌刻着毛泽东的手书："坚定正确的政治方向，艰苦朴素的工作作风，灵活机动的战略战术"，"团结、紧张、严肃、活泼"。1990 年 5 月 30 日，江泽民前来视察时在这里注目良久。他对校领导说：你们把抗大的这一校风作为国防大学的校风，这很好，要继续把它发扬光大。1995 年，在国防大学组建 10 周年之际，江泽民挥毫题词："弘扬抗大校风，培养合格人才。"1996 年，江泽民在抗大建校 60 周年纪念大会上发表热情洋溢的讲话，就如何继承和发扬抗大精神提出具体要求。

面对西方反华势力对华"西化"、"分化"的严峻形势，面对干部队伍中滋生、蔓延的腐败现象，江泽民在视察国防大学时反复强调，院校培养的人才首先要在政治上合格，要善于从政治上观察、分析和处理问题，在重大原则问题上划清是非界限。1992 年 12 月 2 日，江泽民在与国防大学国防研究系第十一期军队正军职以上干部和地方省部级干部学员座谈时，寓意深长地引用了莎士比亚剧作《雅典的泰门》中一段著名台词：

金子！黄黄的、发光的，宝贵的金子！
只这一点点儿，就可以使黑的变成白的，丑的变成美的，错的变成对的，卑贱变成尊贵，老人变成少年，懦夫变成勇士……

江泽民指出，马克思在《资本论》第一卷中引用了这几句话，借以描绘金钱对人们的腐蚀作用。这些话深刻地描绘了金钱至上、拜金主义带来的恶果。他告诫大家，我们的各级领导干部，包括军队的领导干部，应该把金钱看得淡一点。要时刻警惕金钱和权力的腐蚀，永远做一个真正的共产党人。

从 1991 年开始，国防大学先后在井冈山、瑞金、遵义、延安、西柏坡等地建立教学基地，每年都要分批次组织学员前往参观见学，进行革命传统教育。江泽民对这一做法给予充分肯定。他说：我们就是要通过多种途径，采取多种措施，保证枪杆子永远掌握在忠于党的人手里。

随着世界新军事变革的深入发展，高技术局部战争对各级指挥员尤其是高级指挥员的科技素质和信息化素质提出越来越高的要求。因此，如何提升高级干部素质教育质量，使之紧跟时代步伐，成为江泽民关注“军队人才战略工程”的重中之重。1993 年 6 月 5 日，江泽民在与国防大学国防研究系第十二期、进修系第十七期学员座谈时，语重心长地说：小平同志早在 1977 年就曾针对我军的状况指出“两个不够”的问题，就是各级干部指挥现代化战争的能力不够，部队打现代化战争的能力不够。十几年过去了，这两个能力现在够不够？我看还是不够，而且按照打赢现代技术特别是高技术条件下局部战争的要求来衡量，差距增大了。他在深入分析军队人才素质状况的基础上，针对信息时代战争形态的复合化变革，明确提出了新的人才培养目标，即努力培养大批既懂政治又懂军事，既懂指挥管理又懂专业技术的复合型人才。为此，江泽民指示国防大学注重学员综合素质的培养，特别是注重提高学员的创新能力，为科技强军提供人才和智力支持。他要求国防大学学员要跟踪研究现代科学技术的发展，特别是研究高新科技运用于军事领域之后，战争的样式、特点和规律发生的重大变化。

“昨夜西风凋碧树，独上高楼，望尽天涯路。”江泽民在座谈时还引用北宋晏殊的著名词句启发国防大学学员：要善于总揽全局，站在战略的高度、全局的高度，俯瞰纷繁复杂的形势，把握事物发展的特点和规律，对重大问题，能提出自己的真知灼见。这既是高层领导工作的需要，也是高级领导干部必备的一种素质。他对军队高级干部提出四点希望：胸怀全局，有比较强的战略意识，注意研究重大现实问题；努力学习，不断提高自身领导素质；以艰苦创业的精神和求真务实的作风，集中精力抓好部队建设；严于律己，清正廉洁，以自己的模范行动影响和带动部队。

这些高屋建瓴的思想，迅速化为国防大学培养造就高素质新型军事人才的具体行动。国防大学党委明确提出：要在提高学员运用党的最新理论创新成果武装思想和指导实践、从战略高度把握大局并谋划工作、迎接世界军事变革挑战、组织指挥现代诸军兵种联合作战和新时期治军带兵等 5 种能力上，取得教学和科研 5 个新进展。

运用大型计算机智能平台对高中级指挥员进行战略决策和战役指挥模拟训练，是国防大学为提高学员的战略决策能力、战役指挥能力和高技术素质而采取的一项重要举措。在国防大学的作战模拟大楼里，已上演上百场高技术条件下的“立体战争”。红蓝双方将领在具有世界先进水平的计算机训练模拟系统上斗智斗勇，磨砺着打赢未来战争的谋略和胆识。

1999 年 1 月 5 日，江泽民走进作战模拟大楼，观看国防大学研制开发的“战略决策训练系统”和“战役指挥训练系统”。室外，寒风凛冽；室内，激战正酣。一台台计算机发出各种指令，巨大的电子显示屏上不时变换出交战双方的作战态势……在饶有兴趣地观看了这两个系统的演示之后，江泽民指出：当今时代的一个重要特征，就是世界战略格局的重新组合和高新技术的迅猛发展。面对这种形势，我们要始终坚定不移地贯彻科技强军的战略，加紧提高军队现代化建设各个方面的科学技术含量。他强调，全军院校都要按照邓小平关于“三个面向”的要求，着眼时代的发展和新时期军事斗争准备的需要，进一步更新教育观念，深化教育改革。

随着中国特色军事变革的深入发展，联合作战将成为中国军队打赢信息化战争的主要作战样式。国防大学实行整体转型，即由原来的“合同指挥大学”转变为“联合指挥大学”，也已是势所必然。2004 年春天，经江泽民听取汇报和批示，中央军委将国防大学党委《关于深入贯彻“三个代表”重要思想、积极适应中国特色军事变革、全面推进国防大学改革与发展的报告》批转全军各大单位。这是继 1985 年第 139 号文件之后，中央军委第二次专门就一所学校颁发的文件（后被称为中央军委 6 号文件）。文件提出的奋斗目标，是“努力把国防大学建设成为符合信息时代要求、具有世界先进水平和我军特色的综合性联合指挥大学”。这标志着国防大学的改革与发展已翻开信息化历史新页。

胡锦涛：指点“新使命”

2004 年 9 月，中共中央总书记、国家主席胡锦涛接任中央军委主席。是时，经济全球化、战争信息化的加速发展，正不断刷新着“经济发展”、“国家安全”、“军队历史使命”等概念。任何一个国家、任何一支军队，都只能在“你中有我、我中有你”的利益格局中，以世界视野来谋划自己的发展战略，履行自己的历史使命。正是基于这样一个时代性变化，基于对国际战略格局和国家安全形势的科学判断，基于对中国共产党长期执政并执好政的深谋远虑，基于对实现中华民族伟大复兴的战略运筹，胡锦涛于 2004 年年底提出了军队“三个提供、一个发挥”的“新使命”要求，即：军队要为党巩固执政地位提供重要的力量保证，为维护国家发展的重要战略机遇期提供坚强的安全保障，为维护国家利益提供有力的战略支撑，为维护世界和平与促进共同发展发挥重要作用。“新使命”要求，是对邓小平新时期军队建设思想、江泽民国防和军队建设思想的新发展、新概括，标志着人民军队建设与发展进入一个新的历史阶段，同时也为国防大学适应新形势新任务、努力造就能够肩负起新使命的新一代将才，指明了前进方向。

2005 年 9 月。国防大学“新世纪新阶段我军历史使命理论研讨班”。

这是一道世界上少有的“风景”。数十名已过“知天命”之年、大都肩披 3 颗金星的高级将领，像战士一样被编成若干班、组——大家都是“兵”。这是国防大学的规矩。无论职务多高、年龄多大，进了国防大学这个门，就成了“三个普通”：普通一兵，普通党员，普通学员。

从宿舍到教学楼，行程大约300米。早上8时30分，一声哨响，早早地已在楼前等候的学员，便像战士一样迅速集合。随着值班班长“立正”、“向右看齐”、“向前看”的口令声，他们排成整齐的三列——有几个稍稍发福者，还尽可能收腹挺胸，以不致过于影响队列的“一条线”标准。

当整齐的队伍迎着朝阳，随着“一二一”的口令声，从山坳里向教学楼开进时，那队伍、那肩膀上的金星熠熠生辉，仿佛正同当空的红日交流着什么。

在课堂上，他们要按照口令于同一瞬间起立——向站立在讲台上的哪怕是校官的教员行注目礼，待值班班长“报告”、“请示”并得到那个职务比自己低得多的教员许可之后，方才循着“坐下”的口令，齐齐落座。接下来，他们便像听新课的大学生一样，一边认真听讲，一边紧张地作着笔记。

当然，一旦进入课堂讨论，他们便立时又回归到属于自己的角色——站在自己所属部队乃至全军全党全国直至全世界的高度，引经据典、纵横古今中外而又锋芒毕露。诸如，“新使命”如何“科学回答了新世纪新阶段党和国家需要什么样的军事力量、怎样建设和运用这样的军事力量等重大理论和现实问题，实现了党的军事指导理论的又一次与时俱进”；古今中外一切国家为什么“兵权之所在，则随之以兴；兵权之所去，则随之以亡”，因而为什么“要坚持不懈地用党的创新理论武装官兵头脑，以理论上的清醒确保政治上的坚定，切实打牢广大官兵听党话、跟党走的思想政治基础，确保部队坚决听从党中央、中央军委指挥”；“新使命”如何“拓展了我军的职能任务，特别是揭示了国家安全观和利益观的新内涵，为推进军队现代化建设，全面提高维护国家安全、国家利益和世界和平的能力，提供了科学指南”，因而履行“新使命”应如何“做到不仅要守疆卫土，特别还要关注包括海洋、太空领域，以及电磁等无形空间在内的全方位安全；不仅要营造和平的国际环境、安宁的周边环境，特别还要积极参与营造和谐的社会环境；不仅要始终维护和促进我国的和平发展，还要积极维护和促进世界的和平及共同发展；不仅要在维护国家主权和安全中履行职责，还要在参与国际维和、救援、反恐等行动中发挥重要作用”……

认清使命定方向，着眼使命谋长远，履行使命成大业。聆听一次次发

言，参与一场场讨论，你不能不为将军们敏锐的政治头脑、广阔的战略视野、强烈的使命意识而备受感染和鼓舞。

然而，下课后直至下一次讨论开始前，他们又要“普通”起来。比如一日三餐，他们要听哨音按时到食堂就餐——绝对禁止参与任何请吃吃请。在食堂内，无论什么级别，一律按进入食堂的先后次序自动排队，自己动手打饭打菜，并要注意“杜绝浪费”；一律按预先指定的位置就座，按就餐要求不露声色，餐毕自行悄然离开。

有非常特殊的事情需要外出吗？那要请假并征得许可。这天，身为解放军总参谋长助理的李玉中将，因为要参加总部的一个重要会议，不得不临时请假。他郑重其事地来到班长——沈阳军区司令员常万全中将的宿舍，报告说：“班长，我明天需要请假一天，单位有个重要会议。明天的讨论如果需要书面发言，我马上准备一份，可以吗？”而班长还必须向系领导请示。

这一切，都是规矩，都是纪律，但更重要的，它是一种训练，一种关于下级永远服从上级、个人永远服从组织的意识训练，一种从我做起、从普通一兵做起，从制度养成做起，来履行“新使命”的政治和作风训练。

此后几年间，同样规格的全军树立和落实科学发展观高级干部理论研讨班和全军高级干部学习贯彻党的十八大精神研讨班，也是这样进行的。

2005年10月25日，胡锦涛第二次来到国防大学视察。在模拟训练中心，他饶有兴致地观看国防大学举行的战略对抗演习，给予高度评价；在学员队，他就军队履行“新使命”等问题与学员座谈；在国防大讲堂，他亲切接见出席国防大学党代会的全体代表，并发表重要讲话。

百忙中，胡锦涛对国防大学的改革与发展十分重视，甚至连学校的一次出访情况也予以认真关注，并从中发现和提出关系战略全局的重大问题，做出明确指示。2006年7月2日，他在审阅国防大学专家教授代表团赴土耳其等国考察的情况报告后，就联合作战指挥人才的培养、解决指挥院校教员经历单一、落实训用一致原则等问题，做出重要批示。其中，第一个问题是打赢信息化战争的新课题，后两个问题则是多年未能解决的难题。遵照这个批示，总部有关部门迅即展开联合调研，从而使这些长期制约军队指挥院校科学发展和“全军人才战略工程”顺利推进的问题，实时进入解决程序。

2007年12月7日，北京天朗气清。胡锦涛代表中共中央、中央军委，在郭伯雄、徐才厚等中央军委领导陪同下，亲临祝贺国防大学80华诞。

从当年井冈山教导队，到今日中国最高军事学府，国防大学历经80年风雨征程，已经发展成为名闻世界的综合性联合指挥大学，并以其高级军事人才培养基地、军事理论创新基地、军委总部决策咨询基地、对外军事交流基地和国防教育基地的神圣职能，在人民军队现代化建设中发挥着举足轻重的作用。抚今追昔，胡锦涛显得十分兴奋。

9时35分，胡锦涛等中央军委领导来到国防大讲堂贵宾室，亲切看望红大、抗大时期的老同志、老教员和国防大学历届校领导。在一一握手并询问他们的身体、生活情况后，胡锦涛深情回顾了国防大学走过的80年光辉历程，并对国防大学取得的巨大成就给予高度评价，向为国防大学建设和发展做出重要贡献的各位老同志表示崇高敬意。他在讲话中强调指出：“面对新的形势和任务，我们要认真学习贯彻党的十七大精神，发扬我军光荣传统，在新的起点上推进军队院校建设又好又快发展。希望各位老同志一如既往地支持国防大学的建设和改革，为国防和军队现代化建设做出新贡献。”随后，他来到国防大讲堂，亲切会见国防大学师生，向全校人员表示诚挚问候，并与师以上干部合影留念。

9时55分，胡锦涛等中央军委领导在王喜斌校长、童世平政委陪同下，步行来到重新布展的校史馆参观。当看到运用多媒体幻影成像技术的井冈山教导队创建情景剧时，胡锦涛高兴地对大家说：“在人民军队创建之初，毛主席就领导创办了红军军官教导队，培养了许多优秀的红军指挥员。重视人才培养，通过实践锻炼和教育培训来造就优秀人才，这是我军建设的一条重要经验。”当来到抗大窑洞办学模拟场景近前时，胡锦涛深有感触地说：“抗大是我们党和军队艰苦奋斗的一个光辉典范。现在我们物质条件大大改善了，但艰苦奋斗的精神永远不能丢。我们要牢记毛主席‘三句话、八个字’的教育方针和校训，永葆人民军队的政治本色。”也是随情所至，他还打着拍子，带领大家一起唱起了《抗日军政大学校歌》：

黄河之滨集合着一群
中华民族优秀的子孙
……

胡锦涛在国防大学的这一天，被当天下午即进行集体学习、畅谈体会、议定落实措施的校党委常委一致认为是“国防大学发展史上最令人难忘的一天”。

2010年10月27日，中共中央总书记、国家主席、中央军委主席胡锦涛，在中共中央政治局常委、国家副主席、中央军委副主席习近平陪同下，前来会见国防大学第五次党代表大会全体代表。会见前，胡锦涛、习近平，以及郭伯雄、徐才厚、梁光烈、陈炳德、李继耐、廖锡龙、常万全、靖志远、吴胜利、许其亮等中央军委首长，参观了国防大学新落成的综合演习大楼，听取了国防大学建设发展情况和战略战役演习系统研发情况汇报，观摩了演习系统多媒体功能演示并察看了系统演练环境。会见中，胡锦涛首先代表中共中央、中央军委，对国防大学第五次党代表大会的召开表示热烈祝贺，向出席会议的各位代表和国防大学全校教职员工致以诚挚问候。胡锦涛说，多年来，国防大学党委坚决贯彻中共中央、中央军委的决策指示，坚持把思想政治建设摆在各项建设的首位，扎实做好以教学科研为中心的各项工作，学校全面建设不断取得新的进步，为国防和军队现代化建设做出了重要贡献。胡锦涛指出，在新的形势下，国防大学要牢牢把握办学治校的正确方向，进一步加大高素质联合作战指挥人才培养力度，加大军事理论创新发展工作力度，加大从严治校力度，全面推进学校建设和改革各项工作，为有效履行新世纪新阶段我军历史使命，提供更加有力的智力支持和人才保证。

风乍起，吹皱一池春水。新世纪新阶段，国防大学在中国特色社会主义理论体系指引下，以造就肩负起“新使命”的新一代联合作战指挥人才为目标，积极探索符合时代要求、具有国防大学特色的教育新理念、新模式、新体系、新方法，大力推进中国特色军事变革，必将在军队履行新的历史使命征程中，发挥出中国最高军事学府应有的作用。

第二章
铁肩担纲

——领航国防大学的著名将帅

当国防大学这所中国最高军事学府被喻指为“人才航母”时，人们回首它 80 多年的航程，发现这样一个带有规律性的现象：中共中央、中央军委始终注意配好配强国防大学领导班子，特别是每当重要历史转折关口，总是把那些得心应手的将帅之才放到学校主要领导岗位上。像刘伯承、叶剑英、罗荣桓及何长工、罗瑞卿、萧克、张震等人，都是在国防大学的转型期担纲领航，为学校的改革、发展，也为全军的人才建设写下里程碑式的篇章，创造出宝贵的办学经验和精神财富，成为公认的现代中国军事教育家。

何长工：“红埔”的校长、教员及学员

傍晚的阳光绕过树枝，透过玻璃窗洒进何长工的书房，静静地，暖暖地，洒落在整洁的褐色书桌上。桌上的台灯、笔筒等一尘不染，好像主人刚刚还在。一本《红军日记》翻开着，合着阳光，散发着淡淡的墨香，使来访的客人不能不坐下来与它对话。

《红军日记》是当年毛泽东送给何长工的签名笔记本，何长工一直珍藏

着，直到离休后才又拿出来，每天写上一段两段的，继续“回放”着他同样珍藏的红军岁月。

何长工于1900年12月8日出生在湖南省华容县大乘乡南山村的一个普通农民家庭。“气蒸云梦泽，波撼岳阳楼”，那里曾是军阀混战时期的兵家必争之地。自1919年赶赴北京参加五四运动并结识毛泽东后，何长工说自己就像刚学步的孩子，接受党的启蒙教育，走上了革命道路。他认为自己很幸运，家境不好，却有机会受党派遣去法国勤工俭学；外语学得好，又引起毛泽东的注意——曾笑称他和陈毅是“外国游子”；回国后，他最想做的就是立即把自己学到的知识传授给所有同志，党正好又点名要他办“红埔”——何长工既是红军学校和后来红军大学的筹建者，又长时间担任学校领导工作，并且是校长、教员、学员集于一身，在教书育人的同时，还可以向那些具有丰富作战经验的将士学习，用他的话说，“真是其乐无穷啊”。

“当时，为了集中统一训练各类干部，把萧劲光、林野负责的闽西彭杨学校和一、三军团的随营学校合并组成中央军事政治学校，开始内部叫总队，我任总队长，邓萍为训练部部长，周以栗为政治部主任，后欧阳钦接任。当时，

☆瑞金“红埔”　（赵进武　绘）

中华苏维埃共和国革命军事委员会成立后不久，任命叶剑英为总参谋部部长，萧劲光为校长，萧到任后不久就调走了，由我负责学校工作。我走后，刘帅（伯承）任校长，后来我又回学校工作，直至分编红军学校。”

“红校是培养红军连、排基层干部的综合性学校，又把红校作为总预备队，随时准备参加反‘围剿’的战斗，因此它的编队是保持着战斗序列的。学校开头有 4 个步兵连，后又编为政治营、军事营、特科营，以至团。”

作为红军学校的主要负责人，何长工十分注重学校顶层设计。他认为，对理论的解读和军事素养的提高都必须有一个前提，那就是掌握科学文化这个进行其他学习的工具。而当时的红军指战员大都是苦大仇深，少有识字的。因此，红校的教学内容必须是政治教育、军事训练与文化学习并重。为了让这“三驾马车”在有限的时间内都能使上劲、跑起来，他特别强调突出重点。政治教育着重解决党对军队的绝对领导问题；军事训练主要搞战术；文化教育则从扫盲抓起，以常用文书的读、写为主。后来的实践表明，这样的课程设置是切合实际而富有成效的。

“红校第一期有 400 多人。随着反‘围剿’战争的加剧，在通过‘扩红’创造百万铁军的过程中，红校学员多达 6000 余人。学制 3 个月至 5 个月，但学制不是死的而是活的，根据战争的需要、前线的需要而定。”

在建校一年后，红校还成立了一个上级干部训练队，第一次使红军中高级干部有了驻校深造的机会。

作为教员，何长工经过调查研究，着眼实际需要，按照从生活用语到学写书信再到批条子和撰写作战文书，点滴渗透，层层深入的模式，汇编了一套适合红军指战员实际需求的文化教材。何长工在日记中写道，每次上文化课，大家都是一副好奇、兴奋的样子，至能够写一封家书的时候，许多人激动得热泪盈眶。

翻阅《红军日记》，里面有很多摘抄下来的句子，中文的、法文的，做着各种标记，像学生的课堂笔记。何长工说，当年的红军学校之所以能取得很大的成绩，除了各方面的支持与帮助，跟他自己从学员做起、坚持理论联系实际是分不开的。因为当时的学员都是身经百战，有丰富的实战经验，

这些经验一经总结、归纳，就是最直接、最有效果的作战理论。红军学校使用的许多战术教材，就是何长工作为学员，在与大家一起讨论时积累资料、逐步整理编写的。

红军学校共办了6期，培养红军干部达上万人。“我们部队中的一些高级干部都曾在这里学习生活过，在这里洒下了他们辛勤学习的汗水。”何长工还记得，那天，曾担任黄埔军校政治部主任的周恩来到红军学校视察，他观看学员们自己出的黑板报、自己组织的运动会后赞叹不已：“长工，这所学校可比当年的‘黄埔’办得好。学员军政素质高，都是从战场上调下来的骨干。有这么一个好的学校，我们的腰杆子就又粗又硬了。”

阳光收起了妩媚，慢慢地消失在窗棂上。书房里也暗了下来，但还能清晰看到何长工刚劲潇洒的笔迹。透过《红军日记》，仿佛那掩映在林木、鸟鸣中的红军最高学府——设在瑞金郊外的红军大学，就在眼前。

“1933年夏秋间，根据红军武装和技术的发展，需要增设新的学校。中革军委决定要扩编改组红校，让我筹建红军大学。一提起大学，人们总是要和繁华的城市联系在一起。可这所大学倒也特殊，它既不在城市，也不在村庄，而是在瑞金西郊没人居住的山沟里，一个名字叫‘大树下’的地方。这里，苍松掩映，泉水淙淙，环境雅静。我们经过现场勘察，由我和几个同志设计，说干就干了起来。当年我在比利时学点建筑本领，如今才有机会得到第一次的运用……不久，校园里一栋栋在苍松翠柏环抱下的两层楼房拔地而起，那边小小的山岗上是防空掩蔽部，这边是课外活动的中心——俱乐部，还有模型室……这欢腾的森林中的大学，把这万年沉睡、僻静的山沟唤醒了。”

按照中革军委《关于改编红军学校的命令》，何长工主持将原红校的高级班、上级干部队改建为中国工农红军大学校（他被任命为校长兼政委），将六期团、七期团分别改编为红军第一、第二步兵学校，将工兵营、炮兵连、重机枪连、防空和装甲车连改编为红军特科学校，将游击队训练班改编为游击队学校。随着这些学校的相继成立，人民军队院校教育体系第一次形成了初、中、高三级培训体制。

红大的“专职教员只有16人，其他均由中央负责同志和中央各部门的负责同志兼课，或者安排从前线回瑞金的将领来校作报告……红大学员来自中央红军各部队，是由中革军委总政治部调学的”。

红大始终与中、初级院校保持着密切的联系。“红大起着教育的核心作用。各校的教育计划中革军委指定由红大统一拟制，（红大）并经常派出考察小组到各校指导。如扩大红军、选举、查田、春耕秋收、慰劳祝捷以及整理新兵师、团等等，无不参与，曾受到《红色中华》、《红星报》的好评。”

改建后的红大，依然秉持红校时期理论联系实际的学风。“特别是红大和部队的联系是血肉不可分的。学校是红军的缩影，红军是学校的扩大。红大所教所学的，也就是红军所做所用的。红大之所以联系实际好，还在于它有一个理论联系实际的校领导班子，学校的负责人和教工人员经常是部队、机关、学校轮换和交流，经常是前线后方、后方前线。”

关于红大的俱乐部，何长工说那是红军干部、战士“快乐的天堂”。丰富多彩的文艺晚会、图文并茂的墙报、油印的内容充实的期刊读物，还有定期举办的各种体育赛事，为全校教职员工创造了无限欢乐。这种欢乐是充实的，因为它来自所有师生和所有红军战士积极进取的精神；这种欢乐是催人奋进的，因为它充满希望，洋溢着整个红军队伍的战斗豪情。

“我们虽然被敌人封锁，日常用品奇缺，连食盐都很困难，经常吃带苦味的硝盐，吃草包饭（因粮食困难，用阔叶草包起来定量供应的份饭），但困难是吓不倒富有创造精神的红军将士的。为战胜困难，减轻人民的负担，我们自力更生创办了军人书店、军人合作社、畜牧场、碾坊、园圃。同时，这又是教职工、学员脑力劳动与体力劳动相结合的地方。”

红大在秉承红校理论联系实际办校方针的同时，实行严格的官兵平等。从内务卫生到一日生活，大家不论职位高低，都是同吃、同住、同学习，没有任何人可以“特殊”一下。今天国防大学所倡行的“三个普通”，是在那时就生了根的。

何长工还在改造俘虏的工作中大胆创新，将转变过来的国民党军官，委以教员重任，最大限度地发挥他们的一技之长，使他们成为红军人才建设中的有用之材。这也为后来解放战争时期和新中国成立初期国防大学的前身院校大量起用国民党军队起义、投诚人员，开了先河，积累了经验。

“由于红校、红大办得生动活泼，所以成为红色指战员仰慕的地方。其他根据地来中央苏区和本根据地来瑞金的同志，总要到这里参观一番。”

夜色浓重了。笔者合上何老的《红军日记》，走出他的书房，深深地呼吸夜晚春的清新，脑海里则翻卷起《红军日记》最后那“诗”的余波：

任他年华似流水，豪情依旧红似火。

这是何长工的座右铭。

笔者想，这或许也是对国防大学教职员工革命情怀的诠释和期望吧。

罗瑞卿：毛泽东点名委任的抗大教育长

春天的嘉陵江，总有种泥土和草根的香气裹着人。四川南充县城曲曲弯弯的巷子，也因为一个人行走更显着绵长。大约步行一刻钟，笔者来到一座高大的青砖瓦房前，这就是罗瑞卿大将的故居了。从 1906 年出生到考入黄埔军校，罗瑞卿在这里生活了 20 年。望着院中罗瑞卿大将的半身铜像，望着他嘴角那一丝永远紧衔的淡定的微笑，笔者的思维之屏倏然“播放”起抗大的火红岁月。

1936 年 5 月 20 日，红一方面军完成长征到达陕北瓦窑堡后，着眼抗日战争形势的发展变化，毛泽东主持召开中共中央政治局会议，具体研究创建中国人民抗日红军大学问题。在谈到学校领导人选时，毛泽东提议说：一军团仗打得好，作风雷厉风行，校长就选林彪[①]；教育长是负责具体领导工作的，我们要选一个像邓演达那样精明强干的人来当，罗瑞卿演讲很

① 林彪时任红一军团军团长。

像邓演达，建议选他当教育长……会议一致同意毛泽东的建议，罗瑞卿也便从此与抗大结下不解之缘。

翌年1月，学校迁至延安并更名为中国人民抗日军事政治大学，罗瑞卿仍任抗大教育长。一年后，他又被任命为抗大副校长。从1937年8月林彪校长、刘伯承副校长分别调任八路军第115师、第129师师长，至1940年5月调任八路军野战政治部主任，罗瑞卿事实上一直主持抗大日常工作。

从院中两株翠绿坚挺的松树中间往里面走，故居正中是堂屋，两侧是正房和厢房。罗瑞卿大将曾回忆说："推开我住的房子的后窗，嘉陵江就在我窗下流过。"也许就在他掩卷凭窗倾听江水南去的声响时，革命理想也便如同窗外的青藤慢慢生长起来了。罗瑞卿自幼博学，从《西游记》、《红楼梦》、《三国演义》到《春秋》、《左传》、《史记》，从《七侠五义》等武侠小说到哥伦布、牛顿、卢梭等人的著作，很多可以倒背如流。他在中央军校武昌分校（黄埔军校第六期）学习时，每次听邓演达演讲都记下其中几段，反复模仿那种激情澎湃的演讲风格。

然而，罗瑞卿并非只是一个"演讲家"，要当好抗大的教育长，他还必须是"精明强干"的。他常说：古人云大丈夫要"眼观六路，耳听八方"，我看共产党人应该"眼观七路,耳听九方"！这多出的一"路"、增加的一"方"，用他的话说，便是要把握政治路线、明确政治方向。

抗战初期，抗大是在国共两党经过艰苦谈判、建立抗日民族统一战线的大背景下，唯一被"政府"认可并给予物质供给的由共产党创办的军校。这便有了一个问题：抗大要不要坚持共产党的领导？王明等人主张"一切经过统一战线"、"一切服从统一战线"，甚至要求把"三民主义"作为抗大的"基本课程"，把抗大办成所谓"统一战线"的军事学校。在坚持抗日民族统一战线的独立自主问题上，毛泽东同王明等人的错误主张进行了针锋相对的斗争。在这场斗争中，罗瑞卿始终站在以毛泽东为代表的正确思想一边，多次严肃批驳以王明为代表的错误倾向。在一次会议上，他明确指出："抗大和黄埔军校初期不一样，黄埔军校初期的主要领导是国民党人，大部分学生也是国民党人；而抗大的整个领导权都在共产党手里，学生的绝大部分是共产主义者或倾向共产主义的。正因为如此，抗大不是统一战线的学校，而是共产党领导下的、八路军的干部学校；正因为如此，今日之抗大，就不能不比那时的黄埔军校更革命、更前进，为民族和社会的解放必定做出更伟大的贡献。他还组织、发动抗大的干部、学员参加这场严峻的路线斗争，通过开展讨论、宣传等活动，使大家从中受到最实际、最前沿的政治斗争锤炼，从而捍卫了抗大“坚定正确的政治方向”。

1937年10月，抗大第三期学员、六队队长黄克功，因恋爱纠纷枪杀了女学员刘茜，成为一时轰动延安的重大政治事件。当时27岁的黄克功，是参加过长征、屡立战功的“老干部”。因而，在如何处理黄克功的问题上出现两种意见：一是杀人者偿命，一是给黄克功戴罪立功的机会。罗瑞卿对黄克功的领兵打仗能力非常欣赏，与他的私人感情也很深。但在研究此案的会议上，罗瑞卿完全站在法律和政治的高度来发表意见：我反反复复考虑了群众中间的不同意见，更明确了这样一条基本原则——任何人都要服从法律，什么功劳、地位都不能阻挡法律面前人人平等，都不能有例外。黄克功敢于随便开枪打人，一个重要原因就是他自恃对革命有功，没把法律放在眼里，我们不惩办他，岂不是也不要把法律放在应有位置了吗？况且，在这个问题上，还应当着眼大局——延安已成为全国瞩目的抗战堡垒，不愿当亡国奴的广大同胞都在关注着我们，立志救亡的革命青年正源源不断涌向延安。如果不能依法处理这件事，全国人民会怎么看待我们党？成千上万的外地爱国青年还会不会继续到延安来呢？中共中央和毛泽东十分赞同罗瑞卿的见解，最终批准了对黄克功依法执行枪决的报告。正当国民党热炒“黄克功事件”、沸沸扬扬地攻击共产党不讲法律时，延河边一声枪响，向全国人民说明了一切。而当人们纷纷称道罗瑞卿力主执法、捍卫了党的形象时，罗瑞卿则组织抗大全校人员开展起一场热烈的“革命恋爱观”教育活动，从而使“坏事变为好事”，变成了“一堂最实际、最生动、最有效的政治和人生教育课”。

或许正是有鉴于罗瑞卿的政治敏锐性和党性自觉，毛泽东于1938年5月特地腾出自己的一孔窑洞，让罗瑞卿搬过去住，集中精力撰写《抗日军队的政治工作》一书。罗瑞卿在不到半年间完成的这部八路军政治工作的"开山之作",为全国抗日部队保持"坚定正确的政治方向"提供了"必要而解渴"的精神食粮。他还在1938年6月主持编写出《抗大组织条令》,对抗大的性质、任务、课程设置、教学方法等一系列问题做出明确规定,第一次使抗大的各方面工作有章可循。

走出故居的堂屋西门,穿过一小片竹林,便到了陈列室。这里陈列着罗瑞卿大将生前的珍贵实物及照片。相册里的照片大多已经发黄,但可以清楚地辨认出罗瑞卿。其中一张,是1938年他在抗大第四期开学典礼上讲话时所摄,那果决的表情和坚定有力的手势,仿佛正在"播放"着他那似乎比邓演达还要激情澎湃的声音。

延安时期,抗大面临的一个巨大困难是,随着成千上万知识青年的涌来,校舍难以为"住"。罗瑞卿一声令下——再挖它150孔窑洞,扛起长镐第一个往山上走去。在罗瑞卿带领下,全校1000多名师生昼夜奋战在凤凰山上。一些从未摸过镐头的青年学生,热情很高,但拿着工具像学跳舞一样逗得人们直乐。已多次向老乡请教过挖窑洞技巧的罗瑞卿,一边手把手地教学员,一边开导着大家:劳动是抗大的第一课,又是贯穿整个学习过程的基本课,通不过这一关,那是毕不了业的。罗瑞卿曾因头部负伤、手术不很成功而留下说话咬牙的习惯,他在鼓励大家坚持再坚持时,便幽默起来:"干革命就是要咬紧牙关的,我罗瑞卿是早已咬紧牙关了,你们是不是也咬紧牙关啊?"半个多月后,抗大人不仅超额完成任务,挖成了175孔窑洞,而且顺便修起一条3000多米长的盘山公路,罗瑞卿还为它取了个富于政治意蕴的名字——"抗大路"。

1939年1月,即抗大第五期开学时,全校学员已达1.3万余人。这是抗大最鼎盛的时期,却也由于国民党顽固派对抗日民主根据地实行严酷的经济封锁,而成了它最为艰难困苦的时期之一。面对首先是1万多张嘴要吃饭这一严峻现实,罗瑞卿大手一挥:不等不靠,自力更生。他要求全校人员坚决响应中共中央、毛泽东关于开展生产运动的号召,并亲自制订出"一面学习、一面劳作"的教育计划,率领全体教职员工上山开荒,掀起了声势浩大的大生产热潮。在那段令抗大人终生难忘的时日里，延安城内外、宝塔山上下，到处是红旗飘飘、歌声飞扬。种菜的，种粮的，纺线的，养猪喂鸡的，开办各类小工厂、小作坊的，整个抗大人的天地仿佛成了一架制造生活也制造精神的大机器。他们不仅基本实现了“丰衣足食”，还培养起了“自力更生，艰苦奋斗”的革命精神和优良作风。正如罗瑞卿在抗大生产总结大会上所指出的：我们正在消灭着脑力劳动与体力劳动之间的天然隔阂。

相册里还有一张很大的照片，是抗大校门——门楣上那由舒同题写的“中国抗日军政大学”几个字，向人们传达着一种难以言表的感觉：那是一所以劳动为荣、曾经在中国革命历史上写下辉煌篇章的大学。

若干年后，当人们谈论抗大的成功时，很自然地会想到那支堪称世界一流的教员队伍。毛泽东、周恩来、朱德、王稼祥等中共中央领导人，是它的兼职教授；艾思奇、薛暮桥、张如心等理论名家，是它的专职教员。建校初期，抗大的专职教员只有 3 人，加上工作人员也只有 17 人。至 1938 年 4 月，全校教职员队伍已发展到 1386 人。能够取得这样的成绩，当然离不开中共中央正确方针的指导，但作为主抓教学工作的领导，作为党的正确方针的忠实执行者，罗瑞卿教育长无疑是立下汗马之功的。

除了从学员中选拔教员苗子，一期一期地举办轮训班，除了从大后方邀请著名学者、教授，不断提升教员队伍的革命化、专业化素养，罗瑞卿始终把真正能够拴心留人、尊师重教的好风尚作为教员队伍建设的“灵魂工程”来抓。

那时，抗大每人每天只有 3 分钱菜金，唯独教员例外——每月补助大米 1 公斤（后增至 5 公斤）、面粉 2.5 公斤、鸡蛋 0.5 公斤；至 1938 年延安生活略有好转时，抗大人开始发津贴，学员 1 元，校领导 3 至 5 元，从大后方来的专家、教授则可拿到 10 元。这样的薪水和补贴，对于在国民党统治区生活的教授而言，可能是微不足道的，但在延安，它则是一个实足的“咬牙决定”。正是在如此巨大的反差之下，知识的尊者形象日益彰显和强化，因而才有了广大教员“活着终身搞教学，死了葬在清凉山”的执着行动和豪迈情怀。这无疑是抗大获得巨大成功的一个重要经验。

滴着翠绿的花草，簇拥在罗瑞卿半身铜像周围，就像当年抗大师生围拢着他们的教育长讨论时事政治和革命爱情观一样亲密无间。

罗瑞卿是个多才多艺的领导，文艺的、体育的，大凡延安时期人们能够“耍”起来的“把式”，他都可以“掺和几下”。但在他身上，这些爱好却不只是为了自己放放松、锻锻炼。当1937年4月的一天，林彪从毛泽东处回到抗大,将毛泽东的手书——“团结、紧张、严肃、活泼”交给罗瑞卿时，罗瑞卿明白，毛泽东这是要倡导一种积极向上的校风。抗大的艰苦、紧张是无以复加的，知识分子与工农干部之间某种“天然的隔阂”也显而易见。怎样通过一个“抓手”，把大家的另一面调动起来、凝聚起来，也正是当时罗瑞卿思虑的一个重要问题。救亡、救亡，这是时代的主题，也是抗大的主旋律；工农干部与知识分子之间那种弄不好就可能窒息革命的“隔阂”，当然也是一种需要来“救”的“亡”，历史上很多这样那样的“亡”，归根结底都是由这种“天然的隔阂”造成的。救亡会，不太好；救亡组，小了点儿；救亡……对对对，就叫救亡室，不大不小，又有空间感。于是，从抗大第三期开始，伴随着各学员队“救亡室”（和现在部队的俱乐部类似）的成立，伴随着一场场研讨会、演讲会、歌咏会、演出会、舞蹈会、运动会的热烈开展，抗大一下子像变了一个样，用刘伯承的话说，就是“抗大越抗越大，雄赳赳、气昂昂，又说又唱，歌声嘹亮，走到哪里，哪里就变了样”。毛泽东知情后，于1937年12月15日特地写信示贺：

九队的同志们：

庆祝你们成立了救亡室，这救亡二字就是你们及全国人民在现阶段上唯一的总目标。达到这个目标的道路是抗日民族统一战线，希望你们学习这个统一战线的理论与方法，惟有统一战线才能达到救亡之目的。

毛泽东

十二月十五日

而此时，在篮球比赛中被誉为“球掌柜”的罗瑞卿，又拿起他得心应手的笔杆子来“演讲”了。1939年3月2日，他在《八路军军政杂志》上发表的《新老干部更紧密的团结起来》这篇文章中，专题论述工农干部与知识分子干部的结合问题：

> 老干部的特点是政治上坚定，有丰富的实际斗争和实际工作经验，同群众密切联系，有高度的组织纪律性，有我军英勇奋斗、不怕牺牲、艰苦卓绝的革命传统和工作作风，有浑厚、诚朴、忠实、坦白的性格。但是他们也有他们的困难和痛苦，表现为：大半出身于工农家庭，文化水平较低；大半成长于战争环境，工作方法喜欢简单化、直线化，在抗日民族统一战线的环境下感到不惯和不安；某些干部还残留有这样那样的小农意识。
>
> 新干部的特点是文化水准较高，政治思想上纯洁；富于追求真理与革命的热忱，好学上进；积极、有朝气；能接受革命的优良传统，具有刻苦耐劳、不怕困难的决心与精神。但是他们也有弱点与短处，表现为：实际锻炼不够，革命意志尚不够坚强；缺乏实际工作经验，往往囿于脱离实际的公式主义与条文主义；大半出身于小资产阶级，好高骛远、自命不凡，崇尚平均主义、自由主义、个人主义，观察问题不够全面，在顺利的革命形势中往往会“左”得发狂，但稍受挫折又容易灰心丧气。

他还写道：“认识了我们新老干部双方所具有的不同的特点，就应当懂得由于在他们之间存在着斗争历史的不同，工作经验的不同，政治文化水准的不同，思想意识锻炼的不同，以及社会出身不同，生活习惯不同，传统不同，作风不同等等的差异，因此，也就会在他们之间的关系上存在着一种隔阂。”

他分析指出：这种隔阂表现在新干部方面的是，由于有一些新干部没有切身体会，他们尽管承认老干部有斗争历史、工作经验、优良的革命传统和艰苦奋斗的作风，但这只是一些抽象的概念；而看到的却是他们文化水平低、理论素养差、工作方法简单等表面现象，因而轻视甚至嘲笑老干部。也有一些新干部因一些老干部工作方式太简单、太硬性而不敢接近老干部。还有些新干部有平均主义倾向，对有些老干部津贴费稍高、有马骑感到有些不平。在老干部方面也有摆老资格、怀疑知识分子只会吹牛皮，工作方法简单，对新同志要求过高、过急等影响团结的问题。

罗瑞卿强调说：要增强新老干部之间的团结，必须采用“化合”而不是“混合”的方法。“要使干部之间的关系更加融洽起来，更加团结起来，在干部中提倡与造成一种和衷共济的空气是必要的。在一个正确政治原则下，必须互相帮助，互相学习，互相勉励，互相关心，互相信任，互相尊重……在工作上发生了不同的意见时，并应好好的协商、好好的讨论，在这里必须客观的全面的看问题，不要主观的片面的看问题。自以为是的成见与意气用事的作风，是一定要不得的。”

这篇文章在抗大也在八路军广大指战员中引起强烈反响。一时间，报端频频发表类似文章，各学员队的救亡室也围绕这个主题一期期地出板报、编歌曲、搞演讲、组织讨论等，形成一种强大的“化合”氛围。

窗外的雨似乎柔和了许多，清脆的鸟叫声也仿佛在提醒笔者该出发了。走在院里的青石板路上，看着两边那大片大片盛开的杜鹃花，再一次注目罗瑞卿的铜像，笔者不由想起那个对老年罗瑞卿的评价：

“把 72 岁当成 27 岁一样努力工作的拼命三郎。”

这就是他在战火中养成，并在抗大人的成长历程中留下深刻印迹的“咬牙”习惯吗？

叶剑英：“搬师请贤”的大师

广东省梅县雁洋镇虎形村，的确名不虚传。站立依山傍水的雁洋五指峰往下看，便见得两条玉带般的长河，环绕了那座林木葱茏、状如卧虎的

小山包，缓缓流过，滋润着一草一木。这个虎形村，就是叶剑英的出生地。从 1897 年 4 月 28 日起，叶剑英在这里度过了他的童年、少年时代。雄浑似虎而又清丽如鸿的雁洋山水，给了叶剑英魁梧英俊的仪表，也赋予他积极向上的理想追求和诗意才情。

放眼高歌气吐虹，
也曾拔剑角群雄。
我来无限兴亡感，
慰祝苍生乐大同。

这是叶剑英的一首抒怀诗，也可谓是他革命生涯的真实写照。

1948 年 4 月，当叶剑英奉命兼任中国人民解放军华北军政大学校长时，他兴奋地对人讲："得天下英才而教之，一乐也。"

此时，人民解放战争进入战略决战阶段。作为当年"红埔"的校长，作为中共中央后方委员会书记、解放军副总参谋长，叶剑英深知办学的重要。巧的是，当他起草办学建议刚写下"为继续扩大人民解放军，加速解放战争的进程，迫切需要大批军政干部"时，中共中央关于在河北石家庄筹建华北军政大学的指示也放到他的案头。这本身又是"一乐"。

曾让毛泽东给予"诸葛一生唯谨慎，吕端大事不糊涂"美誉的叶剑英，在 1948 年 5 月正式出任校长后，首先关注的便是办学方针。在华北军政大学第一次党委扩大会议上，他明确提出：华北军政大学的办学方针，是要培养成千上万名掌握与运用毛泽东军事思想，政治上坚定，能进行正规建军、正规作战的军政干部，以适应形势发展的需要。着眼解放军由游击战向正规战的历史性转变，他在华北军政大学第一次连以上干部会上明确提出了今后办学的原则："我军正在向着大规模正规作战方向迈进，学校教育必须严格、正规，反对无政府主义，反对无纪律现象。"

但此时，一个几乎无解的难题摆到了叶剑英面前：抗大的老班底早已分而成为其他各战略区的军政大学，而那些富于实战经验的各级各类干部也几乎全都上前线去了，谁来当教员？毛泽东一再强调办学校最重要的是选好校长和教员，那另一半“最重要”去哪儿整？虽说叶剑英已把晋察冀军区干部学校全班人马和晋冀鲁豫军区军政大学的部分班底“划拉”过来了，但根据上级对学校规模的要求，按照48个教学单位需求计算，全校教员尚缺少四分之三。而现有这些人中能够讲课、基本可以当教员的只有36名，最多只能担负12个教学单位的课程。

叶剑英想到了列宁。列宁在俄国十月革命胜利后，曾起用一批沙俄军官到红军的学校任教，培养了一大批卓越军事人才。作为列宁主义的信奉者，我们为什么不可以这样做呢？叶剑英满怀希望的目光，转向了毛泽东指出的“那些脱离敌人营垒的旧军官和被我们俘虏过来的人”。他还想到一个很中听且很管用的词：“搬师请贤”。

在请贤计划部署之后有那么几天，叶剑英的主要工作是迎来送往。他把那些前来报到的原国民党军官奉为座上宾，诸如原傅作义部中将参谋长、工兵专家郭宗汾，原国民党军第46军军长韩练成等人，叶剑英亲自给他们倒杯水，聊聊天儿，完了还要亲自送到宿舍去。他扳着手指头算一算，已有300多人前来报到。

然而，事情还不是教员一来就可以等着听课那样简单。那犹在耳畔的厮杀声，那已长眠九泉之下的战友们、乡亲们的含恨目光，总让人挥之不去——不见面倒还心静些，一见到这些昔日的对手，莫说学员了，就连一些解放军的老教员也分外眼红起来。当然，这些人毕竟是“大肚能容”的叶剑英校长请来的，敢于直言者还是换了个发表“意见”的说法：

“常败将军教常胜将军，这不是给自己抹黑呀！”

“过去没有他们，我们还不是照样办学，照样培养出了常胜将军啊！”

“是啊，眼看整个中国都是咱的天下了，干吗让这些‘倒霉棍子’来搅和！”

……

问题如果仅仅是来自一边的，倒还好办。被议论的人也很自然地有着自己的“议论”：

“自古成者为王败者寇，我们既然已经成‘寇’了，还想当‘王’的教官，那不是癞蛤蟆想吃天鹅肉吗？”

“是啊，没见那些人的眼神儿啊，一个个都是那种恨不能射出颗子弹来。”

“什么教员？我看哪，八成儿就像练刺刀，是让咱来当‘反面教员’哩。”

……

于是，他们有的整天钻到屋里不敢出来，有的在床上辗转反侧、彻夜难眠，有的则干脆是“三十六计，走为上策”，连夜开了小差。

表面看，这是个阶级感情问题，但叶剑英校长明白，它更本质的还是个看人用人的观念问题；而看人用人观念，又在这里极典型地显现出它的双重性：看人用人与被人看被人用。要解决这个“双重问题”，叶剑英校长深知，他必须完成三个“战役”：思想仗，政治仗，感情仗。

思想仗和感情仗是“持久战”，他需要把它们糅到一起一步一步打。但眼下时间不等人，他只能采取果断措施，先把政治仗这个可以立竿见影的“速决战”打下来。

任命郭宗汾为工兵系主任。不是先弄个副职看看，而是一步到位：系主任。

任命韩练成为战略学教员。不是先搞点儿技术性的工作看看，而是一步到位：教战略。

教学编组，把旧军官与中共党员干部编到一起。不是先“画个线，两边站，时间长了慢慢换”，而是一步到位：都是中共军校的干部。

看文件，即密级文件传阅，一视同仁。不是先“画个小圈圈，内外慢慢传”，而是一步到位：不分彼此一样看。

于是，又出现个“两重性”：

——国民党军官出身的教员感激涕零，纷纷写下血书——不是上交，而是装进口袋里，以随时提醒自己：“无论遇到什么样的情况，都要把工作干好！”

——原来的教员、学员们则你看看他、他看看你，纷纷猜测起来：

“一定是上面有政策，不然……”

“不不不，一定是这些人过去为共产党当过‘内线’。比如韩练成，在莱芜战役中曾脱离指挥与我军秘密联系。”

……

这时候，也就是大家已经投入教学准备、展开教学工作，很少有时间扯闲搅忙的时候，叶剑英校长开始给大家讲道理，搞思想感情融合了。

关于用人，叶剑英利用开会和谈话的机会，给大家讲：秦始皇之所以能完成统一中国大业，关键是因为重用了一大批异邦能臣。楚汉之争时，项羽因“嫉贤忌能，有功者害之，贤者疑之”，以至于败退垓下，陷入“四面楚歌”的绝境；而刘邦则由于重用了张良、萧何、韩信等在某些方面比自己高明的人，终成汉王朝大业。西晋史学家、《三国志》的作者陈寿说“苟得其人，虽仇必举”，曹操能够最终成就大业，也是因为他起用了一大批有才能的仇人。当然，他也曾经在不意间被人挑拨，错杀了吕布，但后来还是明白了、注意了嘛。清代的龚自珍曾经泣血呼喊“我劝天公重抖擞，不拘一格降人才”，但由于清王朝腐朽无能而只是如一颗石子投入一潭死水，一丝儿涟漪也没有。古往今来,所有成功者无一例外地都有这一条：量能授贤，不拘一格。我们共产党人要有毛主席所说的那种排山倒海的胸怀。我们过去从弱到强，直至现在全国性胜利指日可待，很重要的一条就是因为有这样的大胸怀、大肚量、大气魄。比如红校时期，毛主席提出不分党内党外、军内军外，广招贤才来当先生，汇聚了一大批社会名流，其中也起用了一些国民党的人，所以红校被誉为和黄埔军校相媲美的“红埔”，培养造就出一大批包括我在内的高级干部；将来我们要建设人民的国家，还要靠这个。至于政策，叶剑英说，争取、团结、改造、使用国民党部队和军官问题，在党的七大文件中，已有明确的论述，这样的人为数众多，不能简单地对待，必须争取、改造和使用他们，我们的眼睛要看到几百万。

当大家不由暗暗点头的时候，叶剑英提要求了，16个字，很好记：“政治平等，思想重视，态度诚恳，生活关心。”全校各级领导和有关同志都要自觉做到。

叶剑英还本着“能者多劳，多劳多得”原则，制定了《教员待遇规定》。他依据实际教学能力，将全校教员分为4个级别：能任高级队与团级队的战术、技术科目的教学者，为高级教员；能任营级队的战术、技术科目的教学者，为上级教员；能任连级队的战术、技术科目的教学者，为中级教员；能任排级队的战术、技术科目的教学者，为初级教员。高级、上级教员每人每月津贴为小米15公斤，每年发粗布衣两套；初、中级教员每人每月津贴为小米10公斤，每年发粗布衣一套。在伙食方面，能任正式科目的教员，均享受中灶待遇；其他供给标准，同样按教员的4个级别实施。由于旧军官出身的教员都是科班出身，他们成为这一规定的最大受益者和最受鼓舞者。

与此同时，叶剑英也十分注意做好旧军官出身教员的思想工作，及时发现和帮助他们克服过去在旧军队养成的一些不良习惯。比如有的旧军官出身教员得到重用后，渐渐开始摆起“官架子”。叶剑英便几番分别找他们谈心：我和你们一样，都是从旧社会过来的，把旧军队那个样子再拿到革命队伍中来，有多大意思呢？人过来了，架子也要放下来，才能从思想上站起来。话虽不多，却很诚恳，因而也很能激起“涟漪”。被谈话者不仅口头表示要从头开始，努力成为合格的“红色教员”，行动上也很快发生了巨大变化。

对待下面反映的意见，叶剑英总是闻过则喜，认真改进。正因为这样，大家无论听到什么难听的话，都敢在他面前讲出来。那首讽刺打油诗就经历了这样一个“发展”过程：

开会休息时，作为一个笑谈，一大队政委徐兴华背了一首正在学员中流传的顺口溜儿：

生活太单调，
出去逛逛庙。
庙中泥菩萨，
比我更枯燥。

“背”者无意，听者有心。经找学员细谈，叶剑英明白了：由于住房紧张，不少来队干部家属只能与爱人分住，大家对此很有意见。有人还把这个顺口溜儿写到镇外的一个小土地庙门口，很快又有人在后面补了两句：

转身往回走，
回去睡大觉。

叶剑英不是用大道理开导或压制大家，而是当着学员的面，又补上两句：

楼下死了人，
楼上不知道。

意思是如此关系全校干部、学员和家人切身利益的大事，为什么就没有人向他报告。

当天，叶剑英校长便带着机关的同志一个屋一个屋地转，通过调整各学员队住所腾出一些房子，作为来队干部家属的临时住房，同时向那些受了委屈的家属赔礼致歉。

叶剑英校长还针对“吃粮难”问题，办起家属半工半读学校，既解决了燃“口”之急，又使家属子女学到文化知识，还解除了教职学员的后顾之忧，一举三得。

若干年后，人们回顾叶剑英元帅创办华北军政大学的成功实践时，自然要谈论起学校为解放战争输送的大批正规战人才——最多时在校学员人数达到 12186 名。然而，从人才学的角度看，人们或许更应关注叶剑英选贤任能的大视野、大胸怀、大气魄、大手笔。那是一部在识人用人上近乎完美的，值得国防大学人乃至全军、全国领导干部永远“复习”的教科书式的史诗。

刘伯承：正规化的“旗舰”

1949 年 10 月 1 日下午，在天安门城楼上，就在毛泽东主席向全世界宣告中华人民共和国成立并亲手升起五星红旗之后，站立毛泽东身边的刘伯

承，望着第一次公开亮相的人民海军，望着首次飞临天安门上空的人民解放军战机，望着那猎猎飘扬、向蓝天宣示着新生人民政权的五星红旗，却是眉头紧蹙。

是啊，当这支人民军队用鲜血、生命和智慧打下红色江山之后，它也同时给自己画下一道新的起跑线：和平建军。在和平条件下进行正规军建设，这是人民军队从未体味过的新长征。它应该怎样起步，这个起步应该包含哪些方面，那方方面面又当从何抓起呢？

1950 年 6 月，中央军委召开会议，决定在继承革命战争年代办学优良传统的基础上，适应现代战争要求，兴建各军兵种、各级各类正规院校，全军首先创办一所培养中高级干部的军事学府。

刘伯承的思虑与此不谋而合。一贯主张“治军必先治校”的刘伯承，早在井冈山教导队之前，即 1926 年，就在他领导的泸顺起义部队中创办过军政学校，并亲任校长；从苏联伏龙芝军事学院留学归国后，他还先后担（兼）任红军学校校长兼政委、红军大学校长、抗大副校长、中原军区军政大学校长兼政委等职，可谓在人民军队办校育人的每一个重要阶段都写下他的不朽篇章；而今天，在这个重大而深远的历史转折关头，他必须像第一次办学校一样来重新思考这一切。

“要建设一支现代化的军队，最难的是干部的培养，而培养干部最难的又是高级干部的培养。”中共中央西南局第二书记、西南军政委员会主席刘伯承向中央军委写信说，“我愿意辞去在西南担任的一切行政职务，去办一所军事学校。战争已经结束了，我年龄这么大了，还是让我去办学校吧！”

而他的这一请求，又恰好与毛泽东、周恩来等中央领导人的意图不谋而合……

在中共及其军队的征程上，许多重大关口的成功渡过，都是这样的知人善任与主动请缨“巧合”而成。

“总理，我一接到毛主席的电报就来了。”1950 年 11 月初，刘伯承带着学校筹建方案，走进周恩来总理的办公室，恭恭敬敬地行了一个军礼，笑着说。

“你这个人组织性、纪律性是非常强的，只要中央有命令，你就来。”

周恩来紧紧握着刘伯承的手，“来，快坐。”

“我来是来了，就是怕搞不好。”

“你搞得好，搞得好。你有几个特长：有学问，又非常严格，严师出高徒嘛！”

……

谁也想不到，还没开学，刘伯承便“严”起一个“下马威”来：

1950年12月，南京紫金山下，140多名师、团、营职干部，因为复试不合格而依依难舍地离开了刚刚成立的中国人民解放军军事学院。这是国防大学自井冈山教导队以来，第一次成批退回不够入学条件的干部。

留下来的758名学员，也并不意味着已经上了“保险”。在1950年最后一天举行的那次全院大会上，院长兼政委刘伯承特别指出：大家首先要明确一个概念，现在不是战争年代。过去，在学员走出学校之后，还有一个更好的学校，就是战场，所以可以来者不拒；但是现在，那个更好的学校需要与那种初步的学校合到一起来办。打个比方，如果说过去从我们学校出去的还是“砖坯”，还需要到战争熔炉中烧过之后才能成“砖”的话，那么现在，进来的就要是“砖坯”，出了校门就是“砖”。我们这样做的目的，是要把好钢用在刀刃上，选拔一个合格的学员入学，就要出一个合格的“产品”交给国家。因此，大家还要有个思想准备，在以后的学习时间里，我们还会随时发现和淘汰一些不具备“深加工”条件的“砖坯”……

南京军事学院开学的日子，也在时间节点上向人们传达着新起点的强烈意味——1951年1月1日。① 但新的起跑并不仅仅是一个时间概念，它是连带着一系列新的制度、新的办法、新的风气导向，有章有法地展开的。

尽管还没开学刘伯承就来了个“下马威”，但正如他所意料的那样，校园里那种种游击队的“游气”、野战军的“野气”乃至胜利之师的“骄气”，还是四下冒气、随处可见。

——那天下午，刘伯承来到基本科学员宿舍楼前，正赶上学员下课回

① 开学典礼在同年1月15日举行。

来。百十号人，远处看还马马虎虎好像一支队伍过来了，但到了近前，却是三五成群、勾肩搭背、有说有笑地晃了过来。而看到院长时，带队值班员有些不自然的右手是抬起来了，却不是敬礼，不是为了配合喊口令向首长行报告礼，而是摸着脑袋，“嘿嘿嘿”地笑着说：“院长，您……有事儿吗？”

——一个星期天，刘伯承没事儿一样到学员宿舍转转。有的房间还算整齐，但更多的则是进不去人的那种：水壶、牙具到处乱放，书、本、地图横七竖八摆满桌面，床上堆着吃的、喝的、吸的，床下塞着一团团脏衣服、臭袜子，臭气扑面而来。“看看，看看”，刘伯承对那些正在不好意思的学员说，“你们住的这个屋啊，真像是个乱鸡窝！”

——一次，刘伯承主持召开学院训练工作会议，开始还好，但随着时间的流动，便开始露馅儿了：会场的一边坐着两个苏军顾问，他们始终是军服严整，端坐静听，不时认真地往本上记着。另一边坐的十多个本校干部，则多是衣冠不整，风纪扣敞着，有的人还不时伸手到衣服里搓泥儿，还有的人甚至干脆脱了鞋把脚抬到椅子上，抠起了脚气。

——平时见到的也不少了：有的学员在集会、上课时想来就来，想走就走；有的“师长”、“军长”在课堂上还时不时翘着二郎腿，回答教员提问也懒得站起来；有的年轻学员逢到看电影，正门不走爬窗户……

——机关干部也很散漫：有的人见院长来了屁股都不知道抬一下，有的人值班睡大觉……

“三军总教头”[①] 发火了。

全院大会上，刘伯承在历数上述现象后，提高了嗓音：“以后，来自野战军的不许再‘野’了，干过游击队的也不许再‘游’了。有的人搞自由主义，违反纪律，连毛主席都知道了。真是‘搞臭了南北二京’，光着腚推磨盘——转着圈儿丢人！”

“发火”之后的一段时间里，刘伯承翻看着那些他亲手修订的三大条令[②]，建院后突击攻关编译的苏军一系列军事教范、教材，还有他字斟句

---

① 当时人们出于对“严”的感触而送给刘伯承院长的“绰号”。

② 指《内务条令》、《纪律条令》、《队列条令》。

酌亲自制定颁发的学院训练工作、政治工作、行政管理工作大纲和规定等，渐渐意识到一个实质性问题：正规化并不等于制定规章制度，它在本质上是要通过落实这些规章制度，来养成一种自觉，形成一种风气，培植一种文化。

刘伯承把学院的正规化建设分为两块：一是军事训练，一是管理训练。前者是要解决一个“法”字，即通过借鉴、学习苏军的一整套军事训练做法，使学员掌握带领正规军遂行作战任务的规则、程序和方法等；后者是要解决一个“礼”字，就是通过一日生活规章制度的落实训练，使大家养成军人应有的仪表、举止、礼仪和修养。他在后来的整顿过程中对大家说：学“法”与学“礼”犹如一个人的两条腿，缺一不可。如果我们学习掌握了正规化、现代化的军事技能，而生活作风还是自由化、散漫化，也一定要打败仗的。他要求全院人员来一场思想革命，用“法”与“礼”的各项内容对照检查自己的一举一动、一言一行，结合每个单位每个干部、学员的情况，制定出详细的整改措施。他管这叫做“结旧账开新支，割了麦子种晚稻”。

伴随着三大条令的学习贯彻，伴随着持续不断的作风纪律整顿，伴随着一项一项抓落实，南京军事学院开始出现新气象。

——每天清晨和傍晚，全院都要在军乐声中举行升、降国旗仪式。

——每天机关交、接班时，相关人员像站岗的士兵将岗位交给接岗人一样，开始按规定仪式和程序行事。

——每当新的学员科成立、新学员入学或学员毕业等重要关口，都会有严严整整的典礼或阅兵式，有时还会请中央军委首长前来检阅、讲话。

这些，在人民军队建军史上，还是第一次。

在历尽千辛万苦统一军事术语——通过编辑出版《军语通报》专刊和《军语画一》专著等，使中苏、今昔军语使用上不再“驴唇不对马嘴”，为全军进行现代化正规军事训练和学术研究提供了“扶手”之后，刘伯承于1951年6月20日把南京军事学院高级速成系[①]的学员拉到了安徽省凤阳县临淮关镇的河岸上，实施新中国成立后首次陆军师江河进攻战斗实兵示范演习。

---

① 此时，南京军事学院的“科”改称为“系”。

在临时搭起的两座参观台上，是总部、各大军区、各军事院校有关领导和南京军事学院其他学员以及华东军区的300多名干部。

早上7时整，随着3颗红色信号弹腾空而起，一门门火炮从农田的“谷垛”里钻了出来，一辆辆坦克从路旁的“土堆”中拱了出来，向河对岸发起猛烈攻击；3架轰炸机也倏然飞临淮河上空，投下一串串炸弹……

演习中，学员和参观者不仅在理论上，而且从实践中初步了解掌握着诸军兵种协同作战的战法、指挥技巧和演习的组织工作。然而，人们更看重的是，刘伯承院长的一举一动，正在“解说”着怎样做才是一个正规的、标准的军人。

演习准备过程中一个酷热的中午，年近六旬的刘伯承从一条堑壕跳到另一条堑壕，从一个阵地蹿进另一个阵地，连续步行一个多小时。汗水顺着脸颊流淌，浸湿了军帽，浸透了军衣。一些随行人员不经意间已解开领扣或摘下军帽扇来扇去，刘伯承却始终保持着严整的军容军姿。

6月15日，演习刚开始，天空突降暴雨。担任演习师师长的陶汉章担心刘伯承的身体，请示预演是否停止。刘伯承断然道：“下雨怕什么？下炮弹也要演习！训练就是打仗，打仗还能选好天气打吗？”

预演按原计划展开后，刘伯承像后来人们为纪念他而精心雕塑的铜像一样，昂然挺立在风雨中，任凭风吹雨浇。演习指导部的干部怕他在雨中淋坏身体，几次要他到掩蔽部避一避，但他关注的只有“作战部署”。身边人急得上前拉他，刘伯承顺手将之挡开：“那怎么行！我是院长，又是总导演，在演习中怎么能带头避雨呢？”陶汉章见雨越下越大，拿过一顶草帽戴到他头上。刘伯承往下一划拉，对陶汉章开导起来：“陶汉章啊，曾（国藩）、胡（林翼）治兵语录中都讲‘夏不张伞、冬不着裘’，你不知道吗？常言说得好：‘己身正，不令而行；己身不正，有令不行。’我们自己不做榜样，鬼才相信你讲的那一套呢！”

在临淮关演习结束以后的又一次演习中，刘伯承率领南京军事学院高级速成系学员，来到南京东南句容至丹阳之间的广阔丘陵地区，进行军首长司令部野外作战指挥演练。初冬的夜晚，出奇的冷。考虑到演习有苏联顾问参加，刘伯承要求每顶帐篷里面放一盆炭火取暖，但在睡觉前要把炭火熄灭，把火盆搬到外面，以防事故。刘伯承自己首先这样做了，才派人到各帐篷检查落实情况。当有人向他报告“其他同志都做到了，只是苏联顾问说太冷，不肯这样做”时，刘伯承扬了扬眉毛：“你再去一趟，传达我的话，就说我院长这样做了，请顾问同志也要这样做！”

这难办的事在刘伯承率先垂范的行动中，变成了“好啊，照办照办”，也变成了苏联顾问的“肃然起敬”……

刘伯承深知，一所足可冠以“正规”的军校，它的方方面面都一定是规范的，而这种规范又一定是在不断探索、改进中日趋科学的。

在主导院领导和机关健全工作制度过程中，刘伯承把南京军事学院的特点概括为“横宽纵短”，要求实行团一级的、面对面的、单刀直入基层的领导方法。有人反映：“团一级的领导方法太低了，与全军最高学府的地位不相称。”刘伯承幽默道：“团的领导方法有什么不好？周总理出国访问，不就是代表团的团长嘛！”

笑话归笑话，但刘伯承还是从中意识到正规化建设的一个关键“抓手”：领率机关。南京军事学院建院之初，有的领导干部受“大而全”思维影响，在机关“三部一处”（即训练部、政治部、院务部和干部管理处）下面设二级部，二级部下面设科，有的科下面还设股。甚至各学员科也照搬机关的编制，设立相应的机构，有的学员科行政管理人员多达20多人。于是，机构日益庞杂，层次日益增多，教、职、学人员比例严重失调。刘伯承将这些称之为“叠床架屋，骄枝丛生”，好比人的一只手上长了6个手指头，那不但没有用，还会碍事。他还形象地批评一些部门，是“参谋、干事靠科长，科长靠部长，部长又靠院首长，就像京剧《法门寺》里告状一样，状纸一层一层往上递，官司总也打不了”。他强调：我们现在是在城市环境中办学校，不是战争年代在农村分片办学，领导方法必须适应这一变化，坚决砍掉“多余的手指”。经过调查论证，院党委采取果断措施，该并的并，该撤的撤，该降的降，使教职员与学员比例由最初的8∶1下降到2.3∶1。而机关的执行力和工作效率，反而大大提高了。

刘伯承亲手起草的《训练组织及其工作暂行规定》，原是规定学员每天上课6小时，即连续上6节课，每节课50分钟，休息10分钟；此外还有3小时的自学。许多年龄大些的学员一再反映受不了，有的学员甚至紧张得尿湿了裤子。刘伯承便亲自下队跟班听课，经反复论证后，将之改为8小时制，即上、下午各4节课，课时缩短为45分钟，课间休息时间也相应延长。这个制度后来也被推广到部队，一直延续下来。

在后来南京军事学院党委总结创建初期的工作时，刘伯承形象地说：1951年1月15日以前，一切均无基础，好比是“气体时代”；自1月15日到3月底，基础有是有了一些，但尚不健全，未走上正轨，好比是“液体时代”；到了4月，《训练组织及其工作暂行规定》颁布之后，组织才渐趋健全，训练才走上正轨，才成了型，才进入初具规模的阶段，“气体”变成“液体”又凝结成“固体”了。

然而，军队正规化的最终目的，是为了更好地履行军队的天职：打赢。为此，在抗美援朝战争打响后，刘伯承经请示中央军委同意，先后选派几批次学员奔赴朝鲜战场见学和指挥作战。秦基伟等著名将领，就是在南京军事学院学习期间接到命令，直赴前线指挥作战并取得例如上甘岭战役那样的辉煌战绩。与此同时，刘伯承还指导有关部门收集整理美军的作战特点和规律等情况，介绍中国人民志愿军同美军作战的新鲜经验，引导教研室和学员联系实际改进教学，从而也有力地带动起部队训练。这种做法延续到今天，被国防大学人称为“课堂与战场对接”。

在建立健全教学规范过程中，除了抓教材这个“重工业”，抓教风这个“第三产业”，抓教授会这个“支柱产业”，抓外军文献翻译这个“自来水龙头”，抓“三更灯火五更鸡”这个“精神产业”外，刘伯承还结合每年都要举行的国庆大阅兵，从队列的“一步一动”开始，来雕琢这些未来治军栋梁的标准形象，来输入那种只有在严格正规的队列训练中才能渐趋成形的军人内在“程序”。如同他在修订《队列条令》时写下的每一横每一竖，刘伯承从逐一纠正动作要领抓起，要求每个受阅学员必须反复练习，严格做到“三挺两收一绷”：挺颈、挺胸、挺胫，收下颚、收小腹，绷紧脚面。

自1951年起，在国庆阅兵中，南京军事学院的方队都是作为全军受阅部队的第一方阵，出现在全国乃至世界人民的视线中。

1952年7月10日，毛泽东在给南京军事学院的亲笔训词中这样写道：

军事学院刘院长，全院指战员、政治工作人员、后勤工作人员、教员，并高级速成系、上级速成系第一期毕业的全体学员同志们：

标志着中国人民建军史上伟大转变之一的中国人民解放军军事学院，其高级速成系及上级速成系的第一期已学习期满，举行结业了，特致以兴奋的祝贺。

军事学院的创办及其一年多以来的教育，对于建设正规化、现代化的国防部队，是有重要贡献的。这是刘院长的努力，全体苏联顾问同志的努力，以及全体指挥员、政治工作人员、后勤工作人员、教员和学员共同一致努力的结果。特致以感谢和慰问之意。

中国人民的建军历史，已经走过了二十五年的长期路程，其革命经验之丰富，在国际上除苏联以外，无与伦比。但在中国人民尚未获得全国胜利之前，由于客观物质条件的限制，其军事建设又尚处于比较低级的阶段，也就是处于装备的简单低劣，编制、制度的非正规性，缺乏严格的军事纪律和作战指挥的不集中、不统一及带游击性等等，这些在过去是必然的，不可避免的，因而也是正确的。可是，自从中国人民获得了全国范围的胜利之后，这种客观情况已经起了基本上的变化，我们现在已经进到了建军的高级阶段，也就是进到掌握现代技术的阶段，客观条件已完全具备了这种可能，只需加上不疲倦的主观努力，就一定可以实现。与现代化装备相适应的，就是要求部队建设的正规化，就是要求实行统一的指挥、统一的制度、统一的编制、统一的纪律、统一的训练，就是要求实现诸兵种密切的协同动作。为此，就需要克服在过去时期曾经是正确的，而现在则是不正确的那种不集中、不统一、纪律不严、简单现象和游击习气等等，而必须加强整个工作上、指挥上，而首先又应该是从教育训练上来培养的那种组织性、计划性、准确性和纪律性。这是建设正规化、现代化的国防部队所不可缺少的重要的条件之一……

军委希望你们在建设正规化、现代化的国防部队的光荣事业上，继续努力；并希望通过你们的努力，把建设正规化、现代化的国防部队的精神，贯彻到所有部队中去。①

罗荣桓：扬起实事求是的风帆

“一个幽灵”——借用《共产党宣言》的开篇语——在中国的“大地上游荡”。

它的名字：实事求是。

它的性质：马克思主义活的灵魂。

若干年后，当罗荣桓的“魂灵”像他当年视察工作那样，回到国防大学的前身院校——位于北京玉泉路的中国人民解放军政治学院时，满院的松树已经长大了许多、高出了许多。

夕阳，在一尖尖、一排排浓绿的松树上洒着流金，在地面上投射着它们的身影。罗帅笑了：呵呵，你看看，它们多像战士，一个个挺胸昂首的，好像比以前排列得整齐些了！

罗帅犀利的目光投向大礼堂南面那片绿油油的草坪：大概就是那个位置了，全校同志用木板搭起个主席台，举行开学典礼。呵呵，我还没走上台子，掌声就响了起来，我都坐下了，还在拍着。呵，大家的心情可以理解，但国家刚从战争废墟上站起来，每一秒种都应该抓紧。我只好双手按了按，说自己人嘛，拍几下就是了，何必拍这么长时间呢？

罗荣桓来到政治学院大门前，脸上涌起了欣喜：

喔，大门也修缮一新了，是应该修一下，几十年了嘛。轮廓简洁

① 《毛泽东文集》第六卷，人民出版社1999年版，第233—235页。

朴实，这就好哇，艰苦奋斗嘛，应该保持。只有一个站岗的，这是对的，没有必要摆那么大的阵势。呵，那天，就不太好——大概是1955年10月吧，也就是实行军衔制没几天，我来学院看看，车刚过永定路，远远地就看到校门外有一排子整齐的队伍。司机小牟放慢车速，我仔细一看，原来是学院的领导干部、教员、学员都佩戴军衔，列队站在大路两旁。我吃了一惊，但很快明白过来：哦，这是按新条令规定的礼节夹道欢迎我呢！我下了车，同迎上来的几位领导干部一一行礼、握手，然后很不高兴地大步走过欢迎队伍，径直进了办公室，说了他们一顿：这样可不好啊！既然知道我是学院的院长，怎么还对我来这一套，这不是搞形式主义吗？这没有什么意思，相反，它还有副作用，起码会影响学员的学习和干部们的工作，以后无论如何不要再搞这个了。有人还向我解释说这是新的条例规定的礼仪……呵呵，我难道还不晓得这个？我说那个规定是对外的，我们自己人不要搞这一套。

过了几天，我又来了，就是想看看有没有变化。变化是有，但只是规模小了。虽然没有组织列队夹道欢迎，几位学院党委常委和部门负责人还是站立在门外迎候。我能理解他们的心情，没有发火。这个事看起来没什么大不了的，但往深里看，说轻点儿，他们是死板，硬套条令，说重点儿，那就是摆脱不了形式主义嘛。我还是尽可能缓着语气说了他们，我说上一次是我没跟你们讲清楚，这次又来这一套了，尽管规模没有上一次大，可这样也不好。这种形式主义的东西脱离群众，没有一点儿用处。你们不这样搞，今后我仍然可以经常来，想找谁就找谁，想干什么就干什么，也不影响你们的工作，彼此都不受拘束。一搞形式主义，我反而受约束了……

还不错，从那以后，再也没有举行迎候仪式。即使是开学、授旗这样隆重的典礼，像彭德怀等一些领导人来学院，也没有搞列队欢迎。这就好了嘛！我来去自如，有时干脆连招呼都不打，直接到基层、到群众中去了解情况，最后再到办公室找领导干部谈，省了多少时间和麻烦，也有利于逐渐养成一种务实的习惯、一种实事求是的学风。

当罗荣桓走进政治学院大礼堂时，当年他在这里的一次次讲话，仿佛还在余音绕梁。他静静地听着、想着，似乎要弄清楚哪些讲得好、哪些在现在看来还需要加以推敲和发展——

现在，举国上下都在学习毛主席著作。毛泽东思想是对中国革命实践经验的科学总结，应该好好学。但怎么学，需要很好地注意。政治学院是搞理论的，首先要搞清楚什么是理论。对于理论，我们有些干部感到神秘莫测。实际上理论并不神秘，它并不是从天上掉下来的，而是从实践中来的，在实践过程中，经过综合、概括上升为理论。理论来自实践，而又回到实践中为实践服务，并在实践中得到证明、补充和发展。

应当怎样学习理论呢？我们要从书本上学到马克思主义的基本知识，以帮助我们认识事物，掌握事物发展的规律。但是，书本上的东西，往往只是一些概念。决不能单纯满足于对书本的学习，把书本上的东西变成死的教条，把抽象的概念公式化。因此，学习理论应该特别强调联系实际。

要特别注意防止教条主义。教条主义的特征，是把理论与实践割裂开来。如果把理论看成静止的东西，那连三分钱也不值。教条主义是最迷信的。迷信死人，不相信活人；迷信过去，不相信现在；迷信现成的公式，不相信发展。

学习毛主席著作同学习马克思、恩格斯、列宁、斯大林的著作一样，也不能采用教条主义的态度。应当学习马列主义的精神实质，而不是个别词句。我们对于毛主席著作的学习，也还是提倡实事求是，不提倡迷信。毛主席著作本身就是反对迷信的。毛主席如果不破除迷信，不破除对共产国际、对斯大林的迷信，也就不可能创造性地发展马列主义，也就不可能开辟独特的农村包围城市的革命道路。学习毛主席的东西，也不要迷信，不要只对毛主席著作中的个别词句发生兴趣，而是要领会其精神实质。

既然马列主义要发展，毛泽东思想当然也要发展。既然不能只对马列著作中的个别词句发生兴趣，当然也不能只对毛主席著作中的个别词句发生兴趣。

我反复考虑，正确的学习，概括起来说，可以叫做“一条线五结合”。就是学习毛主席著作，要以中共党史为线索；同时注意把学习毛主席著作和选读马克思、恩格斯、列宁、斯大林的主要著作相结合；把学习毛主席著作和学习党的路线、政策、决议相结合；把学习毛主席著作和学习当前国际国内形势与军队建设相结合；把通读毛主席著作和专题研究相结合；把经常性理论教育和政治运动相结合。呵呵，这最后一个结合，在改革开放不搞政治运动的情况下，就应当换个说法了，不过它的基本意思可以理解为某些阶段性的重点工作。

按照“一条线，五结合”来学习，关键是要了解毛主席撰写每一篇著作的历史背景，弄清毛主席的某一论断是何时在何种条件下针对什么问题而发的。如果不联系历史问题，不联系中国革命，不联系党的历史，很难学好。因此要结合中共党史来讲、来学，要结合战争历史来讲、来学。

那时，我还派政治学院的领导和教员到朱德、董必武、林伯渠等同志那里听他们讲党史、讲军史，把他们的讲话速记下来，整理成资料，供大家学习参考。我也给教员们讲古田会议前后我军的历史，一共讲了三次。最后一次时，我已经病重住院。教员们来到医院，医生只准讲半小时。时间一到，医生便前来劝阻。但我总觉得要说的话还有很多很多，我对医生讲，我今天精神很好，可以再谈一会儿。又过了半小时，听讲的教员们怕影响我的健康，劝我不要讲了，但我还是又讲了半小时。临走我还告诉他们，以后再谈，以后再谈。可惜马克思给我的时间就那么多，几天后我就向马克思报到了。

罗帅漫步在松树林间。一阵微风拂过，一尖尖、一排排的松树轻轻地摆动着，像足球赛场观众席上大家有意形成的那种“波浪”。

我这一生啊，要说没白活，最重要的一条，就是认识了实事求是有多么重要。打个比方，它就像大海里船上的风帆，不把它扬起来，船就会走不动，甚至还可能倒退、翻沉。回首当年，这样的例子多了。有一次，是1930年，受“左”倾思潮的影响，有人以中共中央名义向苏区红军发出了打“AB团”的指示，要求彻底肃清红军内部的“反革命分子”。那时我在红四军任政委，到前线部队检查反“围剿”中的政治工作，起初对打“AB团”的事并没引起特别的注意。一天，我听说政治部的几个部长和一个年纪小小的勤务员也被抓了，准备杀头，赶紧骑快马返回军部。一下马，听政治部简单说了一下，我就去看那些被关押的人。那个小战士，他正蹲在墙角抽泣呢。问他是怎么回事，他哭着说，就是因为他替几个被认为是“AB团”的红军战士买过花生米和酒，也成了“AB团”的人。我气不打一处来，命令他们立即放人。这才保住了几十个革命干部的生命。据说那天我要是晚到一会儿，就开刀问斩了！你看看，这是些什么呀！不实事求是怎么得了？所以，我在主持全军政治工作后，下很大功夫搞了个《中国人民解放军政治工作条例（草案）》，明确提出要实行“系统的、联系实际的、稳步前进的”政治教育方针。从后来的实践看，这个条例是好的，对军队端正学风和党风，还是起到不小作用的。

有些事，看起来不起眼儿，但要留心的话，随时随地都值得我们关注。在1950年秋天召开全国战斗英雄代表大会后，我看到几个人正在编一本宣传英雄模范的特刊，拿过来一翻，觉得有点儿脸谱化。我对他们讲：宣传英雄模范的事迹，不要孤立地去讲，要全面，一是党的领导作用，二是友邻的作用，三是群众的作用。这样，英雄人物的事迹才符合实际，比较完全。后来这个刊物就编得不错，干部、战士都喜欢看。就是对后来其他方式的宣传工作，包括宣传英雄模范人物，包括写党史人物传记、老同志回忆录等，也都注意了起来。

事实上，我们党从新中国成立后多次在这方面出问题。习惯于搞运动，而且一搞就滑向扩大化。在反右派斗争中，一些对党、对上级提出批评和建议的人，大都是因为言辞过激，或比喻失当等，被错划成右派分子。其中，也有不少我熟悉的人。我就对军队的同志讲：右派是有思想体系的，他们把一切事物都看右了，他们反对社会主义，反对党的路线、政策。如果因为对某个问题有意见或说了点儿错话就成了右派，以后谁还敢讲真话？后来，我还专门到政治学院讲这个事，他们在划右派的问题上就做得非常慎重。

坚持实事求是，在很多情况下比打仗更需要勇气。林彪这个人，打仗确实很行。但在学习毛主席著作问题上，他搞歪了，这当然是有他个人的目的了。20世纪60年代，他提出学习毛主席著作要“带着问题学”，还要“立竿见影”。我就感到很不对头。我同总政一个领导同志谈话时讲：带着问题学，就是要到“毛选”中去找答案，这样提不妥当，还是应当学习毛主席的立场、观点、方法。

呵呵，我这个人啊，说是搞政工的，还是总政主任，实际上更像有些军事干部那样率直。那段时间为了这个，我没少发脾气。有一次，是在中央军委常务会议上吧，我问林彪：你这种提法就不科学嘛，什么叫在毛主席语录中找答案？难道夫妻吵架了也要到“毛选”中找答案吗？毛主席的思想是政治思想，不是百科全书。小平同志当时也表示同意我的意见。

还有一次，也是在中央军委常务会议上，林彪还是抱着他那一套不放，我又和他争辩起来。我说：我们不能像有的和尚那样，把木鱼敲破了还不知道西天佛祖在哪里。背警句就是教条主义，不能用教条主义解释毛泽东思想。林彪说我反对学习毛泽东思想。呵呵，党的七大前，我就提出要学习毛泽东同志的思想，指出它是掌握了马列主义的基本精神——实事求是的精神。可惜，这是教条主义者所不能理解的。尽管由于历史的原因，我们对教条主义狂潮往往显得无可奈何，但这说明一个问题，我们的实事求是的土壤还不够厚，确实需要不断加固。这也是我在50年代初提出办个政治学院的一个重要原因，要从培养人才抓起。

人们可能不知道，当初政治学院是可以建在北京市区的。我之所以把它定在郊区那片荒芜的沙石滩上，就是想让同志们像当年抗大那样没有条件创造条件办学，在自力更生、艰苦奋斗的创业实践中体会干事业的不易，从而保持实事求是精神，自觉反对教条主义。在政治学院的开学典礼上，我就讲了这个问题。我说政治学校过去是有过的。红军时期的末期是红大，也就是中国人民抗日红军大学。那时，我和谭政、莫文骅同志都是那里的学生。后来，根据抗战需要又改名为抗大。那时，既没有好的教室，也没有好的宿舍，更没有饭堂，吃饭和上课在同一个地方。课堂里只有教员有一张桌子，学生用的凳子就是石头。生活非常艰苦，比起政治学院来差得太远了。虽然是那样的困难，但我们感到非常愉快，也的确学到了不少东西，许多高级干部都在政治上、思想上提高了一步。我要求政治学院要开展对新时期政治工作的研究，还专门办了个刊物，叫《思想战线》，刊名是我取的，实际是沿用抗大时的刊名。我希望大家把当年的好作风、好学风提高一步，充实起来，总结起来，以适应新的需要。

……

1963年12月16日，罗荣桓因病与世长辞。接连几天不能入眠的毛泽东，颤着手写下《七律 · 吊罗荣桓》：

记得当年草上飞，红军队里每相违。
长征不是难堪日，战锦方为大问题。
斥鷃每闻欺大鸟，昆鸡长笑老鹰非。
君今不幸离人世，国有疑难可问谁？

若干年后，当政治学院在全国率先提出全面否定“文化大革命”、在全军率先组织重头文章批驳“两个凡是”……对恢复党的实事求是的思想路线做出重要贡献时，国防大学人不由得再次追忆起当年的罗荣桓院长。学校一位教员在《继承罗帅遗志，坚持实事求是》一文中是这样写的：继承罗帅的遗志，最重要的就是用我们的实际行动，把他精心培植的实事求是的马克思主义学风发扬光大，使之成为我们党和军队新的航程中永不失落的风帆……

萧克：在曲折中奋进

1968年“五一”国际劳动节。北京天安门城楼上。毛泽东主席握着萧克上将的手，忽然问：“当年我们是在龙溪洞相会的吧？”萧克恭敬地应道：“是的，主席。”毛泽东又问：“那时候，你们有多少人、多少枪？”萧克答道：“老小加在一起，500多人，60多条枪，300多根梭镖。”毛泽东连连说道：“揭竿而起，揭竿而起！”

揭竿而起，是指萧克在1927年南昌起义失败后，重新拉起农民武装坚持闹革命，并几经辗转，在井冈山找到党，汇入毛泽东率领的中国工农革命军，最终取得革命成功。而在40多年后，萧克怎么也不会想到，他还必须经受另一种“革命”的考验——在“文化大革命”这场民族浩劫中，作为已经“被革命”过并随时可能再次成为“被革命者”的角色，出任中国人民解放军军政大学校长。

正式任命是1972年4月，萧克从江西“五七”干校回到北京后，在中央军委副主席叶剑英处以谈话方式宣布的。不久，萧克又参加了中央批林整风汇报会议。那时，参加中央会议是一种政治待遇。这等于把1958年反“右倾”及“文化大革命”中强扣在萧克头上的“反党”、“反社会主义”、“资产阶级军事路线代表”等大帽子，不宣布地摘掉了。

然而，在备感振奋的同时，萧克的心头总有种不能承受之重。“文化大革命”毕竟还在“革”着，这场民族浩劫还没有出现任何画上句号的迹象。在那种大批“单纯军事观点”、政治就是一切的大气候里，干部、战士不敢搞军事训练，不敢搞业务，不敢钻研科学技术，全军的教育训练基本处于停滞状态。从 1958 年离开军队到现在，已是 13 个年头了。13 年，对于一个少年，意味着他可以从小学读到高中毕业；而对于一位从血与火中走出来的人民解放军将军，则意味着打完抗日战争、解放战争之后，还可以在抗美援朝战争中搞一次轮战。“时不我待”4 个字,在此时萧克的感觉世界里，决不是一句时髦用语。

在北京一个还很冷的春日里，萧克校长走进了军政大学。令他痛心疾首的是，那些长期积累的珍贵教学资料和图书早被洗劫一空，大量器材设备被捣毁，多年培养的优秀教员也大都流散而去。

眼前的一派凄惶，让萧克不由想到了 1927 年南昌起义军兵败流沙后的情景。

那时，萧克所在的第 24 师溃不成伍，他的连队仅剩 20 余人。有些生病或疲惫的兵士落伍二三十步，就会有人突然从围观的群众中跳出来，夺枪而去……

所不同的是，那时被抢的是枪，现在被抢的是书。

刚上任的头几天,萧克几乎天天彻夜难眠。他常常在半夜三更披衣而出，像要从天上找答案一样望着满天星斗。

萧克深知，在动乱年月要干点有益于军队建设的事，对他个人而言无疑是一种“政治冒险”，弄不好可能再被弄回“牛棚”去，甚至……但他更明白，军队如果再不往正道上转，继续围着阶级斗争转，那将是整个党和国家危亡之险。当年闹革命，为了劳苦大众翻身得解放，他是做好了牺牲生命准备的，现在为了挽救这个“大险”，难道还有什么放不下的吗？真正使他难以入眠的，是在这种奇特的政治风浪里，办学育人也成了一件极为奇特的事情：“左”了不行——那还不如继续待在“五七”干校种地呢；右了也不行——那无疑会招致剧烈“反弹”。因此，怎样把握好分寸，不至于因为行之失当而事与愿违，将是一场不亚于当年重新拉起一支队伍找党打天下的智慧考验。当然，萧克也明白，这样的问题光在脑子里转是转不清楚的，他除了在实践中边干边摸索，别无选择。

有一点，他是看准了的：既然中央军委让他这样一个有“前科”的人来当军政大学的校长，说明最高层还是意识到了一些什么，甚至是想到了“重整旗鼓”什么的。那么，他先把“队伍”拉起来是不会有问题的。于是，在中央军委叶剑英副主席的大力支持下，何长工、段苏权、陶汉章、贾若瑜等原来在军队院校工作的老同志，很快进入军政大学的领导班子；100多名教员也陆续从各地返回学校，加上萧克从军政大学机关干部中挑选了一些人，一支200多人的教员队伍总算拉了起来。

然而，“刀”放久了是要生锈的。这天晚上，一位教员来找萧克：“校长，您看，我这业务都撂下好几年了，实在有点儿拿不起来，您干脆还是让我回部队吧。”

萧克笑了：给你讲个小故事吧。

那还是在1928年春节前夕，萧克在湖南宜章拉起农民武装①，搞起了打土豪、分田地。

也是在一个晚上，一个叫狗娃的年轻队员，拿着一把破旧不堪的砍刀来找他，说萧连长，这家伙不好使，我还是回家当长工去。

萧克笑着接过刀，挥了两下说：“好刀啊！”

狗娃一翻眼：“好刀？锈成这德行，这么多豁口，你还说是好刀？等到了节骨眼儿上……”

萧克正色道：“你嫌刀不好，不就是担心它杀不了土豪、敌人的头吗？这种想法就是一把好刀了。刀是磨出来的，人的思想也是磨出来的，来来来，我们现在就来磨。”

说着，萧克找来磨刀石，霍霍地磨了起来……

萧克讲的这个故事打动了那位教员，也给萧克自己提了一个醒儿：磨刀。1973年1月，经过紧张准备，军政大学首期军政教员培训班开课了。除了亲自讲课，萧克自己也在“磨刀”。多少个夜晚，他和几位哲学教员一起，研究课程设置和撰写讲授提纲。他常跟大家讲陈赓在主政哈尔滨军事工程

① 即宜章独立营。初时只有一个连，萧克任副营长兼连长，负责全营军事工作。50多年后，萧克回到家乡，当地老人还亲切地称他为“萧连长”。

学院时做的那个比喻：教员是做菜的，学员是尝菜的，校领导是端盘子的，“你们可不能让我给学员端空盘子哟”。

1973 年 9 月，军政大学第一期师职干部读书班正式开学。这个班除了读马列和毛泽东的著作，还开设了部分军事课，如未来反侵略战争初期的战略问题等。这是自 1966 年以来，全军最高学府第一次开设军事课！而随着学员们军事视野的开阔，一种沉重的危机感也促使他们不能不思考一些更深层次的问题：再这样折腾下去，谁来保卫国家？

当时的政治形势，虽然由于林彪垮台而宽松了一些，不再提“政治可以冲击一切”，但党的基本路线还没有脱离“左”的轨道，“以阶级斗争为纲”的政治空气仍然笼罩着全国各行各业，人们对抓军事、抓业务、抓教学仍然心有余悸，在安排工作时依然把政治运动摆在首位，作为中心工作。对此，萧克的办法是从学风上一点一点渗透。在萧克校长的精心设计下，军政大学开设的马克思主义著作辅导班，一改过去路线斗争是“纲”的做法，转而以读原著为主，以自学为主，以抓精神实质、领会基本观点为主。这从一定程度上纠正和克服了长期形成的教条主义和形而上学惯势，对军政大学进一步恢复教学秩序产生了重要影响。

1973 年 10 月，中央军委副主席叶剑英针对国际、国内形势的发展变化，提出全军训练要突出打坦克这个重点，要求“把打坦克之风吹遍全军”。12 月，中央军委又决定恢复、增建 41 所院校。这让萧克激动得一夜难眠，也使军政大学恢复了一大批过去只能压书柜的课程，并大胆提出了“以教学为中心”的主张。

“到 1974 年 1 月”，萧克在他的回忆录中说，“我们向军委正式呈报军政大学的编制报告。军政大学分为 4 个部：训练部、政治部、校务部、理论研究部和军事、政治、后勤、外训 4 个系。系下设教研室和学员队。军、政两个系主要担负培训全军师职以上军政领导干部；后勤系担负培训全军后勤系统师职领导干部；外训系接待（培训）建交国家的军事留学生……至此，在‘文化大革命’中被搞乱了的院校体制编制和课程才得到了调整。”

但“好景不长”，随着“批林批孔”运动的展开，军政大学尚在恢复中的教学秩序又受到严重冲击。王洪文还作出“批示”，要求军政大学的学员到各军兵种去参加运动。

校长萧克与政委唐亮心里明白：“批林”，是毋庸置疑的；“批孔”，则决不是批判一个孔老夫子，而是借古喻今，把斗争的矛头指向周恩来总理。“我和唐亮感到王洪文这个指示不大对头”，萧克回忆说，“虽然那时还没有完全意识到有个‘四人帮’反党集团，但对企图乱军的人的行为极为反感。在当时的情况下，既不能顶，也不能完全照办。我们两人商量，决定采取谨慎的办法处理。我们以校党委的名义作出决定：学员到各军兵种去，只参加会议或看大字报，并作了3条口头规定：不发言，不表态，不向上反映问题；如果有人要反映问题，由个人去反映，校党委不看也不代转。”

当“政治高压”使得军政大学不得不“表明立场”时，学校又作出一个“避重就轻”的决定：将整个运动的重点放在“批林”上，并做到少“批孔”、不“批周”。“批孔”也只是批判诸如“劳心者治人，劳力者治于人”、“唯女子与小人难养也”等消极内容，而对那些显然代表中国优秀文化传统的东西，比如信、义等，则不予批判。

有人向江青告状了：军政大学的“批林批孔”还有“消极”、“积极”之分……

1974年3月3日，江青在这封告状信上“批示”道：“军政大学阶级斗争的盖子没有揭开。”

显然，“批示”的矛头已直接指向校长萧克和政委唐亮。

“我和唐亮收到这个‘批示’后”，萧克在他的回忆录中说，“经过反复分析，认为告状信是与江青召开的‘1·24’、‘1·25’大会相呼应的，所谓揭开军政大学阶级斗争盖子，实质上就是想搞乱军政大学，利用这个重要阵地进行打倒周恩来和叶剑英的阴谋活动。当然，告状信和‘批示’的矛头是直接对着我和唐亮的。当时，我们的压力很大，但又想到江青的‘批示’是直接送来的，没有经过军委叶副主席，不符合组织程序，完全有理由不闻不问，采取消极抵制的办法。于是我们一面向叶剑英副主席报告，一面给江青写信解释推迟传达的理由：告状信所反映的问题与事实不符，军政大学当前要解决的主要问题是林彪、黄永胜、张秀川等人利用军政大学为其篡党夺权制造舆论，这才是需要揭的阶级斗争的盖子，而告状信避重就轻，是干扰斗争的大方向。江青的‘批示’，本意是想整军政大学的领导人，而我们则利用这个‘批示’动员全校人员揭发批判林彪、黄永胜、张秀川等篡党夺权的阴谋，并清查与他们阴谋活动有牵连的人和事。这样就把江青等企图搅乱军政大学的矛头指向给扭转了。”

一波刚平，一波又起。师职干部读书班的一位学员，贴出一张属名大字报，明火执仗地攻击周恩来总理。萧克拍案而起：军政大学不能要这样的人！他向叶剑英副主席请示，能否开除这个学员。叶剑英巧妙地表示支持："你是校长，你有权处理。”萧克宣布开除学籍等处理决定后，还没有忘记给江青报告一下：这个学员反对周总理……军政大学党委对这个事件的果断处理，既捍卫了周总理，气坏了江青等人，还有效地控制了校内政治空气，萧克和其他校领导终于痛痛快快地喝了一杯。

1975 年 1 月，由于周恩来总理病情加重，中共中央决定邓小平任中央军委副主席兼总参谋长。在6月 24 日至 7 月 5 日召开的中央军委扩大会议上，针对部队存在的“肿”、“散”、“骄”、“奢”、“惰”等问题，邓小平提出要整顿和健全各级领导班子，建立和健全有效的规章制度、编制体制，保持并发扬军队的优良传统和作风，要把教育训练放在战略位置上。

“这次军委扩大会使我们非常受鼓舞，会议作出的重大决定，正是过去我们想做而难做的事情。”萧克回忆说。

会议室里，萧克一手握着茶杯，让它在另一只手掌上缓缓地旋转着，仿佛乾坤正被扭转回去。军政大学党委正在一项一项地部署整顿工作：把一些有严重问题的人，从领导班子里撤下来，有的调换工作，有的交流出去，有的降级使用；教学时间配置也由过去的“军三政七”，倒个儿为“军七政三”。

经过几个月的深思熟虑，萧克在他的书桌上摊开了洁白的信纸——给毛泽东写信。他要“请主席提防那几个人插手军队”。然而，戏剧性的一幕上演了：他的信墨迹未干，全国、全军突然掀起所谓“批邓，反击右倾翻案风”的狂潮。于是，在一阵长吁短叹之后，萧克一页一页地将信烧毁。火光，映红了他愤懑而无奈的面庞。

> “四人帮”一搞“批邓”，有人就提出要修改训练计划，反反复复搞了几次；还有人企图以不突出政治、不抓阶级斗争来打我和唐亮。但这些人毕竟是少数，校党委和部、系党委总的说是团结的、稳定的，也是经得起考验的，少数人想跳也跳不起来。特别是唐亮和我，在抵制“四人帮”的问题上，完全一致，互相默契，且互相关心。
>
> 批林批孔时，王洪文总是想挑动军政大学揭所谓“阶级斗争盖子”，有人企图把揭批的矛头引到唐亮身上。当时有人同我谈话，说唐亮怎么怎么不好，我一听就知道他们的用意，不表态，以示抵制。1976年“天安门事件”后，上面要求各大单位开“声讨会”，并要求将主要领导谁参加了、谁未参加的情况向上面作报告。我对开“声讨会”很反感，就有意不去参加。唐亮为了保护我，特别交代办公室起草报告的同志，要写上：“萧克因病没有到会”。报告起草好，唐亮看了觉得还不行，又改为“萧克同志因病发烧了没有到会”，使我免遭“四人帮”的纠缠。

学校的主要领导如此心心相印，如此互相掩护、补台，无疑是军政大学在曲折岁月中能够力挺压顶乌云、冲破“左”的桎梏、为军队人才建设作出贡献的一个重要原因。

从1972年6月到1977年6月的5年时间里，军政大学先后开办12个班次的中高级干部培训班，培训军事、政治、后勤干部6600余名。他们中的许多人后来成为军中栋梁，也成为军政大学那段在曲折中前进历史的见证者。

1976年，“四人帮”倒台，“文化大革命”宣告结束。军政大学也在历经坎坷之后，终于迈上了新时代的发展轨道。

张震：创建“合同号”

历史进入20世纪80年代，以美军为代表的发达国家军队发起一场世界新军事变革。[①] 这场变革的一个突出特征，是军兵种界限模糊化、作战样式联合化、军官素质复合化。中国军队则由于十年动乱的影响，尚在为干部队伍的专业化进行“补课”，它的最高军事学府依然是军事、政治、后勤三大学院[②] 各立门户，保持着“大陆军”、“单打一”的发展惯势。面对时代落差，中央军委在调整军队发展战略、推进百万大裁军的进程中，于1985年3月决定合并三大学院、成立国防大学，并于4月30日确定：委托张震牵头，吸收三总部有关人员参加，负责筹建国防大学。

张震原是解放军副总参谋长，此前不久因年龄关系已经免职，此时又被委以这样的重任，出人意料。“我听后，感到有些突然，根本没有想到军委会把这一任务交给我”。[③] 然而，作为寥若晨星的老红军和抗大传人[④]，作为在抗日战争和解放战争中身经百战、屡建殊功的军中骁将，作为新中国第一张军事建设蓝图[⑤] 的直接描绘者之一，作为抗美援朝战争和几次边境自卫反击战的高级指挥者之一，作为先后在部队、机关、院校、战区、总部历经40多个工作岗位、“人民军队方方面面的工作大都从事过”[⑥] 的“军队通”，作为有着12年南京军事学院领导工作经验的军事教育家，张震如此被重用，又可谓是情理之中、恰当其时。当时的总参谋长杨得志形象地对张震说：你这是“下马”不“解甲”啊！

要把3个正大军区级单位合到一起，按照时代要求组建一所中国最高

① 西方军事理论界从20世纪90年代初开始大量使用此概念。1994年1月，美国国防部成立高级指导委员会，负责指导“世界新军事变革”研究工作。

② 1977年年底，分别由军政大学的军事系、政治系、后勤系扩建。

③ 《张震回忆录》(下)，解放军出版社2003年版，第273—274页。

④ 1937年1至8月，张震在抗大第二期学习。

⑤ 指1952年张震在总参谋部任作战部部长时参加起草的《1953至1957年军事建设计划纲要》。

⑥ 《张震回忆录》(上)，解放军出版社2003年版，第2页。

军事学府，其复杂、艰巨程度是不言而喻的。但在张震看来，真正费思量的，是究竟应该办一所什么样的国防大学。

改革开放推开国门后，世界新军事变革的奔涌浪潮常常令老将军难以入眠。有人从电视上见识到英阿马岛战争中航空母舰的综合威力，便在报端巧做文章，把军队院校喻称为“人才航母”。“这个现象啊，它是在表明国人对军队现代化建设的强烈愿望啊”。张震记得，邓小平早在1975年主持中央军委工作时，就提出要建设合成军队；在1982年的军队体制改革中，中央军委也曾酝酿过合并三大学院、办一所合同指挥大学的问题，但由于种种原因，事情被搁了起来。那么，如果“人才航母”这个提法没有什么歧意的话，新组建的国防大学就可以被称为“合同号人才航母”了？

在半年多的时间里，年逾七旬的张震将军足迹遍及军、政、后三大学院，陆、海、空、二炮等各大单位。他甚至还通过中国驻外武官了解发达国家军校建设情况。正是在这样一个广泛而深入的调查研究基础之上，“合同号”的设计轮廓渐渐在他的脑海中浮出水面——这就是他在国防大学筹建领导小组会议上提出、后来被纳入国防大学教学指导思想的四字要求：高、新、宽、深。

“‘高’，就是教学的起点要高，教学的内容要高。”①

张震认为，国防大学是人民军队三级培训体制的最高层次，教学的起点和内容必须与之相适应。“要着重学习战略、战役，着眼于培养有战略头脑的战役指挥员，就是从国际战略来研究我们的国家战略、军事战略，也就是学会运用我们的综合国力来维护国家的安全。”② 过去，三大学院长期存在与中级指挥院校争抢生源、教学内容交叉重复过多的问题。因此，如何让中国最高军事学府确实“高”起来，便成为设计“合同号”的一个重要指导原则。

“为了解决这个问题，需要进一步把军队指挥院校的训练体制理顺。”张震在回忆录中写道，“本来，第十二次全军院校会议按照叶帅的一贯思想，提出军队指挥院校搞三级训练体制。初级指挥院校重点是培养排长，训练内容以分队战术为主，可以上挂到连、营；中级指挥院校以培养团级干部为主，

① 《张震回忆录》（下），解放军出版社2003年版，第311页。

② 《张震回忆录》（下），解放军出版社2003年版，第311页。

训练内容可以下挂到营、上挂到师；而高级指挥院校培养的是军一级指挥员，应该上挂到方面军、下挂到师。但过去在实际中解决得不够好，相互交叉仍然过多。所以，我离开总参之前，曾考虑召开第十三次全军院校会议，进一步解决这个问题。我要军训部准备一个录像，说明三级培训体制的分工。我想，在向军委正式建议之前，应先向杨尚昆副主席个别汇报一次。恰巧，1985 年 10 月，他去河南夏邑县参加彭雪枫将军纪念馆揭幕仪式，要我同行……利用这个机会，我要总参军训部院校一处徐舫艇处长带着录像带，在郑州向尚昆同志作了汇报。他明确表示，同意这一设想。"①

不谋全局者，不足谋一域；不谋万世者，不足谋一时。正是由于一开始便注意从整个军队指挥院校体系这一全局的科学谋划出发，来进行这所中国最高军事学府的筹建工作，国防大学的整体设计在后来的实践中日益显示出它旺盛的生命力。迄今 20 多年过去了，尽管学校已由"合同号"升级为"联合号"，但其基本架构和基本精神仍然适用；而作为全军指挥院校三级培训体系的"塔尖"和"龙头"，国防大学在学科建设、教研队伍建设以及科研工作等方面，也始终对全军指挥院校发挥着无以替代的示范、引领作用。

"'新'，是指学习的知识要新，研究的问题要新。"②

这是张震针对三大学院学员反映教学内容比较陈旧的问题而提出来的。他指出，世界正在发生深刻的变化，新情况、新问题层出不穷。国防大学的教学要着力预测世界军事形势可能发生的重大变化，探讨在敌我技术装备变化条件下的战争特点、作战样式、作战方法、作战原则、体制编制、武器发展和工程构筑；同时，要根据党的路线、方针、政策及党的创新理论成果，深入研究中国特色社会主义建设和改革开放的新情况、新问题、新思路、新办法，以服务国家和军队决策，"也就是要创新"。③

为此，张震第一次把科研提到与教学同等重要的地位来看待，明确提

---

① 《张震回忆录》(下)，解放军出版社 2003 年版，第 275—276 页。

② 《张震回忆录》(下)，解放军出版社 2003 年版，第 311 页。

③ 《张震回忆录》(下)，解放军出版社 2003 年版，第 311 页。

出国防大学要以教学、科研为中心。

“在研究国防大学筹建方案时，为了更好地体现科研这个中心，我考虑需要在体制编制上解决问题。”张震回忆说，“从原军事学院、政治学院的编制体制看，它们是在训练部下面设置科研部，职权、职责、力量都很有限。国防大学如果还用这个办法，则难以有效地开展科研，也承担不了军委赋予的科研任务。所以，我向军委建议，要设立一个和训练部相同等级的科研部。这样设置科研机构，在全军院校中还是首次，得到了军委的同意。”①

世界著名学府的一个共同标志，就是它们在科研创造上高人一筹。这不光是因为科研为人类提供着文明的成果和利器，也不光是因为科研促动着教学内容的不断更新，更重要的是，在这个“提供”与“更新”过程中，科研还潜移默化地培植着一种精神，一种学风，一种最能出思想、出英才的素质教育。但由于历史的原因，在此之前，全军指挥院校的体制架构大体上是套用作战部队的做法，加之习惯于用管理部队的办法管理院校——就连学术研究也往往因循“下级服从上级、领导就是权威”的传统惯势，严重制约了教学、科研的创新发展，以至于有人把这样的学校批评为“大教导队”。因此，在解决体制性问题的同时，张震还提出一个具有深远指导意义的办学原则：“教学要搞好，科研要先行”。②

在担任国防大学校长后，张震力主修建起一座作战模拟大楼，并集中精兵强将进行攻关，相继研制、开发出名为“红山1号”、“红山2号”、“昌平1号”、“昌平2号”、“红山90工程1号”的合同战役训练模拟系统，从而使实战模拟这一世界军事领域的新兴学科在国防大学有了“门户”，为中国最高军事学府在军队信息化进程中发挥应有作用奠定了基础。

“宽”，就是使学员具有陆、海、空，军、政、后以及相关的科学知识，使知识面经纬交织。

这是张震针对以往指挥院校军、政、后“分家”，干部知识面过窄，能力结构单一提出来的。“工作岗位互换，经受全面锻炼，是干部增长才干的

① 《张震回忆录》(下)，解放军出版社2003年版，第327—328页。

② 《张震回忆录》(下)，解放军出版社2003年版，第329页。

重要途径……与外军相比，我军在这方面有差距。作为一名高级干部，不能局限于某一个专业，要一专多能，军、政、后都行，海、陆、空、二炮的知识均备。而且，不仅要懂军事，政治、经济、文化、外交也都要懂一些”。[①] 而“宽”的要求落实到国防大学的人才培养目标上，也便是张震所提出的“通才”培养目标。“确定国防大学以培养‘通才’为目标”，是“依据国防大学的任务，特别是适应现代战争的需要”而提出来的。“这一思想，写进了 139 号文件。”[②]

具有划时代意义的是，国防大学从成立之初就确立起开放办学的方针。伴随着学校门前“军事禁区”铁牌子被摘除，几十年一贯制的封闭式办学做法成为历史，取而代之的是，整个社会乃至整个世界都可以成为国防大学的“课堂”和教学资源。

——组织学员到改革开放前沿地区进行调研，力求从理论和实践的结合上搞清国家改革进程中出现的新情况、新问题。

——组织学员到井冈山、延安等革命圣地进行“寻根问祖”活动和典型战例现地教学，使和平条件下成长起来的新一代将才受到革命传统教育，学习老一辈军事家高超的作战指挥艺术。

——组织学员参与部队实兵演习，既给部队带去了自己的理论优势，也从中增强了学校教学的实践环节。

——组织学员到外国、外军参观访问，派出教研人员到地方大学或外军院校学习、讲学，邀请国内外专家、学者来校讲学，进行学术交流，从而使教员、学员开拓了世界视野，获取广泛的信息。

——与美国国防大学等外军最高学府建立校际联系，交流育将之道及军队建设信息。

——安排教研人员到不同军兵种的部队代职；以军队技术工程技术院校优秀毕业生为主要对象开办师资培训班，增强教员队伍的自然科学知识含量；安排教员到本校基本系学习，拓展专业面；定期举办在职干部进修

① 《张震回忆录》（下），解放军出版社 2003 年版，第 277 页。
② 《张震回忆录》（下），解放军出版社 2003 年版，第 308—309 页。

班、外语专修班等，努力使培养“通才”的人先“通”起来。

这些“开山之作”，都是围绕国防大学的“通才”培养目标而设计、而展开的，对于中国高级军事人才乃至整个军队的转型，具有深远的历史意义。

与“通才”培养目标相一致，培养复合型人才已成为今天国防大学改革与发展的主旋律，从国防大学走出的一茬茬高素质领导干部在军队转型的大潮中发挥着中流砥柱的作用。而每议及此，人们不能不由衷赞叹“老校长”当年富于远见的总体设计。

“深，是指教学的内容要有深度”[①]，要与国防大学的任务相适应。

作为“将军的摇篮”，作为军委、总部的咨询机构，国防大学的教学应当是立潮头之上、开风气之先、领创新之源的。但在过去一个时期，特别是在“左”的年代，中国最高军事学府的教学往往囿于对已有知识的灌输，在深度上很难说与初、中级指挥院校有多大区别。为此，张震着眼于从根本上解决问题，提出了一系列改革举措。

——设置进修系，招收正师职以上领导干部，主要进行军事、政治、后勤、预备役和院校领导工作的专题研究，以解决“专”的问题；设置国防研究系，招收军队和地方省、军级以上及国家机关有关部门司、局级以上干部，着重研究国防建设领域的热点、难点问题，以解决“深”的问题。

——在学科建设和教材编写上，由过去注重现成知识的传授，向注重对有关理论和现实问题的研究、解决转变，把教学重心放到学员实际工作能力的提高上。

——在教学方法上，由以往的填鸭式、灌输式教学向研究式和启发式教学转变，使学员真正成为学习的主人。如：允许教员在讲清教材的基础上，阐述自己的学术观点；规定国防大学的学员以自学为主，倡导大家带着问题到“第二课堂”研究，把被动地接受知识变为主动地获取知识、自主地研究问题。

——对学员学习成绩的考核，由过去的闭卷考现成答案为主，改为以撰写论文与答辩为主，着重考核其运用理论知识解决现实问题的能力，努

① 《张震回忆录》（下），解放军出版社 2003 年版，第 312 页。

力摆脱应试教育对人才创造性的束缚。

——在学校科研队伍建设上，第一次将学员作为“科研的生力军”纳入其中，从而确立了学员在教学、科研中的主体地位，大大激发了他们钻研问题的潜在积极性，有力推动了学校科研工作的创新与发展。

——在学术研究上，有针对性地提出“不设禁区”、“平等交流”的原则，大大活跃了学术空气。为了激活创新思维，深谙创新之道的张震还积极倡导对形象思维潜能的开发。“在学术研究上，我主张要有点浪漫主义精神。我在一次科研工作会议上曾说过，我很欣赏《封神榜》的作者，他幻想人身上能长翅膀飞翔，还有什么‘顺风耳’、‘千里眼’，现代科学技术的发展，不是把这些问题都解决了吗？”①

这些顺应时代要求和人才成长规律的举措，对推进国防大学的整体转型，起到开山辟路的作用。

一个学校的类型和层次，是由它的教学内容决定的。高、新、宽、深四字要求，最初也是针对教学内容提出来的。但随着办学实践的逐步深化，人们发现，它其实也是整个“合同号”设计的指导原则，其基本精神具有广泛而长远的指导意义。

事实上，要建造一艘真正能够劈波斩浪、担当远航使命的“合同号人才航母”，决不比制造一艘英军那样的航空母舰容易，因为它的设计和建造，还必须面对许许多多型号各异的无形“航母”。

三大学院合并的消息传出后，赞成的很多，意见相左的人也不少，有的同志讲得还很尖锐，说什么：“撤销政治学院，是要负历史责任的，将来肯定要做检讨，而且不出 3 年又要恢复过来”；有的同志责问：“天天讲现代战争是打后勤，为什么又要把后勤学院撤销？”还有人直接给军委写信，明确表示不同意将三大学院合并。② 有些人甚至对“高、新、宽、深”也表示难以接受，认为它们是互相矛盾的，还编了顺口溜儿，说“高的没有顶儿，新的没有影儿，宽的没有边儿，深的不见底儿”。意思是，这样的提法不能

① 《张震回忆录》（下），解放军出版社 2003 年版，第 335 页。

② 《张震回忆录》（下），解放军出版社 2003 年版，第 274 页。

成为国防大学教学的指导原则。

"我考虑，筹建工作只有我和三总部的同志还不够，还应该请三大学院的有关领导同志参加,共同组成国防大学筹建领导小组。军委同意了这一建议。"①

在实际工作中,是及时设法对上级的决定加以补充完善,还是唯命是从、上级说个谷子就碾个米，不仅是区别一个领导干部工作水准的分水岭，往往也是决定工作成败的一个根本因素。老将军一枚棋子投下，既使三大学院的有关领导尽早介入情况，发挥他们熟知具体情况的优长，多出些好的主意，又畅通了上情下达、下情上通的渠道，为统一思想认识、凝结各方面力量打开了活水之门。从后来的实际效果看,可谓"一招棋高,满盘皆活"。

1985 年 5 月 7 日，张震在北京主持召开国防大学筹建领导小组第一次会议。参加会议的有：副组长——副总参谋长韩怀智、总政治部副主任朱云谦和总后勤部副部长刘明璞；成员——中央军委体制改革咨询小组组长陶汉章，军事学院副院长陈仲民、训练部部长赵安然，政治学院副院长姜思毅、训练部副部长郑习炎、政治部主任吕村夫，后勤学院副院长赵建魁、训练部部长李平相、政治部主任邢泽，总后勤部司令部副参谋长刘鲁民，总参谋部军训部副部长杨振亚等人。会上，筹建领导小组组长张震充分肯定三大学院的成绩，具体说明合并三大学院、成立国防大学的原委和意义，明确了筹建领导小组的工作任务，并围绕"高、新、宽、深"的总体设想出了一些题目，供大家研究。如：国防大学的办校方针、原则、任务应当如何提，训练体制应当如何改革，学制究竟搞多长，学校的体制编制如何设定，搞几个部、系、教研室，要不要设国防研究系，能不能成为军委、总部的咨询机构，如何学习三大学院的办学经验，如何借鉴外军高级指挥院校的做法等。"筹建领导小组的同志们积极性都很高，表示要按照军委的要求，在规定的时间内，完成筹建国防大学的任务。"②

如果说对那些来自下面的不同声音，只需要做艰苦的思想和组织工作的话，那么，如何对待最高决策机关的不同观点或定论，则就是一种关于

① 《张震回忆录》(下)，解放军出版社 2003 年版，第 277 页。

② 《张震回忆录》(下)，解放军出版社 2003 年版，第 279 页。

马克思主义勇气的考验了。

“本来，军委在决定成立国防大学时，已经明确其下设军事、政治、后勤3个系，并且写进了军委常务会议纪要。筹建中，我反复考虑，从发展的观点看，高级指挥员应该具备多方面的知识，工作岗位能够互换，否则就不能组织指挥战争。所以，我主张打破传统的设系方法，改为按训练目标设系，实行陆海空、军政后混合编班，统一施训。为此，在（1985年）6月15日召开的（国防大学筹建）领导小组会议上，我讲了这一想法，并提出可否写两个方案，供军委定夺。筹建领导小组的其他同志都赞同这一意见，支持我向军委提出建议。9月10日，在列席军委常务会议时，我再次提出了这一想法。最后，军委采纳了这一意见，同意按训练目标设置系、院。”①

在这次中央军委常务会议上，张震还以充分的论据反复说明，并征得最高领率机关同意，使国防大学可以适量组织学员出国考察，其国防研究系还可以招收一定数量的省部级和中央国家机关有关部门的领导干部学员，从而，为军队高级干部和地方有关领导不断开阔世界视野、更好地贯彻大国防观，开启了先河。

在向以服从为天职的军旅天地，为什么下级能够勇于坚持并一再向最高领率机关直陈己见，而上级又能够如此从谏如流？答案只有一个，那就是他们对党和人民的事业无比忠诚与负责。而张震的这种忠诚与负责，是他从少年时代便开始了执着的雕琢。

1914年10月5日，张震降生在湖南省平江县长寿镇一个贫苦家庭，盼子心切的父母为他取名张见生。这里山川秀丽，景色宜人。由东向西、泽及全县的汨罗江，在战国时期曾飞起一朵千古不息的水花——楚国大政治家、浪漫主义诗人屈原，纵身滔滔江水，写下忠良绝唱。作为大革命时期湖南省的革命发源地之一、土地革命战争时期革命风暴的中心地区、1928年平江起义的主战场，平江县在新中国第一次授衔时，因将军人数紧随湖北红安、江西兴国居第三位，被称为“将军县”。源远流长的汨罗江水，写就平江县

---

① 《张震回忆录》（下），解放军出版社2003年版，第283页。

的光荣历史，也哺育了张震精忠报国的人生品格和志向。

“我最喜欢《水浒传》”，幼时酷爱读课外书的张震，几十年后在他的回忆录中这样写道，“因为它歌颂了梁山好汉反对贪官污吏、杀富济贫的造反精神。我最讨厌《荡寇志》，因为它将梁山好汉的结局写成了被分化、受招安、被杀头的悲剧。我最崇拜的是《说岳全传》中描述的富有精忠报国精神的岳飞，恨透了卖国贼秦桧。我对岳飞之子岳雲、岳雷、岳霆、岳霖保卫国家、为父报仇的忠勇之举，十分敬佩。因岳家兄弟的名字都是雨字头，所以，后来参加儿童团时，受取名以明志的传统文化影响，我自己做主，改名为张震，以表示我要学习他们的坚强意志和报国精神。我还请魏昆宝给刻了枚‘张震印’，这是我第一次有了私章。”①

如同这枚印章所寓意的那样，张震精忠报国的人生追求也在他的革命征程中饱经风霜而历久弥新。在枪林弹雨中，他曾几番负伤，九死一生；在红军部队中一度推行“左”的反富农政策时，他曾因“字写得好”被认定是富农出身而被撤销连政委② 职务；在南京军事学院担任院长期间，他曾被“造反派”疯狂揪斗和折磨，其中一次是在上厕所时突然被人用绳子套住脖颈、吊拉到两米多高的围墙外面，登时不省人事……但张震始终恪守着自己的“简单”信条：“活着就跟着党干革命，战死就算革命到底”③，始终保持着旺盛的革命热情。当中央军委杨尚昆副主席就负责筹建国防大学一事征求他的意见时，张震也曾真诚地推举他人，而希望自己能尽早安心休息，好完成他那个早已准备、“雄心勃勃的读书计划”。但那只是他个人的一闪念，也是出于工作考虑。当张震觉察到组织的意图没有多少商量余地之时，他便迅即进入角色，全身心投入工作。

筹建计划有了初步设想之后，为了更好地吸纳部队各方面的智慧，张震将国防大学筹建领导小组分为几个调研组，分赴全军各单位，同机关、院校、部队的同志座谈，广泛征求意见。

---

① 《张震回忆录》（上），解放军出版社 2003 年版，第 15 页。

② 同连队指导员。

③ 《张震回忆录》（上），解放军出版社 2003 年版，第 61 页。

走群众路线,是一种作风、一种风格,也是一种方法、一种能力。而当“路线”真正与“群众”贯通时,智慧之源便显示出它取之不尽、用之不竭的特性来。

——部队的有识之士提出:国防大学应成为培养国防现代化建设高级人才中心、国家安全战略问题研究中心和军委、总部有关军队建设重大问题咨询中心。为此,学校应体现“综合”、“合成”、“战略”这3个特点,即军事、政治、后勤俱全,诸军兵种合成,从事对战略问题的研究……

——三大学院的有关专家建议:国防大学不仅要培养军队高级干部,还要从国防建设的角度培养国家有关部门的领导干部;不仅要研究军事战略问题,还要研究与国防有关的政治、经济、外交等问题。

……

这些来自“群众”的意见与建议,对于充实、完善国防大学筹建方案起到重要作用,其中有的观点最终成为139号文件的正式表述。

在经过多少个日日夜夜的学习讨论、征求意见、字斟句酌之后,“合同号”的整体设计方案终于跃然纸上。1985年12月11日,国务院、中央军委以国发[1985]139号文件的形式,联合颁布了《批转国防大学筹建领导小组〈关于筹建国防大学的方案〉的通知》。

这个文件除了确定学校的名称、校址及隶属关系外,着重就国防大学改革与发展的若干重大问题作出规定:

——国防大学的建校方针,是以马列主义、毛泽东思想为指导,以积极防御的战略方针为依据,以教学、科研为中心,面向现代化、面向世界、面向未来,努力把学校办成符合我国国情、具有我军特色的合同指挥大学。

——国防大学的基本任务,是培养陆、海、空军军以上军事、政治、后勤指挥干部,大军区以上机关高级参谋人员,军队高级理论研究人员和省以上政府有关的领导干部,并从事有关战略和国防现代化建设问题的研究,为军委、总部决策起咨询作用。

——国防大学设国防研究系、基本系、进修系、研究生院、外训系和师资培训班。

——国防大学的教学内容,要按照全军三级指挥院校分工和培训目标的要求设置课程，突出重点，扩大知识面，着重培养提高学员的谋略、决策与合同指挥能力……

——国防大学的教学方法，以自学研究为主，采取自学研究与辅导相结合、理论学习与实地考察（包括国内外考察）相结合、专职教员授课与聘请校外（包括外国、外军）专家学者授课相结合……

139号文件是人民军队着眼时代要求、改革干部培训体制的重要产物，是国防大学办校治学的纲领性文件。它的出台，标志着合同号人才航母的设计工作圆满完成，标志着国防大学的发展进入一个崭新的历史阶段。

作为对139号文件主导者的一种肯定，它也给“下马不解甲”的张震带来了另一个“意料之外”——再次“上马”。就在139号文件即将出台之际，即1985年11月30日，中央军委颁布国防大学领导班子配备命令，任命张震为校长。

在1985年9月出席党的全国代表会议时，张震已与50多名年龄较大的高级干部一起退出了中央委员会，进入中央顾问委员会，时称“退居二线”。而按惯例，国防大学校长是要进中共中央委员会的。所以张震想，“完成了国防大学筹建任务之后，就可以退下来休息了”。①

所不同的是，对于这个“意料之外”，张震是早有精神准备的——他从接受国防大学筹建任务那天起，就把自己摆到了“校长”的位置上。“我常想，现在军队高等指挥院校的矛盾究竟在什么地方？应该办一所什么样的国防大学？如果军委最后将学校建设的任务交给了我，工作应该怎么开展？”②

现代领导科学十分注重“角色意识”，就是不论做哪一级、哪一行的领导，都要像演员一样具有很强的角色意识和角色转换能力。只有这样，才能“演”得像、“演”得好。有人套用年富力强一词，说张震是“年不富而力超强”，其实也就是称道他这种凡事都能够迅速进入“角色”的主人公姿态和超凡能力。在出任校长后，面对诸多棘手问题，他之所以能够举重若轻，迅速打开局面，直至迎来他革命生涯中的最后一个“意料之外”——出任中央军委副主席，一个很重要的方面，就是由于他在领导这个多重角色的舞台上，完全投入、转换自如而

① 《张震回忆录》（下），解放军出版社2003年版，第287页。

② 《张震回忆录》（下），解放军出版社2003年版，第275页。

又拿捏得恰到好处——该是校长是校长，该是教员是教员，该是机关干部是机关干部，该是战士是战士，有时甚至还要“演”一下中央军委首长或国家首脑。

“教学工作全面铺开以后，如何把 139 号文件确定的办校方针贯彻到教学实践中去，有大量的工作要做，其中关键的问题是，需要有一个切合实际的教学指导思想……筹建国防大学期间我就经常想这个问题。回顾自己在抗大、在南京军事学院当学员的感受，也回顾后来在（南京军事）学院当领导的情景，更多的是结合当前的实际，思考今后如何把学校办好。这样，对国防大学的教学问题，我陆续谈了一些想法，后由筹建领导小组办公室的同志整理，形成了一篇《关于教学改革的意见》。”① 从而提出了“一个目标、三个坚持”的教学指导思想，即：以培养政治合格、适应国防现代化建设和未来战争要求的高级指挥人才为目标；坚持培养“通才”，坚持“高、新、宽、深”的教学内容，坚持自学为主，实行研究式、启发式的教学方法。这个教学指导思想集中反映了国防大学教育的高层次、综合性特点，因而像航标那样，对“合同号人才航母”的破浪前行，发挥了重要的指导作用。

如果说“合同号人才航母”的下水起航还有 100 个难题需要它的领航者来克服的话，那么其余 99 个难题加起来，也难不过这第一个难题：人员安排。原三大学院加起来有 5000 余人，而中央军委确定的国防大学编制员额不能突破 2000 人；超编 3000 人，其中干部有 530 多名。

对此，中央军委曾明确表示：国防大学在筹建期间所需干部，可以从原三大学院选调；所富余人员，由各学院分别成立善后工作组负责管理和安置。

这个在时下一些企业老总那里可谓求之不得的政策，在张震校长这里却变成一份责任，扛在了他的肩膀上。

“我理解，军委这样考虑，是为了保证国防大学党委能够集中精力做好开学准备。但从现实情况看，三大学院的一些干部思想波动较大，小道消息不少。这时选调干部，不利于稳定思想。同时，对三大学院的干部，还未来得及全面考核，如果该调的没有调来，会造成人才流失，不利于今后学校的建设。”②

---

① 《张震回忆录》（下），解放军出版社 2003 年版，第 304 页。

② 《张震回忆录》（下），解放军出版社 2003 年版，第 296 页。

与李德生政委商议后，张震校长在国防大学党委常委第一次会议上提出并最终以校党委名义作出一个惊人决定：所有人员全部留下来，经过一段时间实践，再作调整和安排。办法是机关和教研单位合署办公。

“合署办公毕竟是过渡性的，军队还是要按编制办。学校成立不久，即着手拟制编制。我考虑，办国防大学是个新事物，编制体制究竟怎么搞，没有现成的经验，要在实践中摸索。而且，在三院合并的情况下，编制规定得太严，会有许多实际问题，宜采取过渡性的办法。所以，我向党委建议：先搞个试行编制，实践几年，再作决定。军委、总部也同意了这一意见。”①

在任命教研人员时，又遇到一个矛盾，即按照试行编制，教研人员只能有400余人，而实际人数是600多名。也就是说，他们中的将近三分之一不能纳编。

“经过反复权衡利弊，我在校（党委）常委会上提出：国防大学落实编制，既不能久拖不决，也不能操之过急，要从有利于第一期开学准备，有利于学校长远建设出发，逐步稳妥地进行。在具体做法上，实行定编不定人。试行编制颁发后，各单位的编制人数都已明确，但在第一次任命教员、机关干部时，不受编制人数的限制，凡是合并过来的干部，均下达任职命令。大家共同进行第一期开学的各项准备。”②

1987年9月，三总部要求对部队的整编工作进行检查，凡未按规定整编的单位，要在年底前整编完毕。而这时，国防大学已具备了落实编制的条件：在一年多的时间里，安排300多名干部离休、退休、转业、入学……

中国的“长征”，之所以能够屡屡化险为夷，屡屡化腐朽为神奇，一个重要的因素，就是它拥有张震这样的总是能够料事在先而又主动替上级分忧解难的一代优秀将领。

还在国防大学筹建工作展开之初，张震便力排众议，决定挑选一批人，举办国防大学师资培训班。

“师资培训班，我在南京军事学院就办过。那时，是从部队和学院机关中选调优秀干部，培养教员。这次不一样，是要直接从军队工程技术院校的应届

① 《张震回忆录》（下），解放军出版社2003年版，第297页。
② 《张震回忆录》（下），解放军出版社2003年版，第298页。

毕业生中挑选”。[①] 张震深知，在“文化大革命”那个政治可以冲击一切的年代，军队院校的教员队伍同样遭到严重摧残。许多教员业务长期搁置，年龄老化，知识结构也明显落后于时代要求。他“之所以采取这个大胆的步骤，是看准了一条：现代战争中科学技术的作用越来越重要，没有较高的科学技术知识，就难以胜任未来战争的需要。国防大学培养的是‘三高’人才，它的教员队伍必须首先解决好这个问题。从某种意义上说，它是国防大学的‘希望工程’”。[②]

后来的实践表明，这个直到师资培训班开办起来后仍有不同意见的大胆而超前的举措，确实成了国防大学十分解渴的“希望工程”。“因为这批教员自然科学知识功底扎实，又懂军事理论，还懂一门或两门外语，知识面宽，适应性比较强，发展的后劲也比较大。经过几年的锻炼，这批人迅速成长，不少人已经成为国防大学的教学骨干，在科研上也初露锋芒。到我离校时，有的已获得国家或军队教学科研成果奖，有的还到国外讲学、进行客座研究或参加国际学术讨论会。这时，原先的种种议论，也就迎刃而解了。1993 年 9 月 21 日《解放军报》曾以《尉官教将官，新秀挑大梁》为题，专门介绍了师资班学员从学习到工作的有关情况。其他兄弟院校看到我们这样做，认为很好，也请国防大学用这种方法为他们代培教员。”[③] 而今天，当国防大学着眼信息时代要求，推进教员队伍知识结构向自然科学和高科技知识倾斜，努力打造复合型教研队伍时，人们饮水思源，不能不想到老校长当年的高瞻远瞩。

在张震的记忆里，毛泽东对办学校强调最多的就是选配一个好的校长和一支好的教员队伍。而作为一校之长，张震想得最多、做得最多的，则是建设一支善于组织开展启发式、研究式教学的教员队伍。

与“高、新、宽、深”相呼应，张震校长还于 1988 年 5 月对教研人员提出了“博、精、短、活”[④] 的要求，并围绕这个要求采取一系列行之有效的措施，全面提高教研队伍的业务素质。

---

① 《张震回忆录》(下)，解放军出版社 2003 年版，第 320 页。

② 《张震回忆录》(下)，解放军出版社 2003 年版，第 320 页。

③ 《张震回忆录》(下)，解放军出版社 2003 年版，第 322 页。

④ 简而言之，博，即教研人员要博学多才；精，即精通本学科的知识和技能；短，即研究周期短，备课和讲课时间短；活，即善于因人施教。

多年从事或分管院校工作的张震，十分明白知识分子最需要的是什么。他认为，要真正打造一支能够担当历史重任的教员队伍，最根本、最具决定意义的，是逐步形成一种风气，一种真尊真重的尊师重教风气。他常讲，当年抗大的教员队伍为什么那样好，关键一条就是有一个浓厚的尊师重教风气，教员在物质生活、政治待遇等方面都受到特殊优待。20多年后的今天，人们对张震校长当年主持制定的《尊师重教实施细则》或许已不能排出个一二三来，但对一件“小事”始终是记忆犹新的：

1986年9月10日，在国防大学首次教师节庆祝大会上，当校领导与老教研人员合影时，校长张震对领导坐前排、教员站后面的座次安排感到不大妥当了。“教研人员常年站在讲台上”，张震校长对工作人员说，“过教师节了，还要站，并且是站到后面吗？”说着，他已经走过去，站到了后排……

而国防大学日益浓厚的尊师重教风气，乃至由此而来的全校各方面工作蒸蒸日上的局面，正是通过这样一些看似不起眼的“小事”，一点一点积成的。

第三章
追寻卓越

——转型期国防大学的改革探索

历史走到20世纪90年代的时候，突然加快了节奏。以至于人民军队的“合同号人才航母”刚刚下水，便须向“联合号”转型。[①] 面对这一严峻挑战和难得机遇，国防大学的后来人就像置身“接力赛”一样，积极探索，锐意进取，向着世界一流大学的目标，展开了承上启下的阶段性冲刺。

“五四三工程”

备忘卡：1992—1995年，朱敦法任校长，李文卿任政委；马伟志、侯树栋、黄玉章、王厚卿、胡长发、杨国屏先后任副校长，赵丛、刘存康、董宜胜先后任副政委。

一个学校的转型，最终要通过教学内容的转变来达成。而教学内容的转变又受到教育理念、办学模式和教学方法等方方面面的影响制约。这就必

① 即由合同指挥大学转为联合指挥大学。

须把它作为一项系统工程来推进。作为对老校长张震所提“五个突破”的补充，新的校领导集体提出“四个适应、三个重点”的改革思路，并将之浑成一体，概括为“五四三工程”。

“五个突破”：针对东、西方冷战格局解体的实际，在战略思想、战略理论以及从政治、经济、军事等方面进行对策性研究上有新的突破；针对高技术的运用使战争形态发生变革的实际，在现代条件下的作战方式、作战方法和战役指挥问题的研究上有新的突破；针对信息工程高度发展的实际，在改革教学手段、搞好开放式办学上有新的突破；针对教学内容高、新、宽、深的要求，在建立有马克思列宁主义、毛泽东思想特色的教材体系上有新的突破；针对新时期军队建设遇到的新问题和部队教育训练发展较快的实际，在发挥学术研究对部队建设的先导作用上有新的突破。

“四个适应”：教学、科研改革与发展变化的国际形势相适应，与国家加快改革开放和发展社会主义市场经济的环境相适应，与现代化为中心的军队质量建设相适应，与新时期军事战略方针的要求相适应。

“三个重点”：以学习研究中国特色社会主义理论为重点，以学习研究邓小平新时期军队建设思想为重点，以学习研究现代技术特别是高技术条件下局部战争为重点。

“五四三工程”的核心之点，是把中央军委新时期军事战略方针和打赢高技术局部战争的要求，贯穿于教学内容之中。然而，与其他一切改革一样，“五四三工程”在一开始便遭遇观念这个最难缠的“拦路虎”。在跟班听课以及与教研室领导谈话中，校首长发现，改革的思路虽然早已明确，大家也都表示拥护，但一见诸实际就容易走味。有些同志习惯于得心应手的东西，一堂课听下来，常常让人有种“老生常谈，津津乐道”之感；私下谈起来，不少人的思想认识明显滞后，有的人还列举种种昔日的辉煌来强调“改革不能丢了‘老祖宗’”，甚至主张“以不变应万变”。因此，如同推动经济改革一样，“换脑筋”的问题便作为推进国防大学改革的首要课题，被提了出来。

“换脑筋”的问题，是邓小平在1992年视察首钢时提出的。意思是要求人们加强学习，突破陈旧观念和习惯势力的束缚，实事求是，开拓进取。

学习是一个系统工程。

在校党委的统一部署下，全校上下采取开办《邓小平文选》轮训班与在职学习相结合、学习现代军事理论与学习高科技知识相结合、书本学习与实地考察相结合、专题讨论与国内外学术交流相结合，展开了一场开眼界、长知识、转观念的系列学习活动。

学习的关键在学术空气。正如校首长在1993年3月19日国防大学训练会议上所指出的：经验证明，在学术研究上，“鸦雀无声”不行，总是领导说了算不行，众口一词也不是正常现象。老实说，我们现在学术研究的民主空气还不够浓，“唯书”、“唯上”的问题还没有完全解决。所以，在深化教学、科研改革的过程中，各级领导干部的视野要更开阔一些，在学术研究中，组织引导工作要更超脱一些，以造成宽松、民主的研究环境。要打破门户之见，防止“文人相轻”，不仅要容得不同的学术观点，而且要鼓励学术争论，从不同学术观点中吸取营养，从学术争论中发现真理。一句话，在学术研究上一定要放得开，你能翻多大的“筋斗”，领导上就要为你提供多大的舞台。

1993年5月，校首长率领进修系70多名将军学员，赴上海及苏南地区进行现地教学。在中国改革开放的第一线，学员们听取当地领导报告，考察国家重点建设项目、经济开发区、国有大中型企业及乡镇企业，参观市容村貌，走访工人、农民家庭，还参观考察当地部队的武器装备和现代化建设情况，同“南京路上好八连”干部战士座谈，集中对军队建设如何适应市场经济的发展这一热点问题进行了认真探讨。30多个考察点，展示出一幅幅飞速发展变化的时代画卷，对学员也对教员们产生着强烈的心灵撞击。大家在感叹新事物、新气象、新理念之余不禁暗自思忖：在改革开放的时代浪潮和全新环境里，向来领风气之先的人民军队，该当何如？

“在讨论中，不少同志谈到，现在战略方针很明确了，但在我们的教学、科研中怎么体现，怎么抓好贯彻落实，有很多问题要重新考虑，面临的困难不少，感到有压力。”对此，校首长指出，“这是好事，说明大家坐不住了，在认真思考问题了。”

随着学习的逐步深化，广大教研人员的思想观念发生了明显转变：对邓小平理论特别是邓小平新时期军队建设思想的历史地位与指导意义有了更深刻的认识，自觉地把邓小平理论作为教学的根本指导；高技术条件下作战的意识更强了，教学与学术研究的出发点、立足点转向如何打赢高技术条件下局部战争这个主题，跳出了以往研究一般条件下局部战争的框框；增强了研究探讨高技术条件下联合作战的意识，眼光不是只盯着以陆地战场为主的合同作战，而是针对未来作战可能涉及的各个空间，加强了对空、海作战和电磁斗争问题的研究，教学内容更加贴近未来高技术条件下作战要求；在教学方法、手段上，不再满足于驾轻就熟的套路，而是在实行研究式、启发式教学上动脑子、想办法、出新招。如战役进修班采取教员、学员同台讲课，平等交流学术研究成果等方式，给全校教学、科研带起一缕新风。

观念的力量是无穷的。随着各级领导和教研人员的思想观念发生变化，校党委因势利导，按照利用3年时间、分“三步走”的总体部署，统一调配精兵强将，组织联合攻关，全校上下展开了以教学内容改革为主的“三大战役”：1993年，在战役学科教材编写上取得突破；1994年，在政治理论、军事思想和军事战略、高技术条件下局部战争的战役等重点学科上攻克了一批难题；1995年，随着“第三战役”向纵深展开，初步建立起以邓小平理论为中心的政治教学内容体系，教学、科研走上了以邓小平新时期军队建设思想和新时期军事战略方针为重点的新路子，基本形成了符合时代要求、体现高技术局部战争特点、适应部队需要的新一代教材体系。

国防大学是“将军的摇篮”，培养的人才有没有一个好的党风品格，直接关系到党和国家的生死存亡。因此，面对市场经济大环境的种种考验，校党委始终把人才的廉政建设作为“五四三工程”的“生命工程”来抓。值得称道的是，在党风廉政建设中，校党委一班人不是满足于讲道理、抓典型、搞宣传等惯常套路，而是把宝押在“身教”上，用行动影响人、感染人。这被誉为最有说服力的“无字书”。1993年8月18日，《解放军报》登载记者黄华敏采写的通讯，并就此发表了评论：

国防大学一批高级干部廉洁勤政堪称模范

国防大学发扬艰苦奋斗传统，把抓好廉政建设作为培养合格的高层次、高质量军队建设人才的重要内容，为来自全军部队的高中级干部学员作出了表率。

国防大学的前身可追溯到井冈山红军军官教导队及红军大学和延安抗大。淡泊明志，以俭养廉，已成为该校校风的一大特色。上自历任校长、政委，下至各级领导，都以清廉自律，为全校人员树立了榜样。校常委小会议室至今用的还是50年代的旧沙发，几位校领导的办公室没有一个安装空调；许多军级领导坚持坐班车或公共汽车上下班，他们在班车上的座位被誉为“将军座”；军级干部到市区较近的地点办事，骑自行车已成为习惯。研究生院院长郭其侨，是1998年第一批授衔的将军，数年如一日坚持和普通干部一起坐班车上下班。校领导在住房、用车和公勤人员等方面都严格自律，有6名校常委住房没有达到标准。全校数十名军职领导，近三分之一住在比规定标准低一级或两级的宿舍，没有一人超配公勤人员和多占用车辆。领导同群众同甘苦，全校上下一派好风气，教研人员发扬刘帅提出的“三更灯火五更鸡”的拼搏精神，教书育人，甘于清苦，勤奋耕耘于培养国防建设高级人才的事业，机关和保障分队牢固树立“以教学科研为中心”的思想，不计名利，为教学第一线排忧解难。

这所大学清廉自律的良好风气，像一部无字的教科书，潜移默化地影响着广大高中级干部学员。他们按照校党委提出的当好“普通党员、普通学员、普通干部”的要求，从自己动手打水、拖地板、冲厕所、轮流担任值日等日常生活小事做起，完全以普通一兵的身份完成学业并接受考察。这对他们回部队后，廉洁勤政、改进领导作风起到了重要作用。

好一部“无字教科书”

抓廉政建设，道理要讲，措施要订，文件要发，问题要查。但是最重要的是领导干部以身作则，率先垂范。像本报今天报道的国防大学的高级干部那样，以自己的模范行动在群众面前写出一部“无字教科书”。

群众看廉政建设，首先看领导干部；看领导干部，又总是听其言，观其行。清正廉洁的领导干部讲廉政之所以最有说服力、感召力，不仅在于他们讲的道理正确，更在于他们能身体力行。言行一致，一言九鼎；言行相悖，讲得再动听，也会大打折扣。国防大学以及其他一些廉洁自律的领导干部之所以在群众中有威信，这是一个重要原因。其实，我们每个领导干部的模范行动都是一本“无字的教科书”，都对抓好廉政建设起着教育、鼓舞、引导和推动的作用。这样的“教科书”越多，我军的廉政建设就会越有成效。

群众衡量领导干部是否清正廉洁，接触最多、最直观的是生活方面的事情。俭以养廉。生活俭朴，既是领导干部保持自身廉洁的起码要求，也是抓好部队廉政建设的重要内容。历史经验证明，腐败风气的滋生蔓延，往往是从生活的奢侈开始的。在新的历史条件下，由于种种原因，领导干部保持生活俭朴，看似容易，做起来难。然而，不管是有意无意，事实上每个干部都从这方面开始写“无字教科书”，无非是有的“写”正面教材，有的“写”负面教材。如果我们都能像国防大学的高级干部那样写好令群众满意的“无字教科书”，那么我军的廉政建设就一定会取得更大成绩。

校风是一个学校的灵魂。正是由于有了一个好的校风，有了这么一部可以代代传承的“无字书”，国防大学的“五四三工程”乃至于此后这样那样的“工程”，才有了一个坚实的基础，才有了一个好的发展，才有了如此一部常写常新的关于人民共和国钢铁长城的历史宏著。

“五个新进展”

备忘卡：1995—2001年，邢世忠任校长，王茂润任政委；侯树栋、王厚卿、胡长发、杨国屏、何道泉、高金钿、张兴业、毛凤鸣、陈章元、王文荣先后任副校长，赵可铭、董宜胜、谭乃达、寇宪祥、李殿仁、彭小枫先后任副政委。

“五个新进展”是新的校领导集体经过调查研究，在1996年12月召开的国防大学党委二届八次全会上郑重提出的学校改革发展目标。内容主要是：在学习邓小平建设有中国特色社会主义理论，提高学员运用这一理论改造世界观和指导实际工作的能力上有新的进展；在研究国际战略问题，提高学员把握大局和从战略高度分析认识问题的能力上有新的进展；在学习高科技知识，提高学员科学文化素养和迎接世界军事发展挑战的能力上有新的进展；在研究立足现有装备克敌制胜的战略战术，提高学员组织指挥现代诸军兵种联合作战的能力上有新的进展；在研究我军建设和改革中的重大现实问题，提高学员在社会主义市场经济和对外开放条件下治军带兵的能力上有新的进展。实现“五个新进展”，概括起来说，就是要使学员每进一次国防大学，都能学到新的东西、能力有新的提高，突出的标志是一个“新”字。

然而，“新”不是海市蜃楼，它只有建筑于扎扎实实的基础工作之上，才能谈得上“新进展”。1997年7月，国防大学党委作出决定：到20世纪末，全校要集中力量抓好“四项基础工程”，即：以建设强有力的领导班子和高素质教研队伍为重点的“人才工程”；以建立高质量的新的教材体系为重点的“教材工程”；以完成“联合战役指挥训练模拟系统”为重点的“模拟和网络工程”；以政治上爱护、生活上关心为重点，把思想政治建设同解决实际问题相结合为基本内容的“乐业工程”。

既有“目标”又有“抓手”，既“新”又“实”。从“五个新进展”奋斗目标的确定，到“四项基础工程”的提出，意味着国防大学新一届领导集体的工作思路也在与时俱进地“新”着。

要实现“五个新进展”,关键在领导作风要先“新”起来。1995 年 9 月，也就是新的校领导班子上任两个月后，校党委制定颁布了《国防大学党委常务委员会议事规则》、《国防大学首长办公会议议事规则》和《国防大学党委加强作风建设措施》，对校党委决策的民主化、科学化和工作的规范化、制度化作出具体规定，对校领导和校机关“约法十章”，并通过举办条令条例集训班、开展“条令月”活动等，大力倡导“六提倡、六反对”：提倡无私奉献，反对争名逐利；提倡敬业攻关，反对无所作为；提倡求真务实，反对形式主义；提倡雷厉风行，反对拖拉扯皮；提倡当面批评，反对背后乱说；提倡尊师重教，反对自我服务。

“在领导作风建设上，最重要的是公道正派。”校首长回顾说，“这是大家普遍关心的问题，提出分车要公道、分房要公道、解决实际问题要公道等等，但最关心的是用人要公道。这确实是应当注意的……有的同志说，哪个单位怎么怎么‘复杂’。我有个体会，不管怎么‘复杂’，只要领导班子不‘复杂’，那个单位就‘复杂’不起来。领导班子‘复杂’了，你想要下面不‘复杂’也不可能。如果班子裂开了‘一条缝’,下面就会裂成‘两大片’。所以,关键是领导班子不要‘复杂’。”为此,国防大学党委经过反复统一“领导就是服务”的思想,要求所有领导干部目光向“下”看,一切从尊师重教、为基层服务做起。

1997 年 2 月 28 日,《解放军报》登载这样一则通讯——

“趁放假到教员家里走一走！”新学期开学前，国防大学首长带着机关的同志来到了学校宿舍区。他们首先来到正在美国留学的战略教研室张伊宁副教授家，关切地问他的爱人晔缨家里有什么困难，并让晔缨转告张副教授安心学习。穿过楼道,校首长又迈进了孟欲晓的家门。她的丈夫赵文华教员是位年轻的研究生，正在俄罗斯攻读战役学。望着虽然干净利索但显得有些逼仄的房间，校首长问起机关解决教研人员住房的问题，小孟赶忙说："谢谢首长关心，我们的房子问题已基本解决了，今年5月份，就可拿到新房子的钥匙啦！"校首长满意地点了点头，对同来的机关同志说："我们领导和机关尊师重教要体现在行动上，一定要千方百计为教研人员提供良好的工作生活条件。"

连日来，校首长就这样看望专家、教授，展示在他们面前的是一幅幅感人的"耕耘图"：战略教研室副教授邓锋正在书房里操作电脑，撰写《信息革命对武器装备带来影响》的讲课稿；刚刚从外地考察归来的军队指挥教研室教授汪江淮，正在伏案起草《关于建立指挥学科博士后流动站的论证报告》。校首长关心地反复叮嘱："放假啦，再忙也要休息一下！"在国防大学各教研室，耕耘不息的岂止他俩。这不，战役后勤学科带头人之一孙秀德教授，见校首长上门，马上就转入了招收第四批博士后的话题。核战略学专家李悦堂被大家称为"将军教员"，他听说校首长来看望，忙从教学楼赶回，一见面就说起如何落实"高、新、宽、深"办学方针的设想，校首长深深地为他的敬业精神所感染。楼下握别时，在一丛青翠欲滴的竹林旁，校首长高兴地把李悦堂夫妇俩拉到中间合影留念。①

领导和机关尊师重教、礼贤下士，教研人员殚精竭虑、忘我工作，这不就是实现"五个新进展"所应有的好风气、好局面吗？正是立基于此，校党委按照"立足当前、着眼长远、整体推进"的思路，组织精兵强将研究探索国防大学建设的特点和规律，并注重把研究成果及时转化为指导工作的思路和举措，把师资队伍、课程体系、教学内容和方式方法等，作为一个系统工程整体推进。

国防大学党委从1995年开始逐步探索，于2001年明确提出了教授型、教官型和外聘型相结合的"三位一体"教研队伍建设架构。"教授型"教员，为专职型，即国防大学现有教研人员中具有副教授以上职称、长期在校任

① 本书作者对该文作了个别字句的删节。

教的干部，承担基础性、理论性、专业性强的学科教学和科研任务；“教官型”教员，为流动型，即在全军范围内选调一定数量的具有部队师以上领导岗位或军以上指挥机关任职经历、学历较高、理论基础较厚的师、军职干部到国防大学任教，主要承担应用性和实践性强、与部队实际联系紧密的学科教学任务，任教期根据需要确定；“外聘型”教员，为临时型，主要从军内外乃至国内外的名家、权威人士中聘请，承担专题性教学任务。由于充实了一批教官型教员，整个教研队伍从根本上打破了以往“近亲繁殖”、“脱离实际”等结构性发展瓶颈，为强化教学和科研实践环节、努力培养复合型人才注入了源头活水；由于大量使用外聘型教员，国防大学可以从全国乃至世界范围整合利用教育资源，大大开阔了教学、科研视野，学术交流水准也跨上新的台阶。

在不断深化教学改革的进程中，国防大学通过组织学习党的领导核心的教育思想和现代教育理论，召开更新教育观念研讨会，运用全军院校长、教务长集训班的研究成果，深入开展教育思想大讨论，逐步树立起素质教育、继续教育、创新教育、开放教育、超前教育等现代教育观念，并在此基础上，于2001年1月形成颁布了《国防大学面向21世纪教学改革与发展纲要》。《纲要》的许多方面，诸如关于“建设以军事学科为骨干，结构合理、重点突出、特色鲜明、水平一流的学科专业体系”，关于“完善继续教育与学历教育相结合、培训与轮训相结合、内训与外训相结合的人才培养体系”，关于“建立专题式、学科式、专题与学科结合式三种教学课程体系”，关于“创建能够满足战略、战役教学科研需要的现代军事实验体系”；“关于着力提高学员自主获取、运用和创新知识的能力，坚持和发展研究式、启发式、开放式的教学方法”，关于“抓好信息化工程建设，实现教学科研手段革命性变化”等，迄今仍不失其指导意义。

本着《纲要》精神，校党委按照“适应形势、贴近现实、因人施教”的思路，不断深化教学内容改革，先后推出了一批国家级和军队级重点教材及全军统编教材，形成了以邓小平理论概论、战略学、战役学、军队政治工作学为代表的新一代教材体系和适应不同班次需要的课程体系，教学内容较好地体现了“高、新、宽、深”要求；按照“打牢基础、拓宽口径、增强适应性”的原则，调整研究生教学内容，强化创新意识和创新能力培养，首次设立了军队指挥学科博士后流动站，使研究生教育跨上新台阶；按照“教为主导、学为主体”的理念，不断深化教学方法改革，通过开展课堂答疑、组织学员学术讲座和实地考察，加大开放办学的力度，使研究式、启发式、开放式教学方法更趋完善；按照“先易后难、突出急需”的要求，建立起战略、战役训练模拟重点实验室和部分专业教室，开发应用计算机想定作业辅助教学系统，大力普及多媒体教学课件的应用，积极开展“创优质大课竞赛”和“网上练将”活动，有力促进了教学质量的提高。

1999年8月4日，《解放军报》登载这样一则消息：

国防大学“网上练将”开局喜人

本报讯　记者黄华敏、特约记者景抒展报道：在我军最高军事学府国防大学，传统的教学训练方式正逐步改变，“教学环境网络化，信息传递数字化，对抗演练模拟化”的新方式已脱颖而出。记者连日来在学员队采访时看到，每天夜深人静时，许多学员仍遨游在网络世界，即使是在节假日仍然人不离机、心不离网。

国防大学新建的这一网络系统，是全军军事训练信息网上的一个枢纽，它外连总部和各大单位、各级各类院校的局域网或校园网，内接校机关、教研室、研究所和学员系、队，数以千计的端口，把全校的计算机联结为一个技术先进、功能齐全、用途广泛的网络系统。国防大学的因特网系统还通过中国教育科研网连接到国际互联网上，学员和教研人员可随时从这个网上获取各种信息，在功能上相互补充，相得益彰。

为达成“网上练将”的目的，学校从教学科研的需要出发，把信息资源数字化建设作为基础工程来抓，制作了具有本校特色的精美主页，建立了《毛泽东军事思想》、《邓小平新时期军队建设思想研究》、《江泽民关于军队建设论述》、《国防相关信息》、《中国历代战争》、《周边军事信息》、《战役理论》等 18 个数据库和 10 多万篇数字化文献、近 150 个多媒体课件。丰富的网上信息,初步满足了“网上练将”的需要。学员四队和二队是两个跨世纪建军人才的培训基地，高度的使命感、强烈的求知欲和较好的网络技术功底，加上连接到每个学员宿舍的高档终端，使得他们如虎添翼，治学、治军的羽翼日渐丰满；一、三队这两个师以上指挥员培训班的学员们，同样如饥似渴地在网上学习训练，探索新时期军队建设的特点和规律，谋划未来高技术条件下局部战争的制胜方略；国防研究系的学员都是我军的高级将领和国家的高级干部，“网上练将”，使他们的创新能力和决策水平都有了新的提高。

在教学改革探索中，令人印象深刻的是持续 3 年的“创优质大课竞赛”活动——《解放军报》誉之为“一举多得”：提高了大课质量，促进了多媒体等先进教学手段的应用，初步形成联合教学的路子，大大调动了广大教研人员的积极性。大家普遍感到要求高了，压力大了，坐不住了，竞争意识、创新意识、精品意识强了。“写精品教材、创优质大课、出标志性成果”，逐步蕴成风气。用校首长的话讲，是“各教学单位通过两年‘摆擂台比武’，不仅为进一步提高我军高级指挥人才的培训质量起到了促进作用，而且为迎接军事革命挑战培养出一大批青年教员骨干”。

升级“联合号”

备忘卡：2001—2007 年，裴怀亮、马晓天先后任校长，赵可铭、童世平先后任政委；高金钿、张兴业、陈章元、王文荣、许志功、赵刚先后任副校长，李殿仁、彭小枫先后任副政委。

2004 年 3 月 15 日，中央军委以 6 号文件的形式正式向全军批转了国防大学党委《关于深入贯彻“三个代表”重要思想、积极适应中国特色军事变革、全面推进国防大学改革与发展的报告》。这个继 139 号文件之后又一纲领性文件的出台，标志着国防大学改革发展进入新的历史阶段，标志着国防大学这艘“人才航母”正式由“合同号”升级为“联合号”，人民解放军将才造就“程序”将从此启动“信息版”。

作为 139 号文件的“升级版”，6 号文件精神的根本之点，是区别于过去的“合同指挥大学”，鲜明地提出要“努力把国防大学建设成为符合信息时代要求、具有世界先进水平和我军特色的综合性联合指挥大学”。这意味着国防大学人才的培养和培养的人才，必须是并且首先是在根本理念上接受和完成了由合同作战向联合作战的“升级换代”：在作战主体上，由传统的兵种合成向军种合成乃至兵民合成升级；在作战空间上，由传统的三维空间、有形空间向多维空间、无形空间升级；在指挥系统设置上，由传统的纵向从属关系向横向协作关系升级；在作战样式上，由传统的非攻即防、攻防转换向攻防并用、多管齐下升级；在指挥控制方式上，由传统的集中统一指挥向现代的任务式分散指挥升级；在协同方式上，由主要靠计划协同向主要是随机协同升级。而这种系统性的升级，最根本、最要害的又取决于国防大学整个办学理念的升级。正是基于这样的认知，新的校领导集体从一开始就紧紧抓住观念这个“牛鼻子”，把转变观念作为系统升级的一场攻坚战来打。

2002 年 3 月，经过校党委反复酝酿、准备，历时半年的“解放思想、实事求是、与时俱进”教育大讨论在全校展开。这是一次围绕新世纪“建设什么样的国防大学、怎样建设国防大学”、“培养什么样的人才、怎样培养人才”的大题目，层层发动、翻箱倒柜、步步深入的思想大解放、观念大碰撞、智慧大聚合。任何奇思妙想，甚至是最刺耳的批评，都受到鼓励和尊重，因而任何潜在的甚至是家属子女的热情与能量都得以充分释放和凝聚。各单位或个人向学校提出的 21 份专题研究报告和 200 多条建议、意见，成为这场讨论硬梆梆的成果。但校党委更看重的是一种不断升温的新空气——“大家都像关心自己的家庭幸福一样，把学校的未来走向记挂到心上”。饭桌上和散步的路上，都成为切磋见解的场所。最吃紧的地方是图书馆，有关教育理论特别是介绍外军院校情况的书刊资料早被抢借一空，没借到者催问的电话打个没完。用校首长的话说，是“每个人的脑子都转起来了”。

与此同时，由校首长挂帅的“学校改革与发展工作组”，也全速运转起来。它的最终任务，是起草后来成为中央军委6号文件的国防大学改革方案。在临近向中央军委汇报的一段时间里，包括校首长在内的10多名工作组成员，就像进入冲击出发阵地的沙场将士一样，没有了白天与黑夜、工作与睡眠之分。

“讨论”这个词，似乎已不足以来说明这场讨论，因为它没有时限——迄今还在进行，也没有“题限”——任何先进的以及落后的做法和理念都在它的关注之中。它就像一个安装在电脑中的自动更新软件，伴随整个系统的运行，随时对某些老旧的功能进行更新。

在诸多已经或者正在实践中“立”着的新理念里，“问题前导、搭台唱戏”被普遍认为是这场讨论的“牛鼻子”。按照这样的理念，国防大学教育的主要任务，不再是向学员提供和灌输早已准备好的现成知识，而是针对军队信息化建设和军事斗争准备迫切需要解决的现实问题，特别是针对培养联合作战指挥人才急需解决的问题，充分运筹校内外一切可以利用的教育资源，搭起一个研究平台，教员与学员一起来研究，来探索解决问题的路子和具体方案、方法。

按照这样的理念，国防大学的人才培养目标不再是“学术型”的，而是针对“两个不够”和军事斗争准备对联合作战指挥人才提出的新要求，着重培养“应用型”指挥人才。围绕这一要求，校党委组织精兵强将，反复调查论证，推出了“3 + X”人才素质模型。这个人才素质模型，对国防大学乃至全军院校人才培养工作，产生了重要的指导和引领作用。在此基础上，国防大学以研究生教育改革为突破口，通过开辟教学实践基地、创建战争实验室、组织学员和教研人员参加部队演习等，积极探索学校与部队联教联训途径，有效提升了学员的实战能力。

按照这样的理念，国防大学的教学内容不再是“恒定的”，而是“动态的”，就是由过去的“有什么就讲什么”变为“需要什么就讲什么”。依据这一要求，校党委坚持把抓好教学内容整体设计列入重要议事日程，每年年底前都要对各单位来年的教学内容设计一个一个审定，促使各有关部门深入部队和学员调研论证，了解需求，搞好课程设计。经过几年努力，初步构建起以军事、政治、科技三大门类为支撑，核心课、主干课、辅助课、选修课相配套的课程体系。

按照这样的理念，国防大学的教学方式不再是以“大班教学”为主，而是针对军队建设和军事斗争准备实践中出现的热点、难点问题，改变过去内容宽泛、普遍轮训的做法，坚持“让干这件事的人来研究”，大力推行“小班教学”。表面看来，这一“大”一“小”之变，似乎只是个数量问题，即教学单位由过去的几十人、上百人变为几人、十几人。但了解情况的人知道，这其实是一场深刻的变革，一场关系到能不能彻底从应试教育中脱胎换骨出来、真正实行研究式教学的变革。

按照这样的理念，系队作用的发挥空间也越来越大了。在此之前，对国防大学的系队干部是很难加以角色定位的：说是教学干部，他们并不直接承担教学任务；说是管理干部，学员大都是中高级干部，并不像初级院校的学员那样需要做大量管理工作。于是，除了“开学做做动员，平时发发东西，毕业搞搞鉴定”之外，他们似乎没有什么可做的事了。以至于系队被戏称为“养老院”，在编制体制调整中还曾出现砍掉系队干部编制的呼声。小班教学铺开后，系队有了一个发挥作用的广阔平台，大量请人讲课、组织研讨、个别交流等组织协调工作成为系队干部的一项重要职责，许多系队干部不仅感到时间不够用了，还第一次产生了“能力恐慌感”。而由于系队干部在“教”与“学”的结合部发挥了纽带作用，在学员自学和研究过程中发挥了教员难以发挥的“辅导员”作用，学员给了他们一个恰切的角色定位：“全程教员”。研究生院博士生队原政委兰志涛深有感触地说：“我们一直提倡研究式教育，但过去往往把它理解成让学员自学，而自学可以是研究问题，也可以是死记硬背教员的标准答案。小班教学正好克服了这样一种‘不确定性’，逼着大家研究问题，真正使研究式教育落到实处、贯穿始终。”

按照这样的理念，国防大学的教学体系不再是“教”、“研”分离，而是本着有利于教研互动、有利于资源集成、有利于学科创新、有利于灵活应变的原则，通过体制改革实现教研合一。这在后来的改革中体现为“硬件”系统的重大变化：十多个教研室、研究所合并为六大教研部[①]；负责培训外军中高级军官的外训系，随之“升级”为防务学院；特别值得称道的是，在学校总体编制紧缩的情况下，校党委果断地对其他部门“忍痛割爱”，而增设了一个正师级单位——教学研究室。这使国防大学第一次有了一个专门研究教育科学的部门。由于历史原因，国防大学走了很长一段注重实际经验传承而对教育科学研究不是特别重视的路子，在一定意义上束缚了按教育规律探索前行的手脚。“国防大学有研究天的，有研究地的，有研究外军的，有研究部队的，就是没有研究自身的。”校首长不止一次对上对下鼓呼，“这种状况必须改变！”

较之各大军区，国防大学的一大优势，是“横宽纵短”——“横”可“宽”至与世界各主要国家的军校保持互动联系，“纵”可“短”到校领导与普通教员、普通学员乃至普通士兵保持“零距离”接触。而这种“纵短”得几乎没有中间层次、“横宽”得几乎没有任何边界，因而可谓是完全符合信息时代“扁平化”要求的体制结构，正好为国防大学更新办学理念提供了最便捷的通道。

2005年7月15日，经过半年多小范围的酝酿准备之后，国防大学又一波次的解放思想、更新观念大讨论沸腾起来。在动员大会上，校首长指出：“如何按照科学发展观的要求，紧紧围绕履行我军新的历史使命，把6号文件确定的顶层设计变为具体的行动，如何解决好面临的诸多矛盾和深层次问题，进一步提高办学质量，更好地肩负起人才培养和理论创新的重任？综合各方面意见，校党委认为，最关键、最根本的，还是要牢牢抓住解放思想这个法宝，在更新教育理念上下功夫、求突破。”会上，校首长提出9个方面的“新理念”创立点，“供大家思考讨论”：需求牵引，积极适应；着眼使命，造就将才；运筹资源，扩大开放；问题前导，整体设计；以学为主，教学互动；综合育才，全程教育；专家治学，名师立校；科研先行，创新强校；以人为本，完美服务。校首长反复强调：“我们更新教育理念的目的是为了解决问题，也只有在分析、解决问题的过程中形成和立起的理念，才能称之为新理念，才能真正把它立起来、立牢靠。”校首长还通过对“型”字的

① 指战略教研部、战役教研部、马克思主义教研部、信息作战与指挥训练教研部、军队建设与军队政治工作教研部、军事后勤与军事科技装备教研部。

咬文嚼字，来提请大家在讨论中注意从根本上解决问题："'型'的古义为铸器之法，即规范、框约之意。因此，转型绝不是一般意义上的修修补补，而是要彻底打破旧的框框，创建新的架构。"

漫步国防大学校园，看看正在发生的一些"新鲜事儿"[①]，会让人有种金蝉正在脱壳的感触。

——在"舆论战"情景模拟教学中，教员把中央电视台节目组的记者请进课堂，扮演世界各大通讯社记者，向学员提出130多个问题。68名学员轮番扮演"军事新闻发言人"，课堂上出现了唇枪舌剑的"火爆场面"。

曾几何时，学员反映，国防大学的很多教学内容是"够不着、推不倒、用不上"。够不着是说"高"了，推不倒是说都"对"，用不上是说远离部队的迫切需要。有的学员说得尖刻："回部队要想用得上，非得把一些教员教的东西忘光才行！"当年，一位学员听了教员两小时的课，自己关心的问题还是一头雾水，不禁叹道："教员哪怕只讲半小时，哪怕给我们一个火花、一点光亮也好啊！"

如今，国防大学的教员们不再是按照学科体系的逻辑脉络讲理论，而是介绍自己针对部队建设和军事斗争准备的重点、难点、焦点问题的研究报告,而且往往真的"只讲半小时"就离开讲台,但这节课并没有结束。在"周边热点问题"战略课想定教学的17天里，教员只讲了1节课，其余时间全部交由学员支配。学员们在沙盘、地图前各抒己见，仁者见仁，智者见智。政治理论课案例教学中，教员把"顾（雏军）郎（咸平）之争"、"拉美发展陷阱"作为案例，让大家结合反"和平演变"实际畅所欲言。结果，不仅在课堂上出现了"抢话筒"争着发言的现象，在整个课程结束后，还有不少学员追着教员"谈想法"。

第六期战略班学员朱文玉，在不到一年间两次到国防大学深造。他惊异地发现："同一门课，两次上课的内容居然大相径庭！"他后来才明白，国防大学从2005年开始，正式启用新一代课程建设大纲，教学内容与部队

① 以下内容均在《解放军报》作过报道。

需要直接“并轨”，所有课程的年更新率已达到60%以上。

——如果你能在每个周末到国防大学的学术报告厅坐一坐，会接触到世界上最优秀的弄潮精英。时任外交部部长李肇星、时任科技部部长徐冠华、著名导演张艺谋、著名画家刘大为、著名笑星姜昆、著名作家余秋雨、“航天英雄”杨利伟、美国西点军校校长莱诺克斯、英国皇家国防研究院主任约翰·凯兹利……国防大学的“周末大讲堂”人气越来越高，名气越来越大，迄今已有数百名党政军领导人和国内外名流在这里谈天说地。而国防大学提出的口号则是：既当“信息部”——把新军事变革和军事斗争准备中出现及可能出现的问题提交给学员，又当“国资委”——从全国乃至世界范围为学员组织运筹最好的教育资源，真正把国防大学办成一所没有“围墙”的大学。思想上的“围墙”一经拆除，“课堂”便仿佛又回到了抗日战争中的“敌后办学”——哪里需要就在哪里办学，哪里有问题就在哪里展开研究。

——课堂在部队。2006年6月，国防大学组织学员全程参加海军出海训练。学员们搭乘舰艇编队，历时5天5夜，航程1500海里，随舰见学。翌年，国防大学又相继组织指挥班、参谋班学员参加解放军首次跨区机动演习，以舰员身份“嵌入”舰艇战位，零距离学习海战指挥流程，把火热的演兵场变成了大课堂，使学校与部队的联教联训日益集约高效。

——课堂在地方。北京大学、清华大学、中国科学院……国防大学先后与数十家地方高校和科研院所签订联合办学协议，与设在浦东、延安、井冈山的3所国家干部学院开展衔接式教学，校际合作形成长效机制。

——课堂在国外。仅2006年，国防大学就有6个班次、300多名学员分别到美国、法国、加拿大、澳大利亚等10多个国家考察调研。同时，国防大学利用外宾来访等机会，不失时机地开展学术交流活动。如在2005年，国防大学先后接待41个国家的82个代表团，其中很多外宾应邀登台讲演。这种敞开胸襟吸纳八面来风的做法，已经成为国防大学教学、科研活动的常态。

——课堂在挑战与问题中。2003年7月的一天，国防大学防务学院。曾担任广州军区空军参谋长助理的王春海教官，首次登台授课。台下，坐着88名外军学员。课还没开讲，来自中亚地区的一名外军学员就举手站起，接连发问："请问教官飞过什么机种，飞了多长时间？"王春海不慌不忙地说："我当过飞行团团长、飞行师师长，飞过5个机种、8种机型，累计2400多个小时，飞了28年，直到现在。"教室里顿时欢声笑语起来。王春海感慨地对笔者说："给外军学员讲课，如果你没有相应的经历，是会被学员赶下讲台的！"对此，校首长有一段妙谈："军事教育转型，要求教员必须有真功夫。我们提出，国防大学的讲台上拒绝'表演'，教员不能当《水浒传》中的洪教头，连唤几个'来来来'，最后被人家一拳打倒。"如今，打开广播、电视、网络，都能领略到金一南、张召忠、孟祥清等国防大学"名嘴"的风采，他们纵论天下大事，解析世界风云，愈益显得从容、自信。

"从这里走上战场"

备忘卡：2007年9月以来[①]，王喜斌任校长，童世平、刘亚洲先后任政委；许志功、赵刚、王朝田、任海泉、王永生、王西欣、毕京京先后任副校长，李殿仁、郭俊波先后任副政委。

信息技术革命最具革命意义的，是它像造物主按照自己的样子制造了人一样，比照现实世界为人类另造了一个世界——虚拟世界。人类世界之如此由"一元世界"变为"二元世界"以及"虚""实"两个世界交互作用，使一切处于颠覆重塑之中，平战界限模糊成为时代特征。正是在这样的信息化大背景下，国防大学响起一个崭新的提法——"从这里走上战场"。

"从这里走上战场"，是国防大学党委四届四次全会提出的联合作战指挥人才培养基本目标。从表面看，这更像一个口号或文学作品的题目，但

① 至本书截稿时间2013年3月。

它意味着国防大学整个办学模式的深刻变革，意味着国防大学这艘人才航母由“联合化”而“实战化”的系统转型。

变革是从查找问题起步的。随着“赞颂新成就、履行新使命、迎接十七大”和“学校史、讲传统、话使命、尽责任”、以实际行动向国防大学建校 80 周年献礼等教育活动的持续开展，随着全校上下学习贯彻科学发展观的步步深入，随着校首长扎到学校基层、扎到诸军兵种部队、扎到 5 所中级指挥院校、扎到有关训练基地进行调研论证，一个沉甸甸的问题渐渐浮出水面——训用间离。这不光表现为用人与育人的某种脱节现象，也不光是教学内容与部队实践的某种脱节现象，更重要的是在办学模式上的深层脱节，即它基本上还是按照传统模式，把训练与作战分割成了两个天地——战争与和平两重天，“训练”与“作战”两张皮。显然，这与当今平战界限模糊条件下训练与打仗日益浑为一体的时代特征是不相适应的。

☆走上战场　（王可伟、王利　绘）

历史仿佛有意赶着为新的育将方略鸣锣开道。2007 年 12 月 7 日，国防大学以它 80 华诞的独特魅力，迎来了中共中央总书记、国家主席、中央军委主席胡锦涛，迎来了郭伯雄、徐才厚等军委、总部首长，迎来了自抗大以来的国防大学部分老领导、老同志，迎来了军队在京各大单位主要领导，迎来了北京市等地方党政领导，迎来了 1985 年以来从国防大学毕业的全军英模人物代表，迎来了与国防大学有校际合作关系的地方院校领导，迎来了井冈山、瑞金、延安、南京等国防大学前身所在地区校史纪念单位的专家……他们怀着与国防大学人一样的澎湃激情，带着全党、全军将士和全国人民的美好祝愿，同国防大学师生欢聚一堂，共贺国防大学 80 华诞，共忆那段值得总结的历史，共商未来学校改革发展大计。

然而，看一个校庆活动是不是成功，主要不是看它的规格有多高、规模有多大、气氛有多热烈，而是看它的后续效应。古人有“余音绕梁三日”之说，国防大学的这次校庆活动——由于一开始就把注意力聚焦到了“回顾历史、总结经验、凝聚智慧、推进改革”上——则是“余音绕梁不绝”。其中一个前所未有的现象，就是随之兴起的“温故热”。

对温故而知新的道理，人所皆知。但在过去，由于教研人员少、教学任务重等客观原因，国防大学教员、学员不了解母校历史的现象十分突出。尽管在井冈山、延安等国防大学前身所在地设有教学点，每年都要组织几批次现地教学，但其关注点多局限于战争、战法和作风问题，很少涉及教育科学本身和办学治校规律，以致形成一种奇怪的现象：一提教育改革，就先想外国人怎么做，甚至是“言必称美国”。正因如此，校首长在指示有关部门组织编写《国防大学简史》、做到全校人手一册时，不是作为校庆大会的一种缀饰，而是把它作为开展“学校史、找规律、出思路”专题教育活动的“扶手”来设计的。而随着教育活动的展开，这项活动本身也发生戏剧性变化：大家由开始时单位安排专门时间“被动学习”转为自己挤时间“主动学习”，由学《国防大学简史》转为到处找资料学《中国人民抗日军政大学史》、《中国人民解放军国防大学史》（已出版的第一卷）等。因为在活动中人们发现，过去想从国外取的“经”，自己家里就有，并且较之前者是毫不逊色的。

“从这里走上战场”的关键之点，在于它要把传统的教育“效益滞后”理念一刀砍去，代之以课堂与战场无缝链接。而课堂与战场无缝链接，是早在国防大学前身——红大、干部团、抗大、军政大学时期就已百炼成钢的办学模式。那时就有这样的提法：课堂就是战场，战场就是课堂；哪里有需要就在哪里办学，哪里有问题就在哪里开展战场实验。长征路上，干部团创造了“边走、边打、边教、边学”的“教战一体”模式；抗大在敌后办学阶段甚至直接把课堂搬到战场上，开展“战场实验式教学”。而美军现在的提法乃至做法——“用打仗的方式训练，用训练的方式打仗”，竟与此惊人的一致！由此说来，“从这里走上战场”的提出，又可谓是在新的历史起点上对国防大学革命战争年代优良办学传统的继承与发展。

正是基于这种深厚的历史底蕴和全新的时代认知，2008 年 10 月 8 日，继中央军委 6 号文件之后的又一个纲领性文件——国防大学党委《关于深入贯彻科学发展观，加强联合作战指挥人才培养的意见》出台了。

这个文件的基本精神，可以用一种最简单的方式——教育要素分解法——来表述。

培养目标：能够“从这里走上战场”的联合作战指挥人才。

教育理念：军校的课堂就是战场，军人上课就是打仗。

教研队伍：“3+1”的教研队伍，即教授、教官、外聘专家，加上可以发挥教研作用的学员，或诸军兵种部队指挥员，或其他任何有必要参与联合教研活动的人员和机构。

教学内容：完全按照“三个紧贴”[①] 的要求来设计、来更新，即紧贴作战任务，紧贴部队问题，紧贴任职需要。

教学方式：模拟化、基地化、实战化。这与作战部队目前的提法和努力方向是一致的。

教学方法：联合研究式、联合实验式。

这个文件的基本精神还可以浓缩为 3 个字：“实战化”。

---

① 国防大学党委针对新的人才培养目标提出的改革要求。

正如上述美军所概括的那样，“实战化”既是战斗力生成模式的“实战化”，又是战斗力表达模式的“实战化”，是一个“训”“战”同一的转化过程。它之所以强调“用打仗的方式训练”，是因为信息技术所提供的模拟手段等已经使训练完全可以用打仗的方式进行。正如校首长指出的：“从 20 世纪 90 年代以来几场体现信息化特征的局部战争经验看，运用在实验室里预先设计和模拟推演的手段来指导战争，已经成为西方军事大国谋求打赢的重要手段。我们要根据军事训练向信息化转变的客观形势对联合作战指挥人才培养的要求，尽快建立具有信息化战争‘预设计’、‘预实践’功能作用的实验室，加快开发建设具有我军特色、适用于联合作战对抗训练的兵棋系统，并尽早用于教学。”它所以强调“用训练的方式打仗”，是因为信息中介的革命性作用已经使训练能够起到“打仗”的作用，正像如今各国军队越来越热衷于通过军事演习向对手传递己方战争诉求、战争力量和战争意志，从而达成战争目的那样。正是基于这种信息时代战争中介从而是战争存在形态和战争表达方式的革命性变化，国防大学不仅在办学体制上与时俱进，将原基本系、国防研究系和进修系分别改建并更名为国防大学联合指挥与参谋学院、国防大学国防安全学院和国防大学进修学院，而且在办学模式上锐意探索创新，一步步走向“实战化”。《解放军报》特约记者褚振江于 2012 年 7 月下旬采写的通讯《兵棋推演：“从这里走上战场”》，是这样描述的——

盛夏，国防大学综合演习大厅“烽火”弥漫。一场运用兵棋系统、由数百名高中级干部学员编组为“红、蓝、绿”三方的战略战役对抗演习正在进行。穿行其间，记者发现各方“指挥部”都有一块大屏幕和 6 台显示器组成的媒体墙，上面不仅有军事行动的棋阵，还有政治、经济、外交、民间力量、国际舆论、社会反应等多领域、多方面信息，让人目不暇接。各方最高指挥官依托“棋盘”上的共享态势图，同步进行“情况”的判断、决策与处置。

红方攻势凌厉，蓝方毫不退缩，绿方步步进逼……

这种“三方”多领域、全维度整体角力的战争模式，突破了传统战争“二元”对立结构，体现了信息时代战争的基本特征，令人耳目一新。“现代战争，往往不只是对抗双方间的武力冲突，而是全球化背景下的多方博弈。因此，不断锤炼指挥员国际视野下的危机处理、战略决策和战役指挥能力，显得尤其重要。”演习执行导演、国防大学信息作战与指挥训练教研部主任黄艺说。

这是由国防大学研发的我军第一个能够支持战略战役综合演习的大型兵棋系统。国防大学教授胡晓峰告诉记者，该系统构造了不同层次、不同作战样式、不同作战行动的演习和想定作业训练，能够进行战略决策、危机管理、武器装备体系对抗研究，支持军事、政治、经济等多个领域分析研究，支持在联合战役、军种战役等各个层次进行联合作战训练，实现了战略战役指挥训练由图上静态研究而“实景”动态推演、由双方对抗而多方角力、由重练指挥程序而重练指挥处置过程、由粗放决策而精确决策等方面的根本性转变。该系统在一些部队试点推广后，有效提升了中高级指挥员的“实战”能力。……

然而，在国防大学，“实战化”的内涵并不只是“用打仗的方式训练，用训练的方式打仗”，人们十分看重的还有日常养成。

——有如战时部队进行作战部署那样，学校建立起各级领导每周一次的碰头会制度。

——有如沙场兵来将往那样，课上课下的案例研究、兵棋推演，连同舆论战、心理战、法律战等实际作战行动的不间断运行，逐步成为国防大学教学生活的“常态”。

——有如战场管理那样，学校一并出台了《关于加强外出讲课活动管理的规定》、《国防大学学员考核、鉴定、推荐和淘汰工作暂行规定》、《关于严格学员行政管理工作的规定》等。

——有如红大、抗大时期校领导同时又是学员那样，各级领导和机关干部跟班听课，成为一项制度。

……

我们还是把“镜头”聚焦到最能说明问题的细节上。

特写镜头1：

晚上10点左右。国防大学教学办公区门口。卫兵“叭”地一个敬礼，伸手将一位着便装的少将学员拦住。

“首长好！请您到门卫室登记。”

“登记？”将军还礼后说，“我是学员，在里面住。”

“是的，请按规定到门卫室登记。”

“哦，规定我知道。只是今天有点特殊情况，你看是不是照顾一下？”

“对不起，请首长到门卫室作登记。”

“嗯？你这个小同志”，将军有点不大高兴了，“这样吧，我给你们军务部部长……”

“对不起。”卫兵不容分说地亮出了最大的“王牌”，“校首长有明确指示，不论任何人，只要超过晚上9点半，一律登记。”

……

在一番“摊牌”、说情直至不愉快之后，少将学员不得不走进门卫室。

第二天，这位历来只接受别人作检查的正军职领导干部学员，因此受到严厉批评，并作出书面检查。

在学业结束时的一次座谈会上，他真诚地说出了两个没想到：

“没想到国防大学现在这样严。刘帅当年就是这样严的，那时出了多少栋梁啊！老实说，我挨了一‘闷棍’，事后反倒觉着心里踏实了、军队有希望了。‘军校的课堂就是战场’嘛，就应该是这个样子。

没想到如今在国防大学学习这么苦。我这是第三次来国防大学学习。过去一听要驻校学习，马上就有种浑身放松的感觉，因为听课大都是比较熟悉的内容，考试有现成的答案，写论文还可以让部队机关同志来代劳。但现在不行了，整个课程指向是未知领域，是实战过程，是实际能力，一步一步逼着你动脑子、找知识、出思想，常常是

‘双休日’不敢休息，连做梦都在打仗，可以说比在部队辛苦多了。”

特写镜头 2：

2011 年年底，国防大学杰出教授、军建政工教研部主任吴杰明，被中央军委任命为国防大学党委常委、政治部主任；

2012 年年初，一直从事教研工作的马克思主义教研部教授卢周来，被中央军委任命为国防大学政治部宣传部部长。

这被人们认为是国防大学用人思想上的一个“历史性变化”——新中国成立以来，出任国防大学政治部主任和宣传部部长的，第一次是教授。而这种变化的发生，除了决策者的主观因素外，更本质地还要归因于时代的变化：在当今信息社会平时与战时日益界限模糊、军事与经济日益浑为一体、打仗与训练日益内在同一的全新历史条件下，战争铁律很自然地介入用人领域。对于国防大学而言，它或许还意味着办学主体的整体转型，即机关与教研单位之间、行政干部与教研干部之间的传统壁垒被打通，走复合化发展路子，正像革命战争年代何长工等老首长集校长、教员及学员于一身那样。

人们有理由相信，随着信息社会平战界限日益模糊，随着“实战化”办学模式日益成熟，随着从严治校、专家立校方略日益深化，国防大学这个将星升起的地方会更加璀璨夺目。

第四章 “元帅戴帽”

——国防大学的名师方阵

备忘卡1：抗大时期的一天，机关工作人员买来十多把椅子，将中共中央领导人破旧不堪的座椅换了下来。毛泽东看到后，命令他们把旧椅子找回来，将新椅子全部送给抗大教员坐。

备忘卡2：刘伯承元帅曾顾“字”思义，对“老师”有过这样的妙谈：“什么是老师呢？老师就是元帅戴帽。”他在黑板上一边写着一边说，“你看，‘帅’字上面加这么个‘一’，就成了‘师’。老师就是元帅戴上一顶博士帽嘛。”

毛泽东主席的让座椅、刘伯承元帅的“师”字解，强调的是同一个东西：尊师重教。

尊师重教是中华民族的优良传统，也是国防大学一贯秉持的“名师兴校”方略的一个核心要件。名师出名将，名将出名校。而名师的造就和凝聚，要靠真尊真重的尊师重教风尚和真抓真干的名师兴校方略来实现。80多年来，从毛泽东的“让椅子”，到邓小平的“双题名”，从江泽民的“我要学习”，到胡锦涛的领唱校歌，从刘伯承的“师”字解，到张震的“排位子”，从红校时期、抗大时期不分内外广纳贤才，到华北军政大学和南京军事学院时期的不拘一格降人

☆指点天下　　（刘娟　绘）

才——大量起用原国民党军将领当“老师”，从20世纪80年代学校自办师资培训班、不断派员出国深造，到进入新世纪以来校党委鼎力推进的包括定期评选和大力宣传杰出教授、成批选调各军兵种优秀人才、设立“名师工作室”在内的“名师工程”，在一代又一代党、国家和军队最高领导人，以及一届又一届校领导集体积极倡导、努力下，国防大学尊师重教的风尚日益浓厚，名师兴校的方略日益深化。它们就像鸟之两翼、车之双轮，驭着国防大学人的“中国梦”，渐行渐远渐高。而名师辈出，也便成为国防大学发展历程上一个十分自然的现象。

在革命战争年代，国防大学最受欢迎的名师莫过于作为兼职教员的毛泽东、周恩来、刘少奇、朱德、张闻天、博古、刘伯承、邓小平、叶剑英等党和军队领导人。而在他们的影响感召下，范文澜、任白戈、冯达飞、冯雪峰、艾思奇、成仿吾、何干之、何思敬、张庆孚、杨宪吾、王学文、王智涛、吴亮平、张如心、李一氓、徐特立、薛暮桥、徐懋庸、杨兰史[①]等众多社会精英，都曾在红大或抗大写下不朽的篇章。人们应当记住其名字的是，贾若瑜、郭化若、

① 以姓氏笔画为序。

郭奇、陶汉章、韩振纪等人。作为抗大自己培养的名师，他们终身站立在国防大学的三尺讲台上，被誉为传承人民军队优良传统的“红线”。

新中国成立后，作为享誉全军乃至全国的国防大学“台柱子”，马载尧、王三欣、王文荣、王俊峰、王厚卿、孙秀德、张兴业、张伯达、李方、李唯一、陈中民、陈维仁、范戈、侯树栋、姜思毅、赵安然、原是灯、徐元冬、徐钟祥、郭其侨、钱抵千、高金钿、黄玉章、黄瑞松、程明群、蒋润观、蔡铁根、谭恩晋等人①，还有先后被评为国防大学杰出教授②的许志功、霍小勇、徐焰、乔松楼、金一南、张玉良、库桂生、余高达、王仲春、黄成林、袁文先、吴杰明、于国华、张彬、孙科佳，国家级突出贡献奖获得者何理、姚延进、廖国良、李乃奎、黄宏、胡晓峰、章传家、王宝付、姜鲁鸣③，被评为全国全军优秀教员的武桂馥、许国信、李广金、翟东景、刘鸿基、朱荣榜、杨会春、张伊宁、王持明、郭伟涛、王文、张怀壁、郭若冰、徐辉④，以及时常在主流媒体亮相发声、被誉为国防大学“名嘴”的张召忠、孟祥清、李莉等人，都在国防大学的“育将工程”中作出突出贡献、写下光荣篇章。

我们还是走进国防大学的名师方阵，从不同角度“特写”几个镜头，来看一看他们是怎样在将星升起的地方发光闪亮的。

艾思奇：大众的哲学家

1937年那个明媚的冬日，延安一孔干净整洁的窑洞里，毛泽东正与几位同志交谈着。警卫员走了进来，紧随其后的是一位清秀间透着睿智的年

① 以姓氏笔画为序。

② 国防大学有个规定：对于连续三届被评为“杰出教授”的同志，要给他们“立传”。这也是我们在本章“特写”徐焰、金一南的原因之一。而侯树栋和许志功则是由于他们的理论权威、全军重大典型等耀眼头衔而进入了我们的“镜头”。

③ 以获奖时间为序。

④ 以当选时间为序。

轻人。毛泽东一见，立即高兴地向大家介绍道："看，搞《大众哲学》的艾思奇来了！"

自此，艾思奇作为抗大教员，同时作为陕甘宁边区文协主任、中央文委秘书长、延安《解放日报》总编辑、延安新哲学学会负责人……活跃在抗大的课堂，战斗在党的理论战线上。

艾思奇原名李生萱，1910 年出生在云南省腾冲县和顺乡水碓村一个比较富有的家庭。少年时代受哥哥影响，他读《老子》、《庄子》，也读柏拉图、培根、黑格尔的书，便渐渐地"喜爱思考奇特的事物"。1928 年，李生萱因为参加学生运动遭通缉，与共产党员身份暴露的哥哥一同入狱。后经家人多方努力保释出狱，他便取笔名艾思奇，东渡日本逃亡留学去了。

在日本，通过中共东京支部，艾思奇第一次接触到马克思主义经典著作。他曾对人说："我总想从哲学中找到一种宇宙人生的真理，但古代哲学都说不清楚，很玄妙，最后读到马克思、恩格斯的著作，才豁然开朗，对整个宇宙世界的发生发展，有了一个比较明确的认识、合理的解释。"1931 年"九一八"事变后，艾思奇愤然弃学回国。

后来被誉为"哲学大众化中国第一人"的艾思奇，从 1934 年在上海负责《申报》副刊《读书问答》栏目时，就尝试结合浅近的事例，运用"深入浅出"的手法，每周一篇地为《读书生活》撰写"哲学讲话"。写着写着，他就写出了由"哲学讲话"结集而成的《大众哲学》一书。也可谓是一"书"激起千层浪了，从 1936 年到 1938 年的短短两年间，《大众哲学》接连再版 10 次。著名学者胡愈之称它"是青年人认识世界的一盏明灯"！革命前辈邹韬奋赞扬它"哺育了大众"！贺敬之在他的诗中这样写道：

传递着，传递着，我们的"火炬"——
啊！我们的《新华日报》，
我们的《大众哲学》，
我们的《解放》周刊，

我们的《活跃的肤施》。[①]

蒋介石则哀叹："一本《大众哲学》，冲垮了三民主义的思想防线！"并借口"宣传唯物史观、鼓吹阶级斗争"等罪名，横加查封。

马克思主义哲学一旦为群众所掌握，就会产生无可限量的精神力量，形成无可阻挡的革命洪流。当时，广大热血青年纷纷奔赴革命圣地延安，投身抗大火热的生活，是与《大众哲学》的巨大社会影响分不开的。而艾思奇也在1937年"七七"事变后，由于他主编的《认识月刊》被迫停刊，与周扬等人一起离开上海，辗转来到延安。

延安对《大众哲学》的反应，令艾思奇感慨不已。抗大学员先是自己花钱买，后来又一本本地油印《大众哲学》，达到人手一册。毛泽东则把自己刚发表的《实践论》和《矛盾论》油印本，亲自签送给艾思奇，希望他阅后提出修改意见。当艾思奇的新著《哲学与生活》在延安出版后，毛泽东还作了长达19页的摘录，并附便笺将摘录稿送请艾思奇阅正——

思奇同志：

你的《哲学与生活》是你的著作中更深刻的书，我读了受益很多，抄录了一些，送请一看是否有抄错的。其中有一个问题略有疑点（不是基本的不同），请你再考虑一下，详情当面告诉。今日何时有暇，我来看你。

毛泽东

士为知己者死啊！这或许也是艾思奇在延安"奋不顾身"的动因之一了。一天清晨，艾思奇摇摇晃晃地走出窑洞，将一摞讲稿递给抗大教员王旷："昨晚到现在，我写了这一大堆，现在连我自己也看不清楚写了些什么了，请你帮我看一遍。"王旷知道艾思奇又是一夜没合眼，催他赶快休息。而当艾

① 肤施即延安的别名。《活跃的肤施》是艾思奇"哲学讲话"中的一篇。

思奇得知自己把“一千个工人在做工”写成“一千个工人阶级在做工”时，他又来了精神：“是吗？我看看。”

哲学理论的传播，并不像前线战士驰骋沙场那样，可以迅速建功立勋，也不像后方的医护人员那样，可以救死扶伤，及时帮助伤员减轻痛苦，但它可以为战士的子弹导航，为大众的人生视线正向。

艾思奇当年写作的科普小品，在延安乃至全国，是开了风气之先的。他曾以李崇基的笔名发表《该死光》、《太阳黑点与人心》、《毒瓦斯》、《火箭》、《斑马》等脍炙人口的小品文。我们来看看《斑马》是怎样机巧地“弹踢”蒋介石的“不抵抗政策”的——

斑马如果遇上狮子，情形正和弱小民族遭到帝国主义的进攻一样……一听见狮子来了，于是分散着的斑马群就聚拢起来，团结起来。几十个斑马共同排成一个圆阵，把头都朝着圆阵中心，把屁股朝着外，开始接连不断地踢它们的后脚。这样一来，圆阵四周就自然地变成了一道铜墙铁壁，即使那狮子有坦克车一般大的力量，枪炮一般厉害的爪牙，也休想进攻分毫……但斑马中也不是没有“害群之马”，这些斑马常常破坏了大家的抵抗政策。当狮子来攻，斑马都列成圆阵的时候，害群之马只知道恐惧地张望着，却不肯踢动后腿。狮子逡巡到后面看，见这儿有一个空隙，于是就大吼一声，扑上前去。斑马们辛辛苦苦围成的圆阵，就此完结，而帝国主义的狮子就胜利了。

当蒋介石政府开始全面反共，并炮制出愚弄民众的《中国之命运》一书时，艾思奇连夜赶写并在第一时间发表长篇文章《〈中国之命运〉——极端唯心论的愚民哲学》，予以有力反击：

大地主大资产阶级所以要宣传唯心论的哲学，就是因为他们需要把一切道理颠倒。

在物质上垄断了政权，在思想上也就垄断了真理。

总而言之，《中国之命运》的哲学是愚民哲学，在“真知”的名义下要求人民无知，在“力行”的名义下要求人民盲从，我们应该反对这种欺骗人民的极端有害的哲学。

铁的事实已经证明，只有毛泽东同志根据中国的实际情况发展了和具体化了的辩证唯物论和历史唯物论，才是能够把中国之命运引到光明前途去的科学的哲学，才是人民的哲学。

这篇文章切中要害，一针见血，及时导引广大抗日军民擦亮了政治目光。正因此，如鲠在喉的蒋介石曾密令暗杀艾思奇。

在革命队伍内部，艾思奇则随时撷取一些现象，和风细雨地倡导马克思主义学风。他在《不要误解“实事求是”》一文中这样写道：

必须从实事中求出它所“是”。不是单纯做调查工作，而是必须把调查所得的材料加以分析研究。

在指摘某一现象时，必须明了他的现象全体所居的地位，而不是离开全体来孤立看待。

同时，在揭发实事、理解实事的时候，要有伴随着一套解决实事问题的方法，才叫做真正的“实事求是”。

作为大众的哲学家，艾思奇的为人也堪称典范。他曾在百忙中去看望一位患病卧床的抗大学员，临走时悄然放下十几个煮鸡蛋；他也曾搀扶着一个满身垃圾味儿的延安乞丐，将他送回家并替他整理不像人居的窑洞……而在需要捍卫正气的场合，他也会忘记自己乃一介文人，挺身而出。

在延安的一次晚会上，有人酒后拔出匕首猛地往桌上一插，大吼：“别怪我不客气”！全场愕然中，艾思奇从座位上站了起来：“你这是做什么？有意见好好讲嘛！想吓唬谁？别看错了时间和地方，这里驻的是经过长征的英雄和部队，大家在抗日。我们需要团结一致对付日本帝国主义，拿匕首对着谁？收起来！”声音不大，却斩钉截铁、不可抗拒。那颗似要豁出一切的头，也便慢慢低了下去。

在许多人眼里，哲学是一门高深莫测的学问，就像不熟悉艾思奇的人总以为他是一个像马克思那样表情严肃、伟不可及的人。然而，艾思奇是十分和蔼、平易的，说话温文尔雅，表扬你或者批评你，口气都是一样的，就跟马克思主义哲学从来不把人分成不同等级一样。

有一次，一位资历较老的学员拿着自己的文章质问艾思奇为什么没有发表，甚至大吼大叫、没完没了。艾思奇则自始至终不动声色，就像和一个十分谦虚的人谈话一样做着解释，劝他写些适合他写的文章。在场的人不理解了，你怎么？艾思奇笑了："发脾气是一种主观主义的表现，因为它不了解事物的必然性。对这位学员来说，他还没有意识到自己的文章不好，却反过来怪别人瞧不起他。在我们看来，像他这样的文章，一无实践经验，二无新的观点，只抓住了斯大林的一句很平常的话，牵强附会，随意引申，能够写出什么来呢？这是教条主义的通病，我们既然了解这种必然性，就用不着同他生气。"人们这才似乎明白了：大众的哲学家连对待无理的发脾气，也是这样"哲学"的。

当一个人能够把他的所有奉献给自己的理想和信仰时，他是幸福的，他的人生也便是有价值的了。艾思奇虽曾多次身居要职，却始终把自己的人生站立点定位在他最喜爱的三尺讲台上。而在这个讲台上，他孜孜以求的真理，便如蒲公英的种子一样，随着革命的风，不间断地吹进亿万人的心田，生根发芽，生生不息。

于是，便有了毛泽东主席的这般称赞：

艾思奇同志是个好人啊，如果不是天下第一好人，也是第二好人。

于是，1966 年 3 月，当料峭春风掠过北京的大街小巷，卷起几片枯叶在乍暖还寒的空中飘啊飘的时候，坐在沙发上的毛泽东紧盯着眼前艾思奇的悼词，一脸凝重。"艾思奇"这 3 个字，竟是如此沉重。默然半晌，毛泽东慢慢拿起了笔，在"马克思主义哲学家、教育家、革命家"后面，加上了"党的理论战线上的忠诚战士"。

郭奇："延安的马克思"

"办学校，我第一个认识的是郭奇同志。郭奇同志是我们延安的'马克思'，教了很久的马克思主义。当然不是说他的理论水平已经达到马克思那样的高度了，但他至少应该是马克思的学生。"直到 1963 年 3 月，在南京军事学院的一次干部座谈会上，罗瑞卿依然如是说。

抗大的教员数以千计，郭奇何以给罗瑞卿留下这样的印象呢？

叶剑英是这样看的：在教学上，都要像郭奇那样认真就好喽！

的确，"世界上怕就怕认真二字"，这是毛泽东的名言，"共产党就最讲认真"。一个人，如果他真正担得起"认真"二字，人世间这样那样的可怕之事，非但会变得不可怕，它们还会转而向他俯首称"怕"。真正的共产党人、真正的马克思主义者，无不是由"认真"出发，终而臻于无所畏惧的。

郭奇的认真，可谓来自毛泽东的真传。

郭奇是作为 1935 年北平（今北京）"一二 · 九"学生运动的骨干分子，在抗日民族统一战线形成的救国大潮中，辗转来到延安的。当郭奇入住延安西北旅社后，他没想到毛泽东主席会登门来看他。

皎月入窗，蟋蟀唱晚。伟人和伟人的崇拜者，促膝谈论着北平学生运动的前前后后，包括当时学生的思想情形，也包括对颇有争议的哲学家李达的看法等等，一直谈到蟋蟀入梦。

如果说在那次长谈中，领袖的认真——就连学生们的恋爱问题都问长问短——是对郭奇学会"认真"所进行的一次启蒙式现身说法的话，那么，毛泽东的第二次谈话，则是为郭奇日后从教注入了"认真"的支点。

1937 年金秋的一天，当郭奇和其他同学一样准备奔赴沙场的行装时，他被告知，组织上已决定将他留在抗大任教。一夜未眠后，他径直来到毛泽东的住所。他提出要上战场，为自己多灾多难的祖国雪耻洗辱。他要像出自家乡的"兵家之祖"吴起那样挑灯看剑，为父老乡亲打下一方安宁……

毛泽东笑了：当教员可以更多、更好地杀敌人呀！你想想看，一个教员教一个队，一个队有七八十人。如果他们毕业后当连长，就是七八十个连；如果当营长，就是七八十个营；如果当团长、当师长呢？

郭奇也笑了，笑着走上了政治教员的岗位。

一个人，只有在深知其所置身的事业是多么有意义、多么值得为之奋斗终生时，他才会真正担当起“认真”二字。此后，无论是作为抗大总校二大队教育干事、政治教员，还是担任抗大总校一大队二营政治主任教员、一大队政治处副主任，郭奇一字一字抠教案、一次一次反复试讲的那股子认真劲儿，不仅赢得抗大领导的一次次表扬，也博得学员们的一阵阵掌声。许世友是当时抗大学员里文化程度较低的那种工农干部，他最喜欢听的就是郭奇的课。原因是，“有些深奥的理论，郭奇一讲就能听明白，就活了”。

于是，在任教第二年，郭奇被评为抗大“模范教员”。

然而，郭奇的认真，并非仅仅停留在向别人“讲”上，他更看重的是自己的“做”，是自觉地、真正地把自己摆到火热的斗争实践中去磨炼、去审视、去改造。

当抗大“越抗越大”，“大”得原有校舍已经“装”不下的时候，罗瑞卿动员全校人员学习陕北农民，因沟就梁挖窑洞。领导一声号令，郭奇便扛起镢头带着学员上了凤凰山。在“凤凰山大会战”中，郭奇第一次体味到挖窑洞的艰辛与快乐，也更体味出毛泽东那段妙语之妙：你们是挖开了知识分子与劳动人民之间的一堵墙啊！

抗大总校的第5至8期，是在敌后开办的。在敌后办学难，向敌后挺进更其艰险。从陕西延安到河北邢台，1000多公里路程，在今天坐火车几个小时就到了，但那时郭奇和学员们一起用双脚“量”了两个半月——冲过多道敌人的封锁线，越过黄河天险，爬过吕梁、太行等崇山峻岭。

1944年1月，遵照中共中央的决定，抗大总校又返回延安。在这一来一回的两次“小长征”中，郭奇始终坚持步行。有一次，罗瑞卿见他蹲在路边用马尾挑脚泡，就奇怪地问：“郭奇，你的马呢？”

郭奇是主任教员，按规定配有一匹马。罗瑞卿副校长在往返的路上多次来来回回照应队伍，若非郭奇挑脚泡，他不会注意到郭奇是一直步行着的。

“啊，那马，我这样的身体不用骑。”

罗瑞卿想再说些什么，但还是转身走了。他明白，郭奇这是要把自己摆到学员的、战士的位置上来“磨”了，就像毛泽东主席常说的：抗大是一块磨刀石，要把那些小资产阶级意识——感情冲动、粗暴浮躁、没有耐心等等，磨个精光，把自己变成一把雪亮的利刃，去打倒日本帝国主义，创造新社会。

步行，步行。

郭奇一直在步行，步行在中国革命的大地上，步行在马克思主义哲学的道路上。他用脚来量路，又用路来量自己的“磨”，就好像他在延安军民大生产运动中手摇纺车，用绵长的线来“量”自己的比赛进度一样。

秋夜，霜重，煤油灯也如萤火虫一样忽明忽暗。如果看到一个貌似张飞的魁梧男人在纺纱，你不需要奇怪。每天纺纱 7 两半，还不误备课、讲课，这对郭奇来说并不是很困难的事情。

宝塔钟声三川闻，
肤施鸡鸣五城应。

“诗圣”杜甫当年留给延安的名句，此时倒像是专为郭奇挥就的了。

叶剑英知道，郭奇的认真，更是一种境界，是那种敢于把自己解剖给大家看的马克思主义境界。

那已经是解放战争时期了。郭奇作为华北军政大学教育部副部长、政治部政教部部长，依然一个字一个字地抠教案、一次一次地反复试讲。但谁也不会想到，这一天，他在课堂上将那“利刃”指向了自己：

“我的家庭出身是地主。”

台下一片愕然。

“我从小生活在这样的家庭……说实话，我不光有着那种好逸恶劳的恶习，甚至在斗争那些地主的时候，也曾想到自己的父亲，有一次还心生犹豫，感到手软过……这些都是错误的！我们应当为贫雇农获得土地、翻身解放而高兴。如果我们的家庭成员是地主，我们不应当因此而放弃立场，应该教育自己的家庭成员，一定要认识到剥削农民是有罪的，要向群众低头认罪……我希望我对自己的解剖，能够对大家有所启示。同时，我也希望大家来监督我、批评我……"

台下众多已在抽泣、抹泪的学员中，那位一直低着头的河北青年忽地站了起来："我……我也要解剖自己……我做得不对。"

郭奇颔首，用鼓励的眼神看着这位学员，示意他继续讲下去。

"我丈人的二舅，就是个大地主"，这位学员接着说，"在早年间跟国民党反动派的上层有关系，县里的人，他都认识，他就是个恶霸地主。但是，他跟我们村很多的贫农、中农、村干部都有姻亲血缘关系，他侄子就是村治安委员会的委员。他剥削农民，手段残忍。最近，他和他的儿子假分家，把财产分散了，就说自己是中农。他靠他的关系把水搅浑，让大家弄不清土改的斗争对象。我在回家期间，是准备斗争他的，但是我丈人又软磨硬泡地阻止我，我后来就心软了，就没有对这个地主采取行动。现在想起来，我真是放松了阶级意识，失去了阶级立场。我，我，我不对……"

于是，一种完全敞开自己心扉的自我解剖之风，从郭奇的讲台上蔓延开来……

新中国成立后，郭奇浓密的络腮胡子不再留了，但他心中的那把"利刃"还在，并且越磨越有锋芒。他作为南京军事学院政治经济教授会主任、教育部副部长，作为高等军事学院社会科学教研室主任、政治部副主任，曾顶住苏联顾问要求开设联共（布）党史课的压力，坚持按实际需要和可能设置课程；为了使马列主义理论课更好地联系国家建设实际，他还把北京市海淀区的六郎庄作为自己的联系点，常常到农民中了解情况，在农家吃"派饭"；他还曾直言不讳地指出林彪的"顶峰论"是错误的："毛主席还在世，毛泽东思想还在发展，怎么能说是顶峰呢？"

尽管他因此被康生指斥为"没有改造好的资产阶级知识分子"，并被戴上“反党分子”的帽子，遭受到无休止的关押、批斗，身患癌症，59 岁便要去向马克思“报到”了，但在病床上，依然在“磨”着自己的“刃”——读书！他用颤巍巍的手开列出一张书单，让夫人去购买。他的夫人眼里噙着泪，从书店买回 100 多元的书。郭奇却嫌买少了：“那几本怎么没有买呢？学不好马列主义，怎么去见马克思啊？”

1972 年，就在郭奇辞世前，军政大学校长萧克代表校党委到医院宣布为郭奇平反。郭奇却平静地说道：多年受迫害一事，“这是历史的一种必然，我也有自己的不足，因此就不要追究任何个人的责任了”。

郭奇，“至少是马克思的学生”，对吗？

侯树栋：“国防大学的骄傲”

2001 年 8 月的一天，已从副校长岗位退休 4 年的侯树栋，作为中央学习“七一”讲话宣讲团成员，又一次回到国防大学的讲坛上。张兴业副校长在介绍到侯树栋时说：“侯副校长是我们国防大学的骄傲，他的情况，我就用不着在这里多说什么了……”话音未落，台下已响起热烈的掌声。国防大学人知道，那掌声，与其说是对侯树栋回校讲课的热烈欢迎，倒不如说是对张兴业副校长那个说法的真诚共鸣——侯树栋的确是我们国防大学的骄傲。

“骄傲”事实上往往出自“谦虚”。侯树栋之所以被誉为国防大学的骄傲，不是因为他在退休后忽然变“谦虚”了，而是因为他在半个多世纪的马克思主义教育讲坛上，形成的一种独特的从教风格，一种平等的、商量的，在平等商量中得出结论、达成共识的马克思主义学风。

如果说这样的风格在国防大学早已习惯成自然的话，那么，它在部队的讲坛上便是一种新鲜、一种震撼。1987 年，作为课堂对接战场的一种举措，国防大学副教育长侯树栋被任命为正在云南老山轮战的第 27 集团军副政委，他的这种风格也随之来到了前线。

“同志们、战友们！今天呀，按照军里的安排，由我来和大家一起学习党的十三大精神……”（掌声爆起）“我呢，和大家一样，参战以来连书信往来都几乎没有了，更不要说事先了解中央的精神了。说实话，到现在为止，我也还没弄清楚什么叫社会主义初级阶段，它为什么这样提、是个什么含义、有什么重要的现实意义，还真是两眼一抹黑……”（更热烈的掌声）“但是呢，咱们可以一块儿研究，可以根据过去学的一些理论知识，来试着作一番探讨。我先发个言，老同志了嘛，带个头，但我有一个请求……”（足足不下 5 分钟的掌声），“这个请求呢，就是如果我的哪句话，或者是哪个观点说错了，或者是大家觉得没说清楚，请大家随时帮助我纠正过来……”（这时的掌声，已经使主持讲课的首长不能不加以“行政干预”了）。

那时，笔者是轮战部队的一名机关干部，也有幸成为数百名鼓掌者之一。时隔 20 多年，笔者现在之所以还能够一字不差地“复制”侯树栋的话语，便是因了“震撼”。在这之前，笔者所听过的千百次政治课，无一例外的都是另一种，一种居高临下的，一种命令口吻的，一种我讲你听的，一种不容置疑的，一种完全把真理专利化的，一种不许交头接耳、不许打瞌睡，甚至不许上厕所……的风格。比如，“今天，我们首长在百忙之中抽出时间，亲自来给我们讲……下面提三点要求：一是要认真做好笔记，课后要组织测验的；二是要遵守课堂纪律……”；再比如，“今天，我主要讲三个问题，第一……”；又比如，“这个问题，是早就被实践证明了的，它的实质就是……”笔者后来常常想，马克思主义理论的一个核心目标，就是消灭人与人之间的不平等现象。如果国防大学的学员都能像侯树栋一样认识并践行这个目标，那么我们这支军队的理论武装将会是怎样的呢？如果全国所有讲授马克思主义理论的人都能像侯树栋那样与大家“平等”起来，中国还会有那种对马克思主义教育的逆反心理，还会有所谓的“信仰真空”吗？

课堂上是那样，课堂下，侯树栋也同样是“平等商量”，哪怕是面对那些处于最基层的战士。请看《解放军报》的一则报道——

本报广州 2002 年 12 月 5 日电　记者彭泽成、特约记者钟友国报道：今天上午，羊城广州风和日丽。昨晚 11 点多钟才飞抵广州的总政十六大精神宣讲团成员侯树栋，得知原定于今天举行的宣讲报告会由于飞机误点被延期后，提出一定要到附近的部队看一看。于是他们来到了广州军区“模范红一连”。

宣讲团成员深入连队宣讲十六大精神，令正在擦拭武器装备的连队官兵十分高兴。侯树栋拿过一只马扎坐在战士当中，随和的话语一下子消除了官兵们的局促：“大家不正在擦枪吗？我们就一起从枪说起吧……”

侯树栋和官兵一起回顾了我军在党的绝对领导下成长壮大的历史，使大家更加懂得坚持党对军队绝对领导的极端重要性。11 点 46 分，侯树栋准备离开连队时，指导员陶翔代表全连官兵表示：一定学习好贯彻好十六大精神，坚决听从党的指挥。

侯树栋之所以总是用那种平等的、商量的方式来讲授——对不起，是讨论，来讨论马克思主义理论，一个根本原因，就是他真学并真学懂了马克思主义。

与抗美援朝、保家卫国运动中的无数热血青年一样，侯树栋是在 1951 年带着上战场保家卫国的男儿壮志报名参军的。所不同的是，不满 17 岁的他，因为档案里有一张初中毕业文凭而被“拦”在了华北军区军政干部学校，成为政治教员队的一名学员。这是侯树栋结识马克思主义理论的起点，也是他运用马克思主义理论解决问题——青年人都会遇到的个人志趣、前途、名利等——的一个起点。

毕业留校当教员后，侯树栋受学校的鼓励报考地方大学，“一不小心”考上了北大哲学系。他后来才明白，学校的鼓励是出于整个教员队伍建设的需要，而他是被列入“另册”的——拿着北大的录取通知书，校领导难为情地找他谈话来了：你看，能不能缓一缓再……他留下来了，是想得很通的那种。“人是为需要而活着”，他对校领导表态说，“上学是需要，工作也是需要，既然眼下工作更需要，那就留下来。”

50多年后，他对笔者是这样说的：“当时上了北大，未尝不是一件好事，毕竟可以在哲学水准全国一流的高校深造嘛；但留下来，也未必就是一件坏事，学习嘛，只要用心学，上学可以学，边工作边学习也可以学，而且可能是更实际一些的学。当然了，与所谓的‘学院派’比较，人家有人家的长处，比如在一个口子上搞一辈子，可以搞得很深很尖，成为这方面的权威；而所谓的‘实用派’，也有自己的好处，就是面比较宽——联系实际的面比较宽。前一种更适合动笔，后一种更适合动嘴，各有各的用场。”

1953年，当“需要”让他到南京军区师范学校哲学系深造时，侯树栋打起背包就去了；一年半后，“需要”又把他推到以刘伯承为院长的南京军事学院的讲坛上，成为“教大学员的小教员”。那时，他20岁。面对年龄比自己大一倍以上、职务多为兵团级且身经百战的著名将领，侯树栋也没怎么紧张，因为事情需要这样子。而那时，与《马克思恩格斯全集》和《列宁全集》的陆续出版同步，他是出一本读一本——伴随着工作的“需要”，直至最后一本出版，他也终于实现了通读马列原著的夙愿。

“通读并不是读通。直到现在，我也不敢说真正读懂了马克思主义经典著作。”他真诚地对笔者说。

这就是中央马克思主义理论研究与建设工程咨询委员会委员、中国辨证唯物主义研究会常务理事、中国马克思主义研究基金会副会长、中国军事科学学会副会长、中国社会科学院马克思主义研究院顾问……吗？由此，笔者第一次明白了这样一个道理：马克思主义也可谓是一门关于“需要”的学问，它的原著是只能按着“需要”来读的，而“需要”是永无止境的。这大抵也便是侯树栋的“谦虚”之所以成为“骄傲”的一个基本逻辑了。

如果仅仅把侯树栋的“骄傲”理解成一种“嘴上功夫”，那就大错特错了。在侯树栋看来，“说”当然是教育工作者的一项基本功，但如果只说不做，甚至于言行不一，“说”也就失去了它的本来支点，就成了还不如不说的东西。从南京军事学院到北京的军政大学、政治学院、国防大学，50多年间，侯树栋都“做”了些什么，比如他是怎样从一个普通教员一步一步“做”到一名人民共和国中将的，已经不是本书能够说清楚的了——国防大学人引以为“骄傲”的，也并非这些外在的东西，而是侯树栋在“做”中凝结起来的一种精神形象。这个“形象”的一个侧面，用他的话说，就是——“工作能治病。”

由于长期超负荷工作，侯树栋在1991年得了结肠癌。在做完手术后，医生说：手术很成功，像您这样的级别，保养也能跟得上，再活3年一般不成问题。但侯树栋并没有遵照医嘱“多出去走走看看”，而是从可以坐起来的那天开始，便伏案工作起来，照常参加从最高层到最基层的种种理论会议、理论宣讲和理论研讨活动。一个事实是，他退休后比之前还要忙。“就是在这个时候，中宣部让我连续参加了3个重大的宣传、研究和建设马克思主义理论中国化的活动：一是编写广大干部学习马克思主义理论的‘提纲’，一是参加全国性的马克思主义理论宣讲，一是参与中央马克思主义理论研究与建设工程。而除了履行上述这些“头衔”以及非这些“头衔”所需要的“职责”外，侯树栋的“业余”时间几乎全部投放到了这样一些大部头著作的主编工作上：《马克思主义哲学基本原理》、《领导与哲学》、《生活与哲学》、《思想政治工作与马克思主义哲学》、《毛泽东哲学思想民族性探源》、《一代巨人毛泽东》、《一代伟人周恩来》、《世纪伟人邓小平》、《一代伟人陈云》、《建设有中国特色社会主义的基本理论和基本实践》、《邓小平新时期军队建设思想科学体系研究》、《邓小平新时期军队建设思想研究丛书》……

2012年8月29日，国防大学召开“侯树栋同志从教60周年座谈会”。中共中央政治局委员、中央军委副主席徐才厚和中央军委委员、总政治部主任李继耐专门发来贺信；受徐才厚、李继耐委托，总政治部杜金才副主任出席会议、宣读贺信并讲话。中宣部王晓晖副部长出席会议并讲话。王喜斌校长主持会议并为侯树栋佩戴“从教60周年”授带，刘亚洲政委为侯树栋颁发“从教60周年特别贡献奖金”并讲话。在一片赞扬声中，侯树栋发言时则是这样说的：那些年“我在老教员的带领下，自觉地、有计划地阅读了马恩列斯和毛主席的基本著作。当时感觉收获很大，其实并没有真正读懂，只是找了找‘门牌号码’”，因此，“我这个教员还没有当够……如果有来世，我还愿意再当个教员”。

逢年过节，作为曾几番陪同当时的侯副政委到一线阵地“蹲点”的老部下，笔者都会去看看他。让人为之“骄傲”的，是他的气色每“3 年”一条等高线地好起来——迄今已过了第七又三分之一个“3 年”了，侯树栋说话的底气似乎比患病前还要足一些：

“生老病死，说到底也还是一种‘需要’。永远顺着需要走，也就不会有什么想不开；如果始终没有什么想不开，生命的自调节机制就会创造它所能创造的一切奇迹。”

许志功：东方的“普罗米修斯”

古希腊神话中，普罗米修斯因为历尽艰辛谋得天庭圣火，在混茫大地遍撒火种，照亮人间，被尊为人类文明的播火者。新世纪伊始，在世界东方的中国，许志功因为积极传播马克思主义科学理论，被誉为新时代的“播火者”——

《解放军报》通讯的标题是：《许志功，新时代的播火者》。

新华社通稿的标题是：《擎起科学理论的火炬》。①

……

神话是人类用梦想撑起的理想之帆，因而它总有一天会变成现实；现实是人类用行动谱写着的理想之歌，因而它总有着神话一样的魅力。在人类的伟大历史进程中，有一种科学理论总是被人们称为“圣火”。这不光是

---

① 本文借鉴了《人民日报》记者贾永、新华社记者曹智的通讯《擎起科学理论的火炬》（新华社通稿，2000 年 1 月 20 日），以及《解放军报》记者周涛、刘声东的通讯《许志功，新时代的播火者》（《解放军报》，2000 年 1 月 21 日），《解放军报》记者黄华敏，特约记者李绪成、廖伟文的通讯《心灵的沟通 理想的升华》（《解放军报》，2000 年 1 月 24 日）所提供的素材。

因为它的燃亮效应毫不逊色于任何自然科学的伟大发明所能带来的生产力巨变，更重要的还在于，它使人类在完善自我生存与发展的实践中知所趋赴、行所康健。许志功之所以被誉为“播火者”，就是因为他几十年如一日，真学、真信、真用马克思主义创新理论，让科学理论的理性之光照亮千万颗心灵，正像普罗米修斯所做的那样。

许志功从1976年由基层部队调入国防大学的前身军政大学，有过三次马克思主义经典文献大苦读的经历，每次都是针对诸如“信仰真空”、“和平演变”、“社会主义大失败”等重大现实问题而展开的。这里，已无须描述他怎样从马克思主义ABC起步，怎样将文学、美学、历史学、心理学等众多学科引入教学，怎样经常带领学员深入部队、企业、农村开展调查研究，让科学理论“看得见”、“摸得着”，怎样几次晕倒在讲台上……因为他在校内外、军内外的讲课、对话、交流等活动，已经使人们真切感受到其背后的艰辛，已经使很多人得出这样的结论：听许志功的课，能给人一种境界，这就是马克思主义者的理想境界；能给人一种力量，这就是科学真理的力量；能给人一种榜样，这就是对待马克思主义“真学、真信、真用”的榜样。

然而，正如人们所知道的那样，在中国最高军事学府讲马列，要让那些身后跟着千军万马的中高级干部“听得进、信得过、做得起”，并不是一件容易的事情。一天，许志功为佩戴将校军衔的学员讲授邓小平理论，当谈到“在理论联系实际中改造世界观、人生观”时，他发现一些学员皱起了眉头。如何解开学员紧锁的眉头？他想起了杜牧的《阿房宫赋》的最后一段：“呜呼！灭六国者，六国也，非秦也；族秦者，秦也，非天下也……秦人不暇自哀，而后人哀之；后人哀之而不鉴之，亦使后人而复哀后人也。”他对这一历史教训的深刻讲解，深深打动了在场的每一个学员。大家屏息凝神，注视着许教授。此时，许志功才语重心长地讲了起来：“有句古话叫作‘举事以为人者，众助之；举事以自为者，众去之。众之所助，虽弱必强，众之所去，虽大必亡。’诸位应该铭记革命战争年代我们党由弱到强的经验，但更要记取和平时期苏共没落沉沦的教训。我们现在要是‘不暇自哀’，那么‘后人哀之’的悲剧迟早都会上演！作为国家和军队的栋梁，大家的世界观、人生观不仅关系到个人的立身处世，更攸关天下兴亡！”话音未落，教室里掌声雷动。而许志功则由此受到启发，积极引入法律、历史、科技等相关学科，创造性地总结出“解扣子、探路子、编集子、育种子、做样子”的政治理论教学经验，并很快引起军委、总部关注，将之推广到全军部队。

如果说预有准备的课堂讲授是许志功的拿手好戏的话，那么，没有准备的临场对话则就是对许志功理论功底的“考试”了。2000 年 1 月 15 日，许志功突然接到通知：到北京大学去。他的任务是与学生对话，题目是“马克思主义与当代中国”。中宣部、解放军总政治部出这样一个几乎无所不包的大题目，对话地点又选定在一向以学生思想活跃著称的北京大学，其“摸底”意图不言而喻。

光华管理学院本科生李骅：作为北大学生，我们十分关心中国传统文化的发扬光大。许教授，您认为中国的传统文化与马列主义能否结合，如何结合？

许志功：这个问题，我先谈谈看法，大家一起来研究。我记得马克思曾经讲过：越是民族的东西，就越是世界的东西。中国的传统文化是中国的，但同时也是世界的。比方说佛教，它就是外来的。但是经过中国传统文化的改造，变成了我们传统文化的一个重要组成部分。比方说孔子，他是中国的，但对儒学世界上好多国家都信、都用。孔子去世两千多年了，现在世界上很多国家都还纪念他。世界性的孔学讨论会已经开过很多次了。再比方说我们的《孙子兵法》，它是中国的，但被世界上很多国家采用，就拿美国来说，它的士兵人手一册。《孙子兵法》不仅属于中国，而且属于世界。

同样，马克思主义是德国的、西方的，但它也不单单是德国的、西方的，而是属于世界的。在这千年之交，世界上好多国家的人们都把马克思评为千年人物的第一名，就足以说明这一点。马克思主义和中国传统文化都具有世界性，这就决定了两者是可以结合的。马克思主义不仅可以和中国文化相结合，而且必须和中国文化相结合。只有和中国的实际相结合，使马克思主义具有中国气魄，具有中国风格，才能被中国人民所接受，才能在中国发挥巨大威力。

那么，马克思主义和我国传统文化相结合的切入点在哪里呢？就是以我们正在做的事情为中心。当年，在毛泽东同志的领导下，我们党以中国革命事业为中心，实现了两者的结合，形成了毛泽东思想；改革开放以来，在邓小平同志的领导下，我们党以社会主义现代化建设为中心，实现了两者的结合，形成了邓小平理论。毛泽东思想、邓小平理论都既是马克思主义的，同时又是我们中国的，是马克思主义和中国传统文化相结合的结晶。如果不以我们正在做的事情为中心，搞纯理论式的研究，马克思主义和中国的传统文化是很难结合的……

随着一个个尖锐问题的提出与许志功流畅而恰如其分的回答，起初人们悬着的心——万一闹出“冷场”或“炸场”该如何收场——终于踏踏实实地落了下来。许志功与北大学生的对话活动，整整持续了一个下午，从中国的传统文化与马列主义能否结合，到市场经济发展中人们趋向现实和物质的东西，是否意味着马克思主义理论的必然冷落和退化；从“鼓励一部分人先富起来”的政策，到贫富差距拉大与“共同富裕”主张的矛盾；从民主与效率与稳定与发展与科学的关系，到马克思主义理论与信仰与人学与知识与“邪教”的关系……如果说媒体关于许志功大量先进事迹的报道让人们认识的还只是一个“英模人物”的话，那么，随着此次“对话实录”的全程报道，人们认识的已经是许志功的理论功底和理论精神。正如北大马克思主义学院党委书记杨河教授在这场“对话”最后发言中所谈到的：

听了许志功教授的发言，非常受启发。对我启发比较深的一点是我们应该怎么来学习马克思主义。许教授刚才在解答同学们的提问中所体现出的一种精神，就是对马克思主义理解要完整准确。我们以往在马克思主义教学中几个部分都讲到了，但这几个部分的内在联系，从整体上怎么把握，并把它教给学生，我觉得是很不够的。许教授在发言中能够从各个方面回答学生的问题，就是因为他对马克思主义的理解是一个整体，是各部分有机结合在一起的。马克思主义的根本是实践。许教授把以我们当前正在做的事情为中心作为马克思主义和中国传统文化相结合的切入点，这是非常有见地的。讲结合，我们不能停留在从理论到理论、从一个逻辑到另一个逻辑的推导上。第二点启示，就是许教授运用马克思主义基本原理说明实际问题的能力是非常强的。刚才许教授对各位同学所提问题的解答，不回避矛盾，充满了唯物论、辩证法，非常生动，我们要学习这种讲课方法和授课艺术。我们在教学中存在的很多问题怎么解决？我想许教授这个发言，对我们是非常有指导意义的。第三点启示，就是许教授对马克思主义理论教学的事业心和责任心值得我们学习。从许教授回答同学们的问题中大家体会到，他本人非常热爱这个事业，他是有这种献身精神的。这种献身精神体现在回答所有问题时，他不是像某些人站在局外，而是站在局内来讲问题，体现出马克思主义理论教学工作者的责任心和事业心，体现出对党、对社会主义的执着信念……

黄莺的眼中处处都是鲜花翠叶，而啄木鸟盯着的却总是漏洞和隐患。许志功之所以能够把马克思主义理论讲得可信、可用，关键就在于他作为马克思主义理论教学工作者，始终有一种强烈的问题意识，始终把建设全党、全军乃至全社会的“信仰工程”当成自己的责任、事业和追求来对待。

一次，许志功到某大学讲学，有人公然提出马克思主义已经是“过时的东西”，邓小平理论“严格讲还不能称之为理论”，“三个代表”重要思想“看不出有什么思想性”。许志功痛切地意识到，马克思主义理论及其最新成果的被误解，并不是它们本身容易被误解，而是我们广大理论工作者留下了足以产生这种误解的空间。正是带着这样一种沉重的“历史负疚感”，他开始主动寻找理论与实践结合部的盲区和“软肋”，以群众普遍关心的现实问题为突破口，如前所述地全身心投入“理论攻关”，又如下所述地全身心投入“问题攻关”。

多年前的一个夏日，许志功在前往外地调研的火车上，听到坐在身边的两个人正在谈论邓小平理论。其中一个戴眼镜的说："邓小平的确是伟大的政治家，但《邓小平文选》第三卷收录的多是谈话。这些对制定改革开放和现代化建设的路线、方针和政策贡献很大，可我们不能就此说邓小平是理论家。"许志功也笑呵呵地跟这两位聊了起来："评判某人是不是理论家，不一定看他是否有专著或专著的大小、多少。孔子的《论语》也是一本谈话记录，老子的《道德经》也只有区区几千字，可他们作为思想家、理论家的地位是无法动摇的。"两个人讶异地点了点头。许志功又说："拿专门从事理论研究的理论家的理论与邓小平等作为革命家、政治家的理论相比，是不科学的。邓小平理论是我们党在新时期集体智慧的结晶，邓小平是主要创立者，所以我们称之为邓小平理论……"邻座的几名乘客也凑过来加入了讨论。随着许志功精辟而幽默的"说笑"，阵阵赞许声和欢笑声也伴着列车的节奏，在铁路线上飞扬。

1999年，刚从外地调研回来的许志功，得知驻京某单位一名年轻干部受"法轮功"邪教毒害颇深，经组织上多次帮教仍是一副"刀枪不入"的样子，便主动请缨，提出要跟"法轮功"来一次正面交锋。上级同意后，他和几位同事一起前往几十公里外的偏远地区，与那名干部就人生、道德、理想长谈了4个多小时，终于解开了这个"法轮功"忠实信徒的思想疙瘩，使其迷途知返。后来该单位特地打电话到国防大学，感谢许志功赋予那名年轻干部"第二次生命"。

许志功经常用这样一句话来激励自己："马克思主义是我们的根，我们的责任就是要使马克思主义的根扎得越来越深；如果在我们这一代人手里，马克思主义的根被动摇了，这个历史责任我们担当不起……"

鲜花和荣耀总是为那些替时代发出自己内心呼声的人准备的。近些年，许志功多次作为中央宣讲团成员赴全国各地宣讲党的创新理论，先后获得"全军教书育人金奖"、"国防大学优秀教员标兵"、"全军优秀教师"、"全国优秀教师"、"国防大学杰出教授"等荣誉称号。2001年，中央军委为他记一等功；2002年，他当选党的十六大代表；2003年，他荣升国防大学副校长…… 然而，当笔者向他提及这些时，他转而谈起了人生、事业与真理——

“世界上最美好的人生是为真理而生活，世界上最美好的事业是为真理而奋斗。人人都能这样，我们的社会将更加美好。”

徐焰：“冷”“热”之间写境界

北京7月的阳光，照射着国防大学枝繁叶茂的林木，也透过玻璃窗为徐焰的办公室加着温。他收起《徐焰讲军史》的手稿，离开凳子，嘎巴了几下筋骨。他要到中央电视台做节目去。“讲稿”其实是早已写好讲开的了，但他还是像完成军人上战场前的例行程序一样，每次出发前都要看一看、改一改。这与他的座右铭——“板凳要坐十年冷，文章不写一句空”是一致的。

如今的徐焰是名教授、名作家、名顾问，还是军事历史领域的权威专家。他身上的光环跟他的名字一样“火”，徐焰自己却竭力要跳出光环之外。他时常会把自己当年的日记拿出来“复习”一下。他认为这可以“降温”，可以防止在许多人那里一再重演的“半截子成功”——一有点儿名气便再也坐不下去。

徐焰1951年在辽宁沈阳出生时，父亲正在朝鲜战场打仗。刚刚听得懂大人说话的徐焰，在母亲怀中跟母亲一起听“收音机里的人”讲抗美援朝的“故事”，“侵略”、“战争”、“生命”、“死亡”这些字眼，在他懵懂的意识里留下了变形的和不变形的印记，那就是看不见父亲。徐焰的父母都是老革命，影响中国的大事件，他们都亲历过，土地革命战争、抗日战争、解放战争……而这些字眼儿，还有诸如民族、自由、民主等宏大而抽象的概念，也随着父母的讲述和徐焰的好学，与他的身体一样渐渐有了形状，有了魂儿：总有一天，我要把这些故事写下来！

上小学后，徐焰学习刻苦，成绩优异，语文成绩格外突出，老师经常拿他的作文当范文讲评。但这愉快的日子很快被“文化大革命”打断了，那时经常搞“停课闹革命”。每每离开学校时，望着贴满大字报的校园，徐焰心里总是空落落的。尚未成年的他，并不清楚等待自己的命运是什么。

跟当时的很多“知识青年”一样，徐焰也经历了“上山下乡”。在那些寂寞而贫瘠的岁月中，徐焰一直没有让自己的求知志趣降温。从小，父母就教育他做任何事都要有毅力，要甘于坐“冷板凳”。他虽然初中一毕业便失去了读书的机会，但他真的相信“社会实践是最好的大学”。

1969 年 12 月，即在中苏边境武装冲突余烟未尽之际，徐焰走进了军营。战争、军人这两个词，之前他更多地是从父母身上解读，也在书中搜索过。穿上军装以后，他才渐渐懂得了只有在自己身上才会有真正答案的东西——军人的责任与荣光。不巧的是，此后中苏边界问题通过谈判得以解决，他没能如愿像父亲那样驰骋沙场，为国效命。

军旅生活是艰苦的，在北疆边防的军旅生活更苦。除了排满日程的军事训练，还要参加各种劳动。1971 年冬天，徐焰所在连队到山区施工。为了加快工程进度，他和战友们白天干活，晚上就在工地上搭帐篷睡觉。刚下过一场大雪的数九寒天，野外的帐篷瑟瑟发抖、呜呜作响。夜深时，气温达零下三四十摄氏度，躲到被子里也还会牙齿打嗑儿。但徐焰在每晚睡前学习个把小时的习惯，始终保持着“正常温度”。

徐焰还有个临睡前写日记的习惯。每天训练、劳动结束后，不管多疲惫，他也要看几页书、记两页日记才休息，不然会像没洗脚就上床睡觉一样浑身不舒服。

部队有图书馆，凡是能借出来的书，徐焰借了个遍。那几年，徐焰读了上千本书，记了上百万字的读书笔记。

汽车快要到中央电视台数字电视录制室了。透过茶色车窗，路边的树木像染了绿的长发一样向后面甩去。

也是巧了，“四人帮”行将垮台时，徐焰作为最后一批工农兵学员，进入吉林大学历史系学习；党的十一届三中全会召开后的头一个年份，他作为全国高校恢复高考后第一批硕士生的应考者，进入中国人民大学读研。

人民大学被认为是中共中央党校的“预科班”，是出领导干部的地方。

但徐焰从一开始就把自己摁到了“冷板凳”上——晚上的同学“派对”、周末的“浪漫之旅”，甚至是学生会组织的文艺、社交活动等，他一概婉言谢绝，他要读书——用徐焰的话说，他要“给时间补课”。“浪费的时间够多了”，徐焰说，“过去想读的书大都是禁书，不禁的书就那么几本，很少让人真正坐得住的，但‘文化大革命’后书解‘禁’了，人却容易‘放飞’。因此，真要读书、读懂书，就得把自己‘禁’住点，把失去的时间补回来。”尽管由此冷落了一些同学也受到一些同学的冷落，有人甚至送他“书呆子”、“非存在”等绰号，但徐焰乐在其中，充耳无闻。

徐焰从人民大学毕业后，不是像其他许多同学那样选择国家机关或部队奔“仕途”，而是到解放军军事学院党史政工教研室当了一名教员。这一次，就连他的老师也讶异了：徐焰啊，以你父母的老革命“家底”，无论到部队还是在党政机关，都可谓前途无量，你偏要当个教书匠，为什么？难道你父母……“这也是我父母所希望的”，徐焰说，“天下知子者，父母也，他们早就认定我是块做学问的料。因为我从小到大一直喜欢读书、写写画画，还因为我的每一步路都是自己走过来的，不光从来没有利用而且从骨子里排斥父母的光环。”

而当徐焰在“冷板凳”上一坐 20 年，已经把“冷板凳”坐“热”，连续三届被评为国防大学杰出教授，按学校规定可以“立传”，笔者奉命采访他时，徐焰却说：

“写我？我有什么好写的？”

能够把“冷板凳”坐热，需要有一种耐得住“冷”的精神追求做燃料；而在“热板凳”上能够不使脑袋发热的人，则需要一种经得住“热”的人生境界作支撑。徐焰就是这样一个既耐得住“冷”又经得起“热”的人。作为国防大学教授他无疑是杰出的，要不然，国防大学人不会连续三届评选他为杰出教授，国家也不会把“科研进步一等奖”、“全国优秀教师”、“特殊岗位津贴”等殊荣颁发给他；作为军旅作家，他可谓是“著作等身”。已出版的 20 多本书，有斩获“解放军图书奖”的，也有在美、日等国翻译出版的；而作为一个军人，他的肩上已是耀人眼目的人民共和国少将军衔。但徐焰依然是那副永远没有乍声乍气乍模乍式的样子，默默地读着书教着书也写着书，当然还有像往常一样“复习”着他觉得有必要复习的只属于他自己的日记。

……

汽车在中央电视台数字电视录制室前面缓缓停下。徐焰径直走了进去。

他的稍稍有点驼背的身影，透过覆盖中国大地乃至整个世界的卫星信号，“消失”在包括国外观众在内的人民大众之中。

金一南：“明星追星”的背后

近年来，从军校到部队到地方，从中央、各省区市机关到国有大型企业到高等学府、科研院所，直至中央人民广播电台的“一南军事论坛”，金一南频繁亮相、讲学。

——“21 世纪我国的能源问题日益突出……”原国家计委专门召集各大能源集团的部门领导，听取金一南的研究分析。

——“这将是一场没完没了的战争……”伊拉克战争爆发后，金一南应邀在中央电视台担任特约军事评论员，引起巨大关注。

——“党的先进性建设，实质上……”金一南在中共中央党校讲的课，连续 3 年被评为“最受欢迎的课”。

——“站立在最高处的，往往有一个规律性现象……”在全国高校国际政治高层论坛上，其他人的发言时间都被限定在 15 分钟内，金一南成为唯一做 1 小时专题发言的学者。

当金一南教授第三次应邀到总政机关讲授“外军建设与军事改革”时，他的课被概括为“多、高、广”：连续讲课次数最多——同一题目在同一单位连讲 3 次，次次都引起轰动；领导关注程度最高——当时的总政副主任徐才厚特意留下他的讲稿；听众最广——就连平时对战略、战役等理论知识没多大兴趣的总政歌舞团和总政话剧团等单位的演艺明星，也慕名前来听课，课后又纷纷请他签名——有媒体称之为“明星追星”现象。

一个当时只有 9 年教龄的教员，何以取得如此成功？人们在欣然称道之余，不禁为之疑惑。

在中国共产党的词典里，“坚持”二字恐怕是使用频率最高的词了。的确，没有坚持，就没有《愚公移山》的神话新写，就没有长征路上的奇迹绝唱，就没有抗大精神的薪火相传，也就没有人民共和国的辉煌历史和美好今天……坚持是一种精神、一种信念、一种力量、一种境界，是闪耀在一切杰出人才身上的成功秘诀。伴随新世纪的开启，当金一南被国防大学评为首届杰出教授，军内外各大媒体争相报道他的事迹，全国知识界掀起所谓“金旋风”的时候，金一南却极力淡化地说：“我只是比别人多坚持了一下。”

金一南入伍前当过 3 年工人，也曾因“坚持”而一鸣惊人。参加工作后头一年，他便在厂里引发一场轰动：技术权威崔师傅送给金一南一把卡钳——全厂上下百多号人，就像争先恐后去看突降地球的外星人一样，搞得金一南几乎没办法正常上下班。那个年代，卡钳属于贵重工具，而金一南并非崔师傅的徒弟，一个新来的而且是面黄肌瘦的学徒工，何以获得如此殊荣？有好事者甚至当面向崔师傅质疑个中原委。崔师傅则是以问作答：“每当夜深人静时，车间里的灯光会在墙壁上打出两个不停晃动的人影，一个是我的，另一个你们知道是谁的吗？”

一次，为了赶出一批重要零件，金一南在车间连续工作 36 小时。没有椅子坐无所谓，碎屑烫伤眼睛也不管不顾，而看着一件件合格的产品在自己手中诞生，他笑了，就像有些农村闹喜事，公爹公婆被抹成个大花脸还乐个没完。

磨钻头，这不仅是个技术活儿，更是一种危险活儿。要把钻头磨好，首先要掌握砂轮的特性。那时中国的砂轮质量还不是很好，使用一段时间后，砂轮会突然开裂破碎，许多工人因此受伤；用砂轮打磨金属还会产生大量氧化铝颗粒，长时间待在这种环境，轻者丧失劳动能力，重者还可能危及生命。

金一南在砂轮车间一泡就是1小时，反复琢磨、试验，从车间出来的时候，脸上常常是灰一块绿一块的。世界上也便因此又诞生一个新名词“彩色矿工”。开玩笑、取绰号，是一回事，学技术则是真诚而谦虚的。当金一南成为全厂磨钻头的一把好手时,就连那些叔叔辈的老工人,也叫着“小金师傅”,向他拜师学艺了。

多年以后，金一南是这样评说的：“我原来那么辛苦地钻研磨制钻头，入伍后好像一点用处也没有了，事实并非如此。因为这是一种精神的历练，有了这种精神，即使遇到比这难上百倍的困难，也可以闯过去的。”

世界上最有弹性的东西是人的精神，因此，世界上最能标定人之境界的也是人的精神。有一次，在北京军区某生产部队开展插秧比赛时，金一南最终获得全营第一。营长李啸非常吃惊，他实在不相信这个来自北方、体重不过百斤的“小不点儿”，能把那些一直跟水稻打交道的南方兵拉下马。“为什么我不能是第一？我就是要全都超过他们。在最困难的时候超过他们，我难，他们更难。最疲劳的当口，谁能咬紧牙关上，谁就拿第一。”金一南这样对营长说，言语中透射着决绝和快意。

“一个人的强与弱不在于他的外壳，关键是精神。你能否坚持做完一件事，决定着你是否能够获得最后的成功。”金一南说。

插秧比赛是这样,考大学更是如此。金一南刚到国防大学图书馆上班时，还是初中文化。同学聚会上，眼看着一个个“大本”、“硕士”，金一南坐不住了。他这个小学、初中时的特等生，难道现在就只能坐等淘汰？已近不惑之年的金一南，向高自考发起攻击。复习，这几乎人人都练过的苦活儿，在金一南这里被赋予“眼镜”的奇特含义——因为白天上班是坐着，夜里又常常是通宵达旦地不离开椅子，金一南的裤子后面浑然无觉地磨出两个洞。同事见状，在他身后打趣了：“金一南，你前面戴眼镜，后面眼镜戴，是不是教咱也学学用屁股看书啊？”金一南明白后，一羞赧，也打了一趣：“不行不行，这是祖传绝活，概不外传。”

嘴上开玩笑，他心里觉得还真是有点“祖传”。金一南的父亲是个酷爱读书的将军。还在小一南穿开裆裤的时候，严厉的父亲便把他摁在小方凳上练“坐功”——要么看小人书，要么听父亲读听不懂也得听的“大人书”。铁的规矩是：除了大、小便，只有在父亲离开座位时，他才可以站起来。常常一坐就是几个小时。金一南后来才明白，父亲那是“一石二鸟”：既不耽搁自己读书，又治了儿子的所谓“多动症”，从小养成爱读书的好习惯。“老爸狠着呢，有一次，我打盹儿载倒到水泥地上，头上磕了个大包。他拿红药水一擦了事，说没事儿，坐那儿，不许打瞌睡！我早就听他讲过什么头悬梁、锥刺股了，当时难受得啊，真想弄根绳子把脑袋悬起来。小时候总是怕他恨他，但现在想来，父亲的确高明，没有那时强制养成的‘坐功’，哪有今天可以把裤子坐穿？呵……”

第五章
红色熔炉

——国防大学的教学传统

“红色熔炉”一说的“版权”,当属毛泽东。在《井冈山的斗争》一文中,毛泽东这样说道:“红军的物质生活如此菲薄,战斗如此频繁,仍能维持不敝……尤其是新来的俘虏兵,他们感觉国民党军队和我们军队是两个世界。他们虽然感觉红军的物质生活不如白军,但是精神得到了解放。同样一个兵,昨天在敌军不勇敢,今天在红军很勇敢……红军像一个火炉,俘虏兵过来马上就熔化了。”

摆在美国西点军校陈列大厅显眼位置的,是20世纪50年代初美军兵败朝鲜上甘岭的阵地模型。慕名前来参观西点的人,大都会看一看当年由西点高才生范弗里特指挥的“耻辱之战”。美军强大的一个重要原因,就是它拥有这种把“耻辱”摆到“额头”上的超凡勇气。然而,他们所研究的一个问题——兵力、兵器都占绝对优势的美军,为什么会败在中共军队手上,答案始终还是用“X”来表示。一位美国军事理论家是这样说的:“对于中国的军队,我们或许是永远摸不透的,但是我们知道,评估中国军队的战斗力,是要用它的装备、它现有的战斗力,加上若干X。”国防大学教授霍小勇访美时,曾试图弄清这个“X”的含义。但对方说来说去,总还是让他有种隔靴搔痒的感觉。

“其实,他说的就是我们的传统。”霍教授解释说。

传统当然不是简单几句话就能说清楚的，但我们中国人可以顾“字”思义：传统就是那种既能为世世代代“传”下来，又能把方方面面“统”起来的东西。

从某种意义上讲，人民军队的历史就是一部“以劣胜优”史，国防大学的历史就是一部培养“以劣胜优”人才的历史。迄今80多年来，国防大学的人才培养目标数易提法，诸如游击战人才、正规战人才、合同作战人才、联合作战人才、通才、高素质新型高级指挥人才、复合型人才等。这些概念都是根据战争的发展变化或对人才知识结构的时代要求来界定的，却并没有挑明“以劣胜优”人才的关键。

要说清楚何谓“以劣胜优”人才，很可能需要另写一本书。但它也可以用5个字来概括：红色指挥员——有着红色信仰、红色人格、红色能力的指挥人才。“X”的所有密码、国防大学几乎所有可以被称为教学传统的东西，都在这个“红”字上了。

永远的课程：“红色信仰”

如果有一种眼镜，能够让我们在鸟瞰的高空辨识地域文化颜色的话，那么，在当下多色调的中国大地上，属于国防大学的那块儿就醒目得多——红的。

红色的一大特性，就是醒目。

国防大学营院坐西面东。在那条外抵京密引水渠、内通教学办公区的主干道两侧，也竖立着一块块“广告牌”——但它们的内容不是商海信息，而始终是有利于人才健康成长的“红色信息”。如，在开展“学校史、讲传统、话使命、尽责任”主题教育活动期间，它们是国防大学的里程碑：“龙江书院”、“中国工农红军大学”、“中国抗日军政大学”、“南京军事学院”……在教学区与生活区的结合部——那条南北向主路一侧，则是新世纪以来国防大学评选出的15位杰出教授的巨幅照片：许志功、霍小勇、徐焰、乔松楼、金一南、张玉良、库桂生、余高达、王仲春、黄成林、袁文先、吴杰明、于国华、张彬、孙科佳。

教学区内，那直面日出的校训墙上，是70多年前毛泽东为国防大学前身抗大题写的校训：坚定正确的政治方向、艰苦朴素的工作作风、灵活机动的战略战术，团结、紧张、严肃、活泼。

在教学区松柏掩映的绿地上，坐落着“精武报国雕塑园”：岳飞、文天祥、红军官兵、抗联勇士、“两弹”元勋……还有历届学员自发留下的一块块鲜红石刻——“金戈铁马，气吞万里如虎”、“文韬武略，听党指挥是魂”、“励精图治，任重道远”……

教学楼大厅内，9位人民共和国元帅的铜像栩栩如生、眉言目语，仿佛在强调着他们对红色江山未来的热望与忧思……

如同时下所谓“颜色革命”所表明的，颜色自古就由于种族、生存环境等差异，而被赋予不同文化的象征意义。以内陆为孕育摇篮的中华民族，出于对太阳的朴素认识，始终以红色为基本崇尚色。秦汉时期，人们甚至已将之与世界观联系起来，如《淮南子·天文训》认为“日至而万物生”。经年积习，生活中几乎所有美好的事物，都要被打上红色烙印：过年要贴红对联，结婚要挂红灯笼；女子貌美曰“红颜”，男子腾达曰“走红”；日子好过叫“红火”，企业返利叫“分红”……

与此相反，红色在西方文化中却被蒙上强烈的贬意：那是“火”，是“血”，是“暴力”，是“危险”，甚至是“卑贱”（红灯区）。霍克斯在翻译《红楼梦》时，为避免英语读者对“红”产生错觉，特地采用这部世界名著的最初书名《石头记》。就连西班牙的斗牛，也被驯化得一见着抖动的红布便要急眼。

这是东、西方意识形态“水火不容”的文化之根吗？

同为西方人的马克思，却用他的理论号角鼓呼全世界无产者起来进行革命。19世纪中叶，一场以共产主义者同盟为主体的革命浪潮，恰恰在较发达的西欧国家率先兴起。这场“泛红”运动虽然没能取得成功，但其理论体系通过近邻俄罗斯的十月革命传到了中国。随着中国共产党——共产主义信仰在中国的实践、传播主体的诞生与成长，这个因其为劳苦大众谋利益的鲜明立场，因其与中国本土朴素红色信仰的深刻契合而得到有识之士执着崇奉和追求的理论或主义，有如一轮初升的红日，逐渐照亮着中国人的精神世界，疗治着“一盘散沙”的深重病痛，聚合着中华民族的潜在能量，染红着中国社会的意识形态。

备忘卡 1：1927 年 9 月 9 日，在秋收起义开始的这一天，毛泽东率领的暴动队伍第一次打出了写着“工农革命军”的红旗。

备忘卡 2：1927 年 12 月 11 日，领导广州起义的张太雷、叶挺、叶剑英等人，第一次将所属部队称为“工农红军”。

备忘卡 3：1928 年 5 月 25 日，中共中央发出第 51 号通报，规定各地工农革命军一律改称“中国工农红军”——简称红军。

人之能，在于其信；人之信，在于其能。从国防大学诞生那天起，用马克思主义理论武装人、教育人、改造人，便作为“红色熔炉”的一门基本课程，在培养红色指挥员、建设新型人民军队、打造红色江山中发挥着它无以替代的作用。

在井冈山时期，面对那支旧军队官兵和游民无产者占主要成分、已由 1 个师溃散至不足千人的“杂牌军”，面对国民党军队的频繁“会剿”，面对一些红军将士对于“红旗能够打多久”的严峻疑问，毛泽东一针见血地指出：“在此种情形下，只有加紧政治训练的一法。”“若不给以无产阶级的思想领导，其趋向是会要错误的。”这位新型人民军队的缔造者，不仅通过发表《中国红色政权为什么能够存在》、《星星之火，可以燎原》等著作，引导官兵运用马克思主义基本原理，科学分析中国革命的状况、特点和性质，正确认识红色政权能够存在的原因、条件和前景，还常常到井冈山教导队给学员们讲解马列常识、国内外革命形势以及开展“工农武装割据”的各项政策和方式方法。从而，使马克思主义教育作为一门课程、一个学科，逐步在革命实践中生根、发芽、开花、结果。而那支几百人的“杂牌军”也随之起死回生般渐渐地“红”了起来，发展壮大了起来。

世界上比陷入绝境更可怕的事情，是面临绝境而没有能够破辟新径的人。毛泽东之所以被人们传唱为“红太阳”，就是因为他常常在天空最阴暗的时候，能够将浓重的云雾撕开一道口子，让人们看到希望的极光。

值得记取的是，毛泽东讲马列从不背“条条”，常常是信手拈来、就地取材，用生动的故事给人以深刻启迪。当时担任井冈山教导队区队长、后任代理队长的老红军张令彬，几十年后仍记得毛委员讲的一个故事——

很早以前，在一片寸草不生、异常干旱的荒山秃岭下，住着百十户人家，生活异常艰难。有一天，来了个20多岁的年轻人，见人们吃水要到很远处采集，问村人为什么不打井。村人说这一带找不到水脉，挖不出井来。年轻人说自己名叫井冈，祖祖辈辈挖井为生，愿意上山找水脉挖井，受到全村人的拥戴。

第二天，井冈带着20多个年轻男子上了山。他们寻了一天又一天，到后来，水脉没找到，追随他的人也跑光了。井冈仍在坚持，但一直找了3年，还是没找到水脉。一天中午，骄阳晒得井冈就要昏厥时，忽然来了一个拄拐杖的叫花子，说：“小伙子，别找了，这座山没水脉。”井冈说：“我不信，找不到水脉，挖不出井来，我就葬身在这里。”叫花子面露微笑说：“世上难得有你这样矢志不移的好青年，我就助你一臂之力吧。”说完，用竹拐杖往地上一戳，山上立然溪水潺潺；再一戳，满山已是绿草茵茵；又一戳，茂林修竹拔地而起，迎风摇曳。井冈知道遇上了相助的神仙，伏地便拜。神仙扶起井冈说：“你不用谢我，我还要向你表示歉意呢。”

原来这神仙就是天宫的雨神，他在很早以前见此地风景优美，下凡到这里游玩，却不意间被山林中的豺狼虎豹咬得伤痕累累。回到天宫后，他盛怒难消，便一连给这片山区下了七七四十九天暴雨，直到把山中猛兽全都淹死，最后还切断了山底下的水脉。后来，为井冈的精神所感动，雨神特地赶来补救自己的过错。

雨神说完，把竹拐杖插入地底，贯通了水脉。井冈高兴得抡起镐头，只一下便挖出一口井来。神仙却化作一缕青风昂天而去。

后来，当地百姓为了纪念井冈坚忍不拔、百折不挠的精神和信念，就把这座山叫做井冈山了。

"这个故事对我们启发很大"，张令彬回忆道，"不仅对大家坚定共产主义信仰有很好的启示激励作用，也使我们更加重视政治教育。那时，敌军不断'进剿'，群众工作也十分繁重，但教导队政治课时间仍然占到全部教学时间的 30% 以上。马克思主义教育的突出地位，可以说是新型人民军队建设的一大特色。"

能把高深理论讲得有条有理，谓之"教书匠"；而能把它变成一种形象、一个故事，则就是"大师"了。毛泽东这种形象化、故事化的教学方法，在今日国防大学叫做"案例教学法"。东欧剧变，"共产主义大本营"苏联解体，陈希同、陈良宇、薄熙来等高官腐败变质等，都曾作为"案例"摆到课堂上，供学员们"解剖麻雀"，"集体会诊"，总结经验教训，提出防范对策。这也是国防大学最受学员欢迎因而效果最好的教学方法之一。

在国防大学人看来，军人自古就是跟着旗帜冲锋陷阵的。旗帜就是方向，旗帜就是号令，旗帜就是灵魂，旗帜就是形象。如果"三湾改编"逐步确立起的党对军队的绝对领导、民主建军、官兵一致等一系列根本制度，可以视为新型人民军队建设标志性"硬件"的话，那么，鲜明地举起马克思主义大旗，以此作为引领党和人民军队凝聚力量、劈波斩浪的革命指南，便是它的核心"软件"。在延安时期，为什么作为执政党的国民党不能够，而作为在野党的中国共产党却能够迅速将亿万热切寻求民族生路的爱国志士乃至普通民众凝聚在自己的旗帜下？为什么明知抗大住窑洞还要自己挖、吃黑豆还要自己种、穿土布衣还要自己纺线，而一批又一批热血青年依然冒着生命危险，冲破日寇和国民党顽固派的层层封锁，步行千里而来？就是因为在饱经近代中国包括"三民主义"在内的多少这样那样的旗帜与信仰的"不管用"，以至引来外侮的民族危亡关头，人们用自己的眼睛看到，中国共产党人在巍巍宝塔山上竖起一面已经在俄国取得成功的鲜红旗帜——共产主义信仰。看着那些身背简单行装、一脸疲惫间明显透射出执着无悔的青年人，看着抗大那每天最多时有1000多名新生入校的“窑洞大学”，人们自然会明白什么叫做“有了梧桐树，自有金凤来”。当时印度的志愿援华医生柯棣华先生，曾连连慨叹：“奇迹，奇迹，这是20世纪中国的耶路撒冷！”

以毛泽东为代表的中国共产党人，之所以能够依靠马克思主义大旗凝聚民心民智，使革命力量不断从小到大、从弱到强、从一个个胜利走向革命的最终成功，一个重要原因就在于，他们始终把似乎看不见摸不着的远大共产主义理想与当前的主要任务紧密链接，使之在每个任务阶段都能够有所附丽，从而使得实现共产主义这个共产党人的终极奋斗目标，转而成为一个个具体的目标、一项项具体的任务、一件件具体的事情、一次次具体的行动。而伴随着每一个具体目标的实现、每一项具体任务的完成、每一件具体事情的落实、每一次具体行动的成功，人们对共产主义的信仰，也便一节节、一步步地树立着、前进着、深化着、升华着。

一天，井冈山教导队领导反映学员们对“天下大同”怎么也搞不懂。毛泽东笑了：你就告诉他们，什么时候世界上没了靠租田度日的人，就是实现了天下大同。中国第一个红色政权——茶陵县工农兵政府，就是在这样一个奋斗目标的激励下，由将士们三打茶陵、用鲜血捍卫一次次分田地的革命成果而诞生的。

抗日战争爆发后，中共中央通过发表声明、发布抗大招生简章等，迅速将“驱逐日寇出中国”这个全体中国人的共同心声，彰显为共产党人在这个历史阶段的唯一奋斗目标，并及时将红大改称抗大，专门培养抗日骨干。当时的抗大招生简章写得明明白白：只要“志愿献身于人民的抗战事业，把抗战看作高于一切的，不分党派、信仰、性别”，都可报考。毛泽东在给抗大学员讲课时也明确指出：你们在这里学习的时间很短，只有几个月，学不到很多东西，不像别的大学可以学几多年，但你们可以学一样东西，一样很重要的东西，就是学一个宗旨，这个宗旨也就是全国的、全中华民族的宗旨——抗日救国。毛泽东要求学员们按照抗大的教育方针，学习坚定正确的政治方向、灵活机动的战略战术和艰苦朴素的工作作风；学会发动民众、组织民众的本领，并向民众传播艰苦朴素的工作作风；通过在抗大的学习，要下一种决心：为了抗日救国事业而牺牲做官，牺牲发财，甚至牺牲自己的生命。他还挥毫题词勉励大家“学好本领，好上前线去”。由于学习的目标明确，由于把共产主义理想与抗战斗争的实际需要紧密联系了起来，抗大师生的政治、军事教学热情非常高，学习效果也非常好。许多知识青年入学前从未摸过刀枪，也从未做过政治工作，但经过短短几个月的训练，便很快掌握了基本的工作和战斗技能，成了组织民众建立、扩大抗日根据地的“种子旗手”。

抗日战争胜利后，在“打倒蒋介石、解放全中国”这面猎猎招展的大旗下，无数“红嫂”、“红哥”踊跃支前，百万雄师摧枯拉朽如卷席，短短4年时间便推翻蒋家王朝，打造起红色江山。

无疑，从井冈山的教导队、瑞金的红校和红大、长征路上的干部团和红大[①]，到延安的抗大总校及遍布各抗日根据地的14所抗大分校，以至解放战争中各战略区的军政大学，国防大学之所以能够培养出那一代信仰坚定、能征善战的人民军队高级将领，是与这种以远大信仰为牵引、以当前任务为支点的教育模式分不开的。

这种教育模式在今日国防大学，叫做“问题牵引”。在国防大学人的概念深处，“问题是时代的格言，是表现时代自己内心状态的最实际的呼声”，而党的创新理论——中国化的马克思主义或中国特色社会主义理论体系，正是在那个全人类最大的问题——以共产主义取代资本主义——的牵引下，直面现实，大胆改革，务实求真，集中群众智慧逐步形成的。毛泽东思想、邓小平理论、“三个代表”重要思想、科学发展观，乃至富于形象思维和历史抓手感因而更易于为老百姓所理解掌握的“中国梦”，这些中国化马克思主义的纲领性提法或“代表作”，无不是面向终极目标、针对客观需求、解决现实问题的实践总结和理论升华。因此，国防大学的马克思主义教学，始终把培养“问题式思维”作为提升学员的马克思主义基本功来对待。

在国防大学，并不要求学员读很多马克思主义著作，因为它的培养对

① 指红四方面军红军大学。1935年6月，它与干部团合并，仍称红军大学。

象主要是中高级干部，他们“打底子”的课程早在入校前就已经或应该完成了。他们到校后最先被关注的是带来了什么问题，如果是第二、第三次到校学习，还必须回答回部队后解决了什么问题、是怎么解决的。而所谓“课程”，则是根据这些问题临时组织，国防大学人管这叫“搭台唱戏”。学校会安排某方面的权威名家来作报告，也会直接让学员上台讲演，必要时还会组织学员到井冈山、延安、上海或是到外国去考察，但这些只是为了帮助学员开阔“问题视野”，寻求解决问题的最佳思路。有灵感了吗？那就把它写成论文或咨询报告，是骡子是马可以在《学员论坛》、《国防大学学报》等刊物上牵出来遛遛；确有真知灼见的，学校还可以直送军委或中央，供高层决策时参考。国防大学人渐渐发现，这种问题式教学模式的优势在于，由于学员是带着问题找知识从而把兴趣这个学习的成功之母最大限度地调动了起来，由于自始至终都是围绕着解决问题进行的，整个学习过程也便成了一个能力转化过程、一个真正的理论联系实际的过程。改革开放以来，国防大学之所以始终能够率先对党的理论创新成果作出反应，在第一时间举办全军各大单位领导学习贯彻邓小平理论、“三个代表”重要思想、科学发展观、党的十八大精神等理论研讨班，并相应推出系列研究丛书和下发全军的教材（据悉，最近国防大学马克思主义教研部正在组织精兵强将进行“中国梦”理论攻关，相信不久就会推出相应的丛书，并为国防大学开办全军高级干部“中国梦”理论研讨班做好课程准备），被誉为全军贯彻和传播党的创新理论的“领飞雁”，根本一条，就是坚持并不断发展革命战争年代创造的面向终极目标、直指现实问题这样一种教学传统。

在国防大学人看来，要使一个人甚至是一个有着另类信仰的人转而确立起红色信仰，最好的课程是榜样，是真学、真信、真用马克思主义的教育者，用自己的行动来“讲课”。曾是国民党东北军炮六旅排长的高存信回忆说：

经家父设法弄到周恩来的亲笔介绍信，我于1938年1月7日到延安进了抗大。但正赶上抗大迅猛发展，教员奇缺，领导上决定我直接当军事教员，边工作边学习。抗大的生活管理和学习制度，主要是依靠个人自觉，依靠同志们互帮互学、互管互教。这是抗大特有的好制度、好传统。今天回想起来，那种积极向上、热诚相待的革命环境，真是令人无限神往。

军事教育干事潘焱同志，与我同住一个窑洞。他经常给我讲一些红军过去的情况和共产党、八路军现在的情况，使我懂得许多革命道理，知道共产党是无产阶级先锋队的组织，八路军是劳动群众的军队。他在严冬腊月，身上只穿着一身很薄的空心棉衣裤，夜间只有一床薄被，什么铺的都没有，贴着冷炕席而眠，从来没听他说过一个冷字、一个苦字。这种共产党人的形象，使我非常钦佩和感动。他后来成为我的入党介绍人之一。

战术教员王文科也是黄埔军校毕业，也是在东北军当过排长。他教我怎样当教员，还向我介绍自己的体会，告诉我入党首先要自己提出要求，平时要从大处着眼、小处入手，严格要求自己，注意改造思想。生活会上要敢于自我批评，检查自己的思想状况。要自觉地在思想上、政治上、工作上、学习上按党员标准来要求自己等。这使我懂得了如何要求进步。因此，他也就成为我另一位入党介绍人。

那时很多同志都是既当教员又当学员。在大家带领帮助下，我学习的列宁主义问题、社会科学概论、共产党宣言、哲学、政治经济学等课程，使我初步懂得社会发展规律和共产党奋斗的道路和目标，对共产党和共产主义产生了信仰，决心为无产阶级的革命事业奋斗到底。于是我向组织提出了入党申请……

在此后的战争与和平建设岁月里，高存信无论教书育人还是领兵打仗，始终坚持用党员标准严格要求自己，成为1955年新中国首次授衔中由“白”而“红”的将军之一。

信仰是战斗力吗？答案不仅是肯定的，而且是强调的——它不仅是战斗力，而且是整个战斗力中最具决定意义的部分。在中华文明古国几千年的历史上，没有任何一种外来思想学说能够像马克思主义理论一样，迅速地为广大军民所认知、接受和崇奉，并成功运用于革命实践。从1917年俄国十月革命传来马克思主义，到1921年中国共产党诞生，直至以毛泽东为代表的中国共产党率领中国人民驱除日寇、推翻蒋家王朝，向全世界宣告一个人民政权的诞生，前后仅用了30余年！

若干年后，在总结那段历史时，蒋介石痛彻地说：过去的惨败在于没有哲学的基础。

这的确是人民军队一个最重要的“X”。正是通过马克思主义教育，从世界观、人生观、价值观这些人之根本上，不断加固着它的哲学支点，形成巨大的精神优势，人民军队才能够在整体较量中使对手的巨大物质优势相形见绌。

一个理论一旦成为一种信仰，一种信仰一旦拯救了一个民族，它便具有了永远的性质。而对于一个学员、一个红色指挥员而言，这个“永远”也便是周恩来总理所说的“三老”了：活到老，学到老，改造到老。换言之，在国防大学的所有课程中，红色信仰这门课是永远没有毕业证的，因为马克思主义并非凝固的雕塑，而是奔腾不息的江海，它的生命力就在于不断融入时代的精华并据以引领时代的发展。

改革开放以来，面对以市场为牵引的社会转型及由此而来的人们“三观”的多样化发展甚至是一些人当中“信仰真空”的出现，面对国际上“和平演变”的风起云涌和世界社会主义运动一时陷入低潮，面对如何长期执政这个中国共产党人的历史性课题，国防大学的信仰教育始终秉持与时俱进的马克思主义风格，不断用党的创新理论成果丰富着、注入着、旺盛着它的马克思主义活力，培养出一代又一代以自己的行动书写红色信仰的新型高素质人才。

有人问：永远有多远？永远其实就在眼前。

1997年9月9日，雪域高原张开它宽广的胸怀，迎来了第一位国防大学军事学硕士毕业生——侯善良。

这位当时34岁的副团职军官，出生在美丽的海滨城市大连。毕业前夕，当国防大学外训系（现为防务学院）、驻京某部、他的原单位大连陆军学院纷纷向侯善良伸出欢迎的橄榄枝时，一次偶然说笑，改变了他人生的轨迹。那位在乒乓球比赛中相识、来自西藏的领导干部学员，曾“拜读”过侯善良利用课余时间与人合著的《登岛战》、《电子战》和作为咨询报告上送军委的《登岛战役战法研究》。在宿舍，他沏着茶对侯善良说：“听说好几个单位争着要你，西藏军区要是有这个资格，呵呵，我也会建议上级来争一争的。”说者无意，听者有心。一夜未眠的侯善良，3 天后正式向国防大学提交了一份言恳意切的申请——到西藏去。

“那你爱人呢？她同意吗？”出于慎重，校领导关切地问。

侯善良拿出了爱人——沈阳军区某部干部于晓敏的信：

“我支持你，咱们的宝宝也会支持你，我们和你一起去。是的，当年红军转战千山万水，共同的心声是‘有党就有家’。我们有我们自己的家庭观、幸福观，不必顾虑别人怎么看。我相信，凭着我们的信念，凭着我们的人格，凭着我们的努力，不但不会有背井离乡的感觉，而且一定会在全新的环境中创造一个更加美好的世界……”

有句话说得好：如果你选择了远方，就把背影留给地平线吧。侯善良和他的妻子留在国防大学“地平线”上的“背影”，是一场关于世界观、人生观、价值观的经久不息的热烈讨论和教育活动。

望着一个又一个、一茬又一茬的侯善良走出国防大学，教学楼前厅那些满目忧思与热望的元帅们，仿佛绽放起一抹红色的微笑。

永远的熔炼：“红色人格”

人格是什么？哲学家说：人格是一种精神，是世界观、人生观、价值观的全息凝结；文学家说：人格是金子，在哪里都会发光；数学家说：人格是一个方程式，全息着人与人之间的所有关系式。有个老实人说：人格不会从天上掉下来——正好和英国电器工程师史密斯先生说的一样：“人格不是凭空想便能形成的，必须好好地拿着铁锤，用铸模把它铸出来。”

中华民族的“人格工程”源远流长。早在5000多年前，始祖黄帝，便在他的伟大人生实践中播种着华夏民族的“人格基因”，诸如开放自强的创造精神、建功立业的有为精神、身体力行的实践精神、勤俭修身的自律精神、为民利族的奉献精神等。为了群体利益和民族兴旺，黄帝早年历尽千辛万苦周游天下，带回许多先进的物质文明、精神文明的知识和技能。为了保护农耕，在九黎人抢走神农人的谷种而炎帝却疑为轩辕人所犯时，黄帝不惜以母亲为人质，四处追寻九黎人，终于取得炎帝的信任，达成炎黄联合。为制止部落之间抢夺漂亮女人，他率先娶丑女为妻，在男女结合上倡行重德新风。当通过发明“指南车”等先进作战工具，终于在九败之后大胜蚩尤之时，他并非大张旗鼓地彰贺自己的殊能卓功，而是立即着手医治战争给部落带来的创伤，大力发展生产……如今，经过千百年沧桑熔炼，中华民族的“人

☆江山底色　（王阔海　绘）

格工程”被概括为三大特征、十种美德：伦理中心，家国同构，天人合一；仁爱孝悌，谦和好礼，诚信知报，精忠爱国，克己奉公，修己慎独，见利思义，勤俭廉正，笃实宽厚，勇毅力行。

中国共产党人的一大高明之处，就是善于通过独特的社会实践，将自己的人格追求植根于民族“人格工程”的厚土之中。岳飞、文天祥等人之所以被凝塑于国防大学的红色课堂，是因为他们用自己的行动写下了大写的人格绝句：“三十功名尘与土，八千里路云和月”，“人生自古谁无死，留取丹心照汗青”。

这里所谓的红色人格，是说共产党人、革命军人和其他一切等同于共产党人和革命军人的人，以社会主义荣辱观为基本支撑，在革命、改革和建设实践中表现出的祖国利益高于一切的爱国主义情怀，勇于战胜一切敌人和困难的英雄主义精神，宁为玉碎、不为瓦全的革命气节，艰苦奋斗的劳动人民本色，清正廉洁的公仆作风等。如果将人民军队“以劣胜优”的辉煌历史比为一棵大树的话，那么，红色信仰是它的根，红色人格便是它的干了。

在国防大学人的词典里，荣与辱，有如人之神经，始终交织于人类文明的长河中，交织于共产党领导人民进行革命、改革和建设的斗争实践中，交织于共产党员、革命军人工作、生活的全过程。褒荣贬耻、扬荣抑辱，见利思义、舍生取义的革命荣辱观，始终是革命者的本质标志，始终是革命事业赖以成功的基本支撑。正因为这样，从井冈山教导队到现在，国防大学的每个阶段，乃至每一期、每个队（班）的教学内容，都会根据时事、形势、任务、培训对象的不同而相应调整，但革命荣辱观这门课始终是雷打不动、风雨无阻，并且是作为一条与时俱进的红线，贯穿着、统领着所有的课程。

20 世纪 80 年代中期以来，作为“红色人格工程”的一个重要“程序”，国防大学每年都要组织若干批次将校学员到革命圣地进行现地教学。学员们有感于斯，称之为红色课堂的“复习”。笔者曾有幸随队到井冈山、延安、西柏坡等地“复习”。我们不妨再来看一看那些值得永远“复习”的内容。

——1929 年 1 月 29 日，国民党反动派对井冈山发动第三次“会剿”。正在小井红军医院养伤的 130 多名重伤员转移不及，被国民党军押到医院旁边的稻田里。国民党军威逼道：只要你们说出红军撤退的方向和指挥部的地点，就放你们回家。但伤员们没有一个低下高昂的头，哪怕是只有14岁的小战士，也在“中国共产党万岁”的呐喊中英勇就义。

——牺牲于1946年4月8日的北伐名将叶挺，在广州起义失败之后蒙受不白之冤，一度与党失去联系。抗日战争爆发后，他断然拒绝蒋介石许诺的军事要职，来到延安。在毛泽东亲自主持的欢迎会上，叶挺说：革命好比爬山，我在半山腰折回去了，现在又跟上来了，今后一定遵照党指示的道路走。皖南事变中被捕后，在蒋介石的盛宴上，面对战区副司令长官头衔的诱惑，叶挺横眉冷对：“头可断，血可流，志不可屈！”说罢拂袖而去。在5年多的牢狱生活中，叶挺多次拒绝旧友、同学的“个人馈赠”。当蒋介石下令将叶挺的妻子、女儿“请”来“探视”时，叶挺告诉妻子李秀文：富贵不能淫，贫贱不能移，实在不行就靠种田、养猪度日。1946年3月4日，经中共方面多次交涉，叶挺获释。当时，他穿的新四军灰色军服两袖已破，女儿小扬眉特地采了3朵鲜艳的梅花别到他的军衣口袋上。国民党方面提出为叶挺换衣服，他呵呵笑道：“不必了，我来时穿着它，还要穿回去！”

——抗日战争中，日军在沈阳、北平、石家庄、洛阳、济南、太原、上海等许多地方设立集中营，对被俘的抗日军民实行惨绝人寰的奴役和“改造”。然而，在集中营，诸如“口是心非”、“偷工减料”、“弄虚作假”“以权谋私”等贬义词，却被革命者赋予赤诚和智慧的色彩：

每天点名时，日军都要强迫战俘劳工喊反动口号。战俘劳工们有的坚决不喊；有的只张嘴不发音；有的只举拳不张嘴；有的声音时大时小；有的把“消灭共产党”变成“拥护共产党”，把“打倒八路军”变成“壮大八路军”，或是把“共产党”、“八路军”几个字的声音喊大点，把“拥护”、“壮大”的声音喊小点。

劳动时，日军士兵在跟前，战俘劳工就干两下，否则就慢慢磨。集中营流传着一句顺口溜儿：“不打勤，不打懒，专打不长眼。”修皮鞋、补袜子、缝被子，日寇要求不断提高定额，战俘劳工总是能拖就拖，能应付就应付。在定额之内也是“偷工减料”，“弄虚作假”。还时常趁日寇不注意把工具弄坏，制造小事故，拖延施工进度，降低施工质量。在服装厂和军用仓库干活的人员，故意把箱包弄破，把东西摔坏。有的人还把仓库的衣服和食品带出来，送给食不果腹、衣不蔽体的难友。尽管有的人被发现，惨遭毒打致死，但对日寇的破坏和反抗一直没有停止过。

日军为了有效管理战俘劳工，曾在集中营指定被俘干部担任指导员、总班长、科长等职，还专门成立了组织科、教育科，进行“洗脑”。但这些人“上任”后，大都是“利用职务之便”，与战友、老乡互相鼓励和告诫，不要忘记自己是共产党员、八路军，不要忘记自己是中国人。有的干部在公众场合说些应付话或模棱两可的双关语，把战俘劳工的思想引向日寇需要的反面；有的干部在日寇面前不得不违心地说几句“大东亚共荣”之类的话，但背地里照常宣传抗战思想；有的干部则利用合法形式宣传爱国主义、民族气节。

1941年，从抗大走出的王铭三、倪欣野等人被“任命”为石家庄集中营“指导员”。针对战俘劳工在点名时须向日本天皇敬礼之“规定”，他们反复计议，并征得同情战俘劳工的朝鲜翻译金村的支持，蒙骗日军“长官”，说中国人最信奉关公，关公最忠实、最讲义气，要想让战俘劳工听话，就得要他们学关公。于是，经日本人同意，在操场建起了关帝庙。每当“敬礼”环节，王铭三他们便将全体劳工带到关公庙前，向关公塑像鞠躬，让大家学关公“身在曹营心在汉”的精神。这一“成功经验”,很快通过书信或口信传递在其他集中营推广。

这些“管理干部”，常常“利用自己的手中权利”，千方百计给自己的难友“谋取私利”，对主动投敌的叛徒、汉奸则给予一切可能的“打击报复”，从而渐渐在集中营形成扬荣贬耻的有利氛围。战俘劳工在入营接受审讯时，回答崇拜汪精卫的，常常被翻译说反，得到的往往是日寇的训斥、臭骂和毒打；对于自称带枪投敌又屡教不改的汉奸，则借“假投降”等名目给以革命的惩罚——借日寇之手予以诛杀。在石家庄集中营，冀中军区第十分区司令员朱占魁贪生怕死、投靠日军。王铭三、赵玉英等“指导员”，便动员大伙儿孤立他。与朱占魁一块儿被捕、以死抗争的冀中军区供给部政委王文波，则得到大伙儿千方百计的抢救和照顾。当女战俘将要遭到日军欺辱时，王铭三等人挺身而出、进行抗争。而当王铭三被关进地牢时，王文波和“总班长”李文田等人又积极营救……

——提起20世纪60年代拍摄的电影《英雄儿女》，许多人都可以说出王成“向我开炮”以及与敌人同归于尽的详情细节。但人们有所不知，王成的英雄壮举，完全是真人真事的艺术组合：

A. 杨根思，这位从华东军政大学走出、在解放战争中以擅长爆破屡立战功的英雄，于1950年11月29日，奉命作为中国人民志愿军第20军第172团第3连连长，在长津湖战役中率全连坚守1071.1高地东南小高岭阵地。当战斗异常惨烈，直至仅剩杨根思一个人时，他交替使用阵地上的各种武器，大量杀伤美军。当美军蜂拥而上意欲“活捉”时，他毅然抱起炸药包，跃入敌群与之同归于尽。

B. 于树昌，是志愿军第23军第218团通信连的步话机员。1952年11月11日，在上甘岭战役218.2高地东山腿的争夺战中，经过一整夜激战，阵地上只剩下他一个人。他不断沙哑着嗓子呼唤志愿军的炮火，并同成连成排的“联合国军”鏖战，从早晨一直战至中午。有时来不及调动炮火，他就跳出战壕用手榴弹打退“联合国军”。中午12时，“联合国军”从三面蜂拥而上，向于树昌逼近。他连续呼叫志愿军的炮火：“快打我周围50米！”“打30米！”“打20米！”当团长孙斌问他“你的地堡积土多厚”时，他急切地呼喊：“别顾我，向我开炮！为了胜利，开炮！向我开炮！”最后，他高喊：“首长，同志们，亲爱的同志们！再见啦！万岁……”他用最后一颗手榴弹与群敌同归于尽。

C. 梅怀清，志愿军第65军第580团第5连战士。1951年11月6日，在反击163.3高地时，第一批爆破手炸开美军两道铁丝网后全部伤亡。为迅速炸开最后一道铁丝网，梅怀清用仅剩的1根爆破筒，舍身炸开铁丝网，使部队顺利突入敌阵。

……

正是在这样的“复习”中，国防大学学子从不同角度感悟着自己的人格结论——

有的学员说：“一到革命圣地，平时那些抽象的概念、似是而非的东西，一下子就变得具体起来、清晰起来。”

有的学员说：“我的耳中反反复复回响着毛主席当年在抗大讲课时说的那段话：‘革命的过程，像在波涛汹涌的江河中行船，怯懦者常常会动摇起来，不知所措。在革命的大浪潮中遇到困难便动摇退缩的人在历史上是有的，希望你们中间没有这样的人，你们要为中华民族的解放，为建设新中国而永不退缩，勇往直前，要坚决地为全国四万万五千万同胞奋斗到底！不是为了自己，而是为了全国四万万五千万同胞，不是为了自己的家，而是为了四万万五千万同胞的家，牺牲一切。所以第一个决心是要牺牲升官，第二个决心是要牺牲发财，第三更要下一个牺牲自己生命的最后的决心！现在你们牺牲做官、发财及吃小米饭、爬清凉山的初步决心是有了，但没有最后的决心是不够的，你们更要有为四万万五千万同胞牺牲自己贡献生命的决心！’”

……

但有一点，即大家对荣与辱的理性诠释是共同的：一个真正有着革命荣辱观的人是不可征服的，一支由这样的人组成的队伍是不可战胜的。

国防大学的“红色人格工程”之所以搞得有声有色，关键在于它把劳动这个人类进化的“摇篮”作为“磨刀石”，从而把师生们“磨”成了一把把“利刃”。

回顾毛泽东早年对于教育兴国的探索，不难发现，其支柱性办学理念，就是通过火热的劳动生活，来熔炼革命者“健全的人格”。

在湖南第一师范读书时，毛泽东曾参加“以砥砺道德、研究教育、增进学识、养成职业、锻炼身体、联络感情为宗旨”的学友会，并任总务兼教育研究部部长。他还在报纸上登广告邀人交友，其条件是“坚强不屈，愿意为国牺牲”。

1918年，毛泽东与朋友们组成新民学会，制定的行为准则是：“一不虚伪、二不懒惰、三不浪费、四不赌博、五不狎妓。”为磨炼意志，他经常与这些朋友穿梭在山野间、河流里、城墙上。天雨时脱衣而淋，名之为“雨淋浴”；日灼时脱衣而曝，名之为“日光浴”；风大时逆而行之，名之为“风浴”；霜冻时露而宿之，名之为“霜浴”；冰结时破冰而泳，名之为“游冰”。若干年后，毛泽东回忆说：“这是一群严肃的青年，他们没有时间去讨论琐细的事情。他们所说的和所做的每一件事都得有一个宗旨。他们没有时间谈恋爱或罗曼史，他们以为国家如此危急，如此急迫需要知识的时候，是不能讨论女人或私事的”，“我和朋友只谈大事，只谈修身齐家治国平天下的事”。

在1919年创办“新村”的设计方案中，毛泽东写道：“我数年来梦想社会生活而没有办法。（民国）七年（1918年）春季，想邀数朋友在省城对岸岳麓山设工读同志会，从事半耕半读。因为他们多不能久在湖南，我亦有北平之游，事无成议。今春回湘，再发这种想像，乃有在岳麓山建设新村的计议，而先从办一实行社会说、本位教育说的学校入手。”毛泽东为“新村”确定的原则是：第一，学校教授时间力求减少，使学生多自动研究的时间（始于井冈山教导队时期的国防大学“少而精”、“研究式”教学原则和方法，即源自这里了——引者注）增加；第二，实行工读主义，读书与工作相结合（始于井冈山教导队时期的国防大学注重实践环节的办学模式，亦源于此——引者注）；第三，工作以农业劳动为主（这在抗大时期得到充分体现——引者注）。他在解释这些原则时说：“诚欲转移风化，自宜养成一种势力，而此种势力，宜抟控而切忌涣散。旗帜务取鲜明，而着步尽宜按实。”

在执着的探索中，毛泽东的劳动教育思想逐渐趋于理论成熟。1921年8月，他在《湖南自修大学组织大纲》中写道：“本大学学友为破除文弱之习惯，图脑力与体力之平均发展，并求知识与劳力两阶级之接近，应注意劳动。本大学为达劳动之目的,应有相当之设备,如艺园、印刷、铁工等。”“不但修学，还要有向上的意思，养成健全的人格，剪涤不良的习惯，为革新社会做准备。”从井冈山教导队到在瑞金创办红校、红大，毛泽东一再强调革命军校的“四队”（学习队、工作队、生产队、战斗队）职能。至抗大时期，他便明确提出：“抗大是一块磨刀石，把那些小资产阶级意识——感情冲动、粗暴浮躁、没有耐心等等，磨它个精光；把自己变成一把锋利的利刃，去革新社会，去打倒日本。”

这大抵就是1936年初，毛泽东为什么选择保安城外那片蜿蜒起伏的不毛山地，作为中国人民抗日红军大学建校地点的一个深层原因了。

当时，山上残留许多据说曾供奉“元始天尊”的石洞。毛泽东指着那些石洞，对一起勘察校址的林彪、罗瑞卿等校领导说：“祖先给我们留下的这些遗产，败家子儿们是无法破坏的，它们火烧不毁，炮轰不垮，这是保安一宝啊。就在这里建校吧！”

当学员们亲自动手，硬是把那些破窑烂庙整理成简单而焕然一新的校舍和讲堂时，就连当地老百姓也敲锣打鼓送上“劳动者可以创造世界”的匾额，以表达钦佩之情。而在抗大于1937年移驻延安，第三期学员响应毛泽东的号召，将自己的窑洞让给大批涌来的青年学生，带动新学员一起投入劳动,终于在延安北门外挖开半壁山、凿出170多孔窑洞时,毛泽东激动地说：“你们不要小看挖窑洞，这是挖开知识分子与工农群众隔开的一堵墙。”

面对国民党顽固派实施经济封锁，生活给养和办学经费难以为继的异常困难局面，兼任抗大委员会主席的毛泽东，到抗大给大家“发军饷”了：要教员，没有；要房子，没有；要教材，没有；要经费，没有。怎么办？无非是三个办法：第一是饿死；第二是解散，不发大洋，没有津贴嘛；第三个办法是自力更生，自己动手。手拿镢头是可以开荒的，这个叫自力更生……

于是，抗大立即将生产运动列入教育计划，统一安排时间，明确提出“不劳动者不得食”，要求全体教、职、学人员每人开荒2至3亩，达到生活自给。一场声势浩大的军民大生产运动，在延安开展起来。

于是，朱德的扁担一头挑着井冈山，一头挑着延安——而“红米饭哪个南瓜汤……”的歌声，也从龙江书院飞扬到宝塔山上，变奏为“解放区呀么呼嗨，大生产呀么呼嗨……”

时任抗大政治部组织科科长李志民，在他的回忆录中这样写道：

> 1937年12月22日，从校首长到全体教职学员，1000多人总动员，扛着镢头、圆锹，浩浩荡荡地开上凤凰山工地，同心协力开挖窑洞，经过半个月的突击劳动，就沿山坡挖成了175个新式窑洞，超额25个完成了任务。窑洞建筑得很好，有土炕、写字台，洞口安有门窗，窗户木棂糊上白纸，四壁用白灰粉刷，光线充足，冬暖夏凉，还便于防空袭。窑洞建成后，大家又动手修筑了一条3000多米长的盘山“抗大路”，使上山下坡更加方便。当时，我们站在山下往上看，顺着山坡地势一层层一排排的窑洞，整整齐齐，犹如一幢幢楼房拔地而起，高接云端；蜿蜒起伏的“抗大路”宛若玉带，缠绕其间；晚上，点点灯火闪烁在凤凰山间，与夜空繁星交相辉映，好似银河落人间，把古老的延安城装点得更加绚丽多姿、生气盎然。
>
> 毛泽东同志对抗大挖窑洞作校舍的创举非常赞赏，在抗大师生开始挖窑洞时就写信鼓励大家：“听说你们建筑校舍的热忱很高，开始表现了成绩，这是很好的。这将给我们一个证明：在共产党与红军面前，一切普通所谓困难是不存在的，最严重的困难也能克服，红军在世界上是无敌的。”11月4日下午，抗大召开盛大的新校舍落成典礼，总结了经验，并给予100多名在劳动中表现突出的同志以奖励，我也受到物质奖励。毛泽东同志亲自参加这次落成典礼并讲了话，他指出：“在这次伟大的事业中获得成功的原因，把它总括起来说，就是能够克服困难与联系群众。”同时鼓励大家说：“你们现在已经有克服困难与联系群众的精神，只要在这个基础上，经你们的天才把它继续发扬与发挥起来，驱逐日本出中国是完全可能的。”事实证明，抗大师生自己动手挖窑洞，不仅解决了缺少校舍的燃眉之急，而且对全体教职学员尤其对知识青年是一次艰苦奋斗、克服困难的传统教育和实际的劳动锻炼，影响十分深远。

由于日军的频繁“扫荡”和国民党顽固派的经济封锁，造成我抗日根据地严重的经济困难，物质生活十分艰苦。但抗大师生都以红军长征的精神激励自己，以苦为乐，以苦为荣。他们当中有不少知识青年是自愿放弃城市的舒适环境，脱离优裕的家庭生活，到烽火遍地、山穷地瘠的根据地来的。他们脱掉皮鞋穿草鞋，换下西装着戎装，和大家一样吃小米、高粱、黑豆；在反“扫荡”最困难时，甚至还靠野菜、野果、榆树皮果腹充饥，仍然心甘情愿。总校和我们第二分校以及第六、第七等分校在敌后办学时，为了解决粮食困难，都曾开展过背粮运动，从驻地翻山越岭走几十公里甚至200公里的崎岖山道，通过敌人的封锁线到游击区去背粮。出发时，每人身上要背上背包、武器，还要带三四天的口粮在途中吃。到了目的地，大家用裤子当粮袋，把两条裤脚扎上，装满粮食，再把裤腰捆紧，放在双肩背回来。年轻力壮的同志一次可背三四十公斤，体弱的同志只能背二三十公斤。有时在背粮途中与敌人遭遇，还要进行战斗，有的同志为掩护背粮队伍而英勇献身；有的同志带病坚持背粮而长眠于背粮途中。背粮如此艰难，但抗大教职学员不分男女老少、职务高低都踊跃参加，一路之上互相竞赛，互相帮助。有时遇上大雨、风雪，山路泥泞，一个个跌跌撞撞，有的连人带粮滚下山坡，到家都成了泥猴，还是乐呵呵的，好像凯旋的战士。

从1939年到抗战胜利，抗大总校和一些有条件的分校，每年都要进行生产，把生产劳动列入教学计划之中，使教育与生产劳动结合起来。这年春天，总校开展开荒突击运动，全校教职学员5000多人齐动员，向荒山秃岭进军，展开了热火朝天的劳动竞赛。在这支开荒大军中特别让人钦佩的是女生队的同志。她们的体力虽然赶不上男生队，但都有一股倔强的脾气，样样不肯落后，每天傍晚收工时，她们的进度虽比男生队慢，可是第二天，她们天不亮就提前上了山，把拉下的进度补上，有时还超过男生队。所以，大家都竖起大拇指称赞她们不愧是“巾帼英雄”。

抗大总校于1944年春响应党中央“自己动手，丰衣足食”的号召，开垦7431亩生荒地，同时，利用驻地周围房前屋后的边角地块，种瓜种菜，饲养猪、牛、羊、鸡等家畜家禽，仅养猪就达1174头，平均约5人1头猪，基本上做到菜、肉自给。此外，学校还开办酒精厂、畜牧场、豆腐坊、铁木工厂、缝衣厂、印刷厂，组织开挖小煤井，并进行纺纱织布，捻毛线，打毛衣，织手套、毛袜，造粉笔、肥皂，编筐子，打草鞋等手工业生产。据统计，全校在10个月劳动中共创造财富4亿7600多万元（边币），真正做到“丰衣足食”。抗大师生一面学习，一面劳动，不仅克服了困难，赢得了胜利，而且在斗争中磨炼了革命意志，培养起艰苦朴素的好作风。

在总结抗大办学经验时，毛泽东曾指出：开始，抗大的教育方法，没有建立一种理论，也没有一种制度，往往表现着不划一和“各自为政”的现象，现在走上逐渐完整的办学路子。这种教育方法章程上的取得，如许多石头互相撞击一样，这里冒一把火星，那里冒一把火星，而把它聚积发扬光大起来的。

劳动不仅“撞击”出抗大人自力更生、艰苦奋斗的精神“火星”，也“撞击”出教育革命的“火星”，正如罗瑞卿在纪念抗大创办3周年时所指出的：“本着时代的要求，它创立了一套崭新的教育制度，并掌握了最合理的教育方法与学习方法。它表现着许多优良的特点与作风，诸如教学之间的一致、理论与实际联系问题的真正解决。它特别着重于实际的锻炼和实际的教育，特别着重于培养艰苦奋斗、不怕困难的作风，以及广大学生在自觉的基点上一面学习、一面劳作。可以说它已经在企图开始消灭智力劳动与体力劳动之间的分离现象。”

毛泽东曾诙谐地对抗大学员们说：“窑洞出真理，窑洞出马列。你们是过着石器时代的生活，学习当代最先进的科学——马克思列宁主义。马克思是‘洋元始天尊’，而你们就是‘洋元始天尊’的弟子。什么时候下山呢？天下大乱，你们就下山。”[①]

---

① 转引自《莫文骅回忆录》，解放军出版社1996年版，第319—320页。

在为抗大第三期学员讲课时，毛泽东与学员们有过这样一段问答：

你们会不会吃小米啊？

会！

你们会不会打草鞋啊？

会！

好，能吃小米，能打草鞋，才能算抗大学生。你们是来革命的，要学马列主义！要知道，吃小米，爬大山，住窑洞，才能出马列主义。

他在抗大开荒总结大会上进一步指出："历史上几千年来做官的不耕田，读书人也不耕田。假使全国党政军学，办党的、做官的，大家干起来，那还不是一个新的中国吗？你们将工、农、商、学、兵结合起来了。你们读书是学，开荒是农，打窑洞、做鞋子是工，办合作社是商，你们又是军，你们是工、农、商、学、兵结合在一个人身上，文武配合，知识与劳动结合起来，可算是天下第一。"①

毛泽东不光对抗大学员是这样说的，对自己的儿子也是这样要求的。在王家坪毛泽东旧居前的柳树旁有一张石桌，每每前来"复习"的国防大学将校学员们都会坐到石桌边，体味1946年春毛泽东送子上"劳动大学"的感觉。当年，毛岸英从苏联回到延安后，毛泽东没让他住在家里，而是住在中共中央机关，到大食堂吃饭。几天后，就在这张石桌前，毛泽东对毛岸英说：你还需要上一个大学，就是"劳动大学"。我已请好了一位老师，他是劳动英雄吴满有，你就到他那里去学习吧。临行前，毛泽东又郑重叮嘱：要虚心向群众学习，什么时候有了自己的劳动成果，乡亲们满意了，你就可以毕业回来了……

从"劳动大学"毕业，使得抗大学员们真切体味到劳动人民的"粒粒皆辛苦"，并在这种深层的、持久的"体味"中赋予自身以劳动本色和坚韧品格，从而对抗大人确立为民宗旨、凝结革命的荣辱观念、熔炼红色人格，产生着决定性的影响。

---

① 转引自中国人民解放军国防大学：《中国人民抗日军事政治大学史》，国防大学出版社2000年版，第90页。

于是，国防大学学员们在从井冈山或延安返回北京的火车上，便开始讨论着、构思着，有的人甚至已经书写起关于“红色复习”的感想，关于如何以科学发展观为指导，贯彻落实胡锦涛提倡的以“八荣八耻”为主要内容的社会主义荣辱观的论文或咨询报告。

永远的打造：“红色能力”

在所有可见光中，穿云透雾能力最强从而最醒目的是红色光。原因是较之橙、黄、绿、青、蓝、紫诸光，红光的波长最长，它在云雾中更能够衍射；它与云雾的色差也最大，不易被云雾散失、遮蔽；而由于视网膜的结构性原因，人的视觉也对红光更为敏感，容易引起兴奋、激动等情绪反应。正因为这样，每当需要破雾前行时，红色总是作为旗帜飘扬在革命队伍的前头，招展在革命军人思想的天空；而需要避险止步时，它则作为警示的标志放亮在马路上方，闪烁在汽车尾部……如果前面把红色信仰、红色人格分别比作“以劣胜优”之树的根和干没有什么歧义的话，这里要说的红色能力，就是它由以进行“光合作用”，从而由以开花结果，供后人“乘凉”的茂枝繁叶了。这种比其他能力“长”了许多、“强”了许多的红色能力，实际也就是人们常说的政治工作能力。

政治工作制度是红色中国的特有制度，政治工作队伍是红色军队的“特种兵”，政治工作能力是红色指挥员的特殊能力。无论全国解放前还是新中国成立以来，人民军队之所以能够始终以党的旗帜为旗帜，屡屡以劣势装备战胜优势装备之敌，中国共产党和中华人民共和国之所以能够经受住各种风浪的考验，始终把红旗作为自己的旗帜和国家主权的象征招展于世，关键就在于政治工作的强大保证作用。

正因为这样，政治工作始终被当作“我军的生命线”来看待。

正因为这样，培养学员过硬的政治工作能力，始终被作为国防大学“能力工程”中的“通用能力”来看待。无论战争年代还是和平时期，凡从国防大学毕（结）业的干部，他们可能是主攻这个或那个专业的，但无一例外都具备善于做政治工作这个“通用能力”。

“通用能力”出自“通用课堂”。几十年来，国防大学之所以能够培养出一代又一代长于“以劣胜优”的红色指挥员，根本的一条，就是贯彻理论联系实际的学风，坚持课堂教学与实际斗争锤炼相结合的教学模式，大胆地把学员放到火热的斗争实践中去摔打。

在井冈山时期，国防大学的缔造者兼教员毛泽东，不仅对井冈山教导队的性质、任务作出明确界定，不仅经常上台讲政治工作课，耐心讲解怎样进行调查研究、怎样宣传组织群众、怎样建设红色政权等，而且——

“他几乎手把手地教导我们如何开展游击战，建立革命政权。”曾任井冈山教导队区队长的陈士榘，在《沧桑深情——回忆毛泽东同志》一文中写道，

> 他给我们讲，在有敌人进攻的时候，要集中起来进行战斗，这是战斗队；在敌人被打垮以后或两个战斗的间隙中，要分散做群众工作，这又是宣传队、工作队。因此，我们部队除了打仗，还要做群众工作。这就必须搞好社会调查，建立地方政权，发展党员，建立党支部（当时不公开），给穷人分田地。那时我们一个班在永新县做了一个乡的群众工作，发展党员、建立党支部和工农兵政府。以后大家形成了习惯，每到一地，总要把做工作、搞调查当作政治任务来完成，几乎人人都学会了这套本领。例如，社会调查是一项很细致的工作。调查内容有：人口、土地、经济、社会政治状况等，尤其要弄清一个地方的地主、富农、中农、贫雇农、地主兼商人有多少。一般都要在三五天内完成。在做好社会调查和群众工作的基础上，就可以成功地召开群众大会，宣布分配土地和建立政权的任务。
>
> 我在水口入党后，约在 1927 年 11 月下旬，参加了打茶陵。当时因为毛泽东的脚伤还没好，是由党代表宛希先、团长陈浩带领攻打的。战斗胜利结束后，我们一营就驻在汇文中学。接着便成立了茶陵县人民

委员会，委任谭梓生为县长。由于没有经验，开始仍按旧章程办事，毛泽东知道后即写信指出：不能组织那种旧衙门式的政府，要组建工农兵代表会议政府。宛希先遵照毛泽东的指示信，撤销了县人民委员会，并于11月28日召开工农兵代表大会，选举产生了湘赣边界第一个红色政权，即茶陵县工农兵政府，县政府由选出的3个常委组成，谭震林是工人代表，李炳荣是农民代表，我是士兵代表。我们三人实行集体领导，主要是为部队筹粮筹款，并组建了茶陵县游击大队等武装组织。县政府还出了石印的布告，印着长条形的政府印鉴和我们3个常委的名字。毛泽东看到布告后，曾和我开玩笑说：陈士榘同志，你做了县太爷啦！

我军先后三次打茶陵，前两次都比较顺利，第三次遇上敌人的正规军吴尚的独立团，由于我们团长陈浩、副团长徐恕等人企图拉出部队投敌叛变，导致战斗失利。毛泽东闻讯赶到湖口，逮捕了陈浩等人，将部队带回宁冈砻市，我也随茶陵县政府和游击大队撤回砻市。在这里召开了大会，毛泽东总结茶陵的经验教训，正式提出了工农革命军的三大任务：第一，打仗消灭敌人；第二，打土豪筹款；第三，宣传群众，组织群众，武装群众，帮助群众建立革命政权。三大任务在以后召开的古田会议的决议中，作为红军党的法规固定下来。

在解放战争中，广大民众之所以能够那样倾其所有地支前参战，做到“最后一碗饭，送去做军粮；最后一尺布，拿去做军装；最后一床被，盖在担架上；最后的亲骨肉，送去上战场”，最终使红色政权遍地开花，染红整个中国，一个很重要的因素，就是数十万从国防大学前身院校走出的指挥人才，在“实践”这个最好的熔炉中千锤百炼，打磨出了陈士榘他们那样的“星火燎原”能力。

在国防大学人的红色能力结构中，具有支柱意义的，是高度自觉的捍卫党的领导、确保部队听党指挥的能力。他们在长期革命实践，特别是在大量胜与败、对与错的鲜明对照中，逐步凝成一个坚不可摧的理念：这能力、那能力，如果没有党的统一领导，都将失去用武之地，甚至走向反面——能力越强，造成的危害就越大。

在长征中，红四方面军领导人张国焘拥兵自重，另立“中央”，给红军造成无可估量的损失。回溯这一事件，人们发现，张国焘之所以没能最终实现个人野心，断送红军和中国革命，一个根本原因就在于，众多具有高度政治自觉的红色指挥员，一刻也没有停息对张国焘的抵制和斗争，在坚持党的领导上发挥了关键的“防火墙”作用。当时的红军总参谋长刘伯承，因为拒绝在张国焘的“中央”任职而被“贬”为红军大学校长。然而，红色指挥员的本色是无法被“贬”掉的。刘伯承利用红大校长职务之便，见缝插针，多方渗透，为维护党的统一领导做了大量富有成效的工作。他巧妙地将红大的政治课由原来以联共（布）党史等为主，改为着重教授红军的宗旨、性质和任务，借以引导学员弄清无产阶级军队与旧军队的区别，把大家的认识逐渐统一到以毛泽东为代表的中共中央的正确路线上来。针对张国焘一贯的军阀主义作风，刘伯承组织师生进行“三大纪律、八项注意”教育活动，启发大家反对不听指挥、不讲军事民主、打人骂人等旧军队习气，强调党的统一、官兵平等和军民团结，甚至明确提出了“我们的拳头不能打在工农阶级兄弟身上，只能打在敌人身上”的口号，从而为后来红四方面军顺利回归打下重要的思想基础。在多次接触中，刘伯承还常常不失时机地向张国焘施加影响，明确指出“毛尔盖会议是正确的，从全国形势来看，北上有利”，“南下是要碰钉子的”，逐渐使张国焘陷于长时间犹疑状态。1936 年 7 月，红二、六军团到达甘孜后，刘伯承与朱德、任弼时、贺龙等人轮番找张国焘谈话、论战，最终迫使张国焘带领红四方面军北上，与中央红军会合。

自觉维护党的领导，已经凝成国防大学人“条件反射”般的政治传统。一个响亮的提法，叫“军魂意识”。新中国成立后，每当企图否定党的领导的思潮抬头，国防大学人总是率先发声，旗帜鲜明地彰显主流立场，引领意识形态潮头。十年动乱结束后，国防大学的前身政治学院率先提出否定“文化大革命”，在党和军队实行拨乱反正中发挥了重要作用；改革开放以来，国防大学多次组织精兵强将，及时在党报、军报等重要思想舆论阵地发表重头文章，有力批驳军队“非党化”、“国家化”以及“多党轮流执政”等思潮，被誉为“党的忠诚卫士”、“勇拨迷雾的尖兵”。

在国防大学人的概念深处，作风也是一种能力。继承和发扬红军时期的优良作风，不仅关系党风、民风建设，也是人民军队永葆本色的关键所在。而这样的作风能力，说到底就是一种带头能力。在党的秘密工作时期，人们寻找党组织有个“窍门儿”——看一看、想一想，谁作战冲在最前面，谁在最困难的时候挺身而出，谁救过红军伤员，谁说过红军会最终取得胜利，谁公私分明、从不多吃多占……找到他准能找到党组织。因此，从井冈山教导队到现在，国防大学的学员一进校门，便在包括党的先进性建设在内的一系列教育中不断强化这样一个理念：身先然后率众，律己才能律人。

谢有法，提起这个名字，笔者便不禁从心底“颤”出红色能力这4个字来。这位在1980年上任的政治学院第二政委，在院领导班子由于受“文化大革命”消极影响而长时间难以对干部使用问题形成统一意见的情况下，之所以能够很快打开局面，使干部正常晋升工作转入较为正常的轨道，关键就在于他一身正气、两袖清风的老红军本色，深深地影响着、感化着身边的每一个人。笔者曾奉命为他写传记，与他交谈过，采访过大量知情人，还写过一篇用于报端的小文章——《江山底色》。这里摘录其中几件“小事”，权作一次“红色能力复习”吧：

> 从长征路上走过来的谢有法，在“文化大革命”结束、走出“牛棚”、“恢复工作”——担任沈阳军区副政委以后，也“恢复”了他凌晨4、5点钟起床就“走”的习惯。他感到户外走动有几个好处：一是思考问题，二是锻炼身体，三是了解百姓生活。再有一点，便是“潜意识”的了：几乎每次散步都不空手而归，小至一根铁丝，大到一块煤。一次，从部队回来探家的儿子谢小武，见父亲又拿着一只变形的罐头盒进门，就说：“爸，你这是干吗呀！你都不怕人家把你当成拣垃圾的？”谢有法脸一抖：“拣垃圾的怎么了？过去想拣还没处拣呢！”他咣当一下把罐头盒丢到墙角：“这些东西扔到路上也是扔着，还影响交通环境。”日积月累，院

里一角，便扎起了“堆儿”。而随着那“堆儿”每月一条等高线地成长，到了必须有个解决办法的时候，谢有法的“潜意识”也就成了“显意识”：“小石子”（谢有法的司机）啊，该把这些东西归拢一下送垃圾站了。

谢有法在沈阳军区配的车是20世纪50年代那种“伏尔加”，一开始就有点咯咯吱吱。后来，军区首长统一换车，他没要。再后来，晚到任的军区副职配新车了，机关几番请示换车，谢有法还是那句话：“不用。我看这车挺好，比骑马强，比起走路就更不用说了。”一次，谢有法到50多公里外去开会，沙石路上颠来晃去，竟把车门给甩开了。秘书连忙抱住他，生怕他摔下去。“小石子”也急忙把车停到路边，一边说着“对不起，是我失职，让首长受惊了”，一边仔细检查车况。他发现车门坏了：“首长，车门摔变形了，关不住了。”“小石子”歉疚地说：“只能就近找个地方修一修了。”“修？去哪修？”谢有法看了看腕表，“不行，一耽搁，开会就迟到了。这样吧，找个绳子拴住就行了。”“拴？”司机瞪起了眼珠，“那太危险了，行进状态……”“行进状态怎么了，比敌人炮火前轰后炸还危险吗？”谢有法闪着腕表的手朝外甩了几下，“快去快去。”司机只好一边跑一边观望着可能有绳子的地方。还好，百步开外有个打麦场，他跑过去，跑进一间小房子，半天，乐着脸儿跑回来了，手上拿的是一截多半挂了锈的铁丝。咯吱了半天，车门总算拴住了。谢有法说：“好，走吧。”但秘书要跟谢有法换位子，说：“首长，只好委屈您坐我这边儿了！”谢有法眉头一皱：“什么呀，你的命就不是命啦？走！”秘书“嗯嗯嗯”着想说这可不行，但被谢有法伸到他眼边儿上的腕表挡回去了。“伏尔加”又起步了，慢慢儿慢慢儿地，咯吱声里又壮大起了门的咣当声。“‘小石子’你磨屎壳郎啊？”谢有法不高兴了，“迟到了，你负责啊！”车就慢慢儿慢慢儿地快了起来。坑坑洼洼的马路上，咯吱声和咣当声，越来越紧地揪扯着秘书的心。车子每忽闪一下，秘书都要“嗯嗯嗯”地抱一下谢有法。但次数多了，谢有法就不耐烦了：“什么呀，小毛驴也不至于这么个娇嫩！”一边耸起身子，挺直了带腕表的手臂拽住车门，直到目的地。

一次，分管民兵工作的谢有法到地方检查工作。县里领导听说他是老红军，不喜欢吃吃喝喝，特地安排了一顿农家饭。谢有法觉得吃农家饭可以体味当地群众生活情况，就答应了。但进了农家院，餐桌上摆着的却是一只烤全羊。“啊呀呀！”谢有法大惊小怪了腔口，“这里的农民天天吃烤全羊，你们这些领导很有‘政绩’啊？！”县领导听着味儿不对，赶忙解释说：“是这样，他们也是只有过年办喜事什么的才吃烤全羊。听说首长来，他们比过年办喜事还高兴，所以……”“所以，就是说，这里当领导的来得太稀罕了？“说完，谢有法扬长而去。不久，一场以查禁吃喝风为主题的党风整改活动，先后在军区和全省范围持续展开。

谢有法身高一米九二，细心的军区管理人员给他订制了一张特号床。1980年，在赴任解放军政治学院政委搬迁时，秘书让人把床抬到车上。谢有法不高兴了：“怎么能这样呢？这床是公物,哪能随便带走？”秘书解释说：“这是一张特制的床，别人来了用不着。”谢有法说：“那怎么行？万一再来一个个子高的，还得订做。”秘书只好把床又放了回去。到了政治学院，房子里的家具一应俱全，但床是一米八的标准床，新任秘书忽略了这事儿，谢有法也没把它当回事。一天，保健医生来查体，见谢有法的双脚伸到了床外边，脑袋还是紧紧地抵着床头，忙向秘书建议给首长换个床。秘书拍着脑门说自己怎么就这样马虎，居然让首长“窝”着睡觉。但当他要订新床时，谢有法不干了：“我看这床挺好的，就这么将就着用吧。过去草窝都可以睡，现在这么好的床，是不是？”秘书找到谢有法的夫人贺伟，希望她能做做首长的工作。但贺伟双手一摊：“你还不了解他的习惯，任何事情，你只有在他作出决定前提出来，并且把理由说充分了，才可能改变。现在已经来不及了，就让他将就吧。”秘书急得在屋子里转圈子，翻来拉去研究了大半天，终于找到一个办法：他把床头向外拉出20厘米，再找一块木板架上，褥子往上一铺，勉强成了一张2米长的“特号床”。第二天一早，秘书特地来看反应，谢有法笑了：“看来还是你比我聪明啊。”

谢有法在政治学院任政委期间没有在招待所吃过饭。即便是开会，他也推说家里有事，回家吃饭。若是来了需要喝一杯的客人，便以他所谓的“京城最高规格”——家宴来款待。一次，同时离休的老战友武汉军区副参谋长金野来看他，秘书早早地就在招待所订了个包间。但向他报告时，谢有法脸一沉：“怎么啦，离休了就可以大吃大喝啦？把房间退了！”秘书说：“这次是否例外一下？人家大老远过来看您，还是您最好的战友，好好吃吃饭聊聊天嘛。”“那也不行。”旋又觉秘书的意见有一定道理，缓了语气说，“不过可以变通一下，订两个好一点的菜就可以啦，但要照价付款。”秘书一一照办。当秘书端着两个菜从招待所往回走时，路上恰巧就遇有知根底的人打趣了：“蒯秘书啊，你这是干吗呢，是不是首长离休了要补补课啊？”蒯秘书一脸苦笑：“嗨，补什么课啊，花23块钱买的！”饭桌上，老战友吃到那两个买的菜，称赞说：“几年没见，嫂子的手艺大有提高啊。”谢有法就一个劲儿忍住笑，说：“她呀，哈，早就退休啦，没事干，哈，天天在家练厨艺。”

1994年春节，“小石子”利用放假来京看老首长。他一进门，咯吱一声响，吓了一跳，见是木地板多已松动，便夸张地“咯吱”“咯吱”着绕谢有法走了一圈，说：“咦，首长就是不一样啊，连地板也是带响儿的！”谢有法也幽了一默，但多少带了点“刺儿”：“带响儿的好啊，一步一提醒儿，不会踩空摔倒。”

1995年1月9日，谢有法终于走完了他78个春秋的人生路。已转业在沈阳市工作的“小石子”也赶过来“最后一次为首长送行”。但他没想到，除了追悼会有很多大领导参加而外，整个事情办得还不如地方的普通人家。例如，他和其他几个外地来的人，不是安排在招待所或旅馆住，而是按男女性别不同，分别打地铺挤在谢有法家里。又如，吃饭不是多少多少个盘子，而是一人一个碗，吃挂面，筷子还是有长有短、有木有竹、有红有白的那种。他找贺伟提意见了：“阿姨，首长清苦了一辈子，他在世时你做不了主可以理解；可他走了，这最后一步也这样整，是不是有点……”贺伟“居然很平静”：“‘小石子’啊，我跟他生活了一辈子，还不了解他吗？如果这最后一步走出了‘格’，梦里他一准儿会给我没完没了‘上课’的！”

是夜，“小石子”不能入睡，便在首长的书房踱步。“咯吱”“咯吱”的，却是轻轻地、尽量不惊动首长睡眠地。一盆吊兰——不是用制式花架摆起来，而是拿四块豁边缺角的旧砖头垫起来的——正垂了首追述着什么似的……整个房间，唯一称得上“装饰”的，倒是书桌上方，洁白墙壁上，镶上去的那一双旧草鞋，一前一后地错开着步伐，就像把长征路竖立了起来，走着的人还在走着。“小石子”久久地盯着它们，久久地。忽然，从未作诗赋词的“小石子”，竟也“灵感”迸发，拿住桌上谢有法的笔，写起诗来：

底色绘江山，
形容动乾坤。
一步长征路，
千秋醒风云。

第六章 平战链接

——国防大学的特色教学

在国防大学人看来，战争是最权威的“教科书”，是最全面的“课堂”，是最能出高徒的“名师”。因而，努力达成平战链接，使和平条件下的人才培养流程更接近、更符合、更等同于实战流程，就成为国防大学教学实践的一大特色和执着追求。

“战场实验”

从某种意义上讲，整个人类战争史就是一部战争实验史。作为专门培养战争人才的机构，军校的一个基本职能是通过不间断的“战场实验”，为战争指挥者提供“制胜数据”。在革命战争年代，国防大学之所以能够打造出富于创造品格、善于“以劣胜优”的指挥人才，一个关键环节，就在于它的“实验式”教学。

有什么样的战争，就有什么样的学校。革命战争年代数十年如一日、几乎没有“休止符”的战争乐章，谱写了人民战争的雄壮旋律，也孕育了国防大学教学的一个鲜明特点——“战教合一”。

以战争环境为办学平台、把战场与课堂链接起来的完美画卷，是在长征路上绘就的。长征中的国防大学前身——红军干部团及红军大学，在二万五千里漫漫征程上的教学活动，被概括为“边走、边打、边教、边学”。

时任红军干部团政委宋任穷在《长征中的红军干部团》一文中解释道：“‘走’是主课，一日百里，翻山越岭，涉水渡河；‘打’是随时迎接战斗，打山地战、河川战，打步兵、骑兵和地方反动武装；‘教’是不忘教学本行，利用宿营休息、站岗执勤、战斗间歇，集体教和个人辅导相结合，讲战例，总结战斗经验，也教文化；‘学’是注重联系战争实际，孜孜不倦地学。没时间坐下来学，就把讲课要点或生字写在纸板和纸条上，绑在前面同志的背包后面，一面行军，一面学习。”

在红军干部团的影响下，整个长征队伍也成了一所名副其实的“脚板大学”。1955年被授予少将军衔的陈浩将军回忆说：“红军长征时，连队的文书或者指导员写好字，贴在每一个行军战士的背上，行军时，后面的看着前面的，一次识一字，这样日积月累，识的字就多了。如果偶尔有行军不是十分紧张的时候，连队的文书就会把大家组织起来考一考。有时还会借助写标语来学习，教员往百姓的墙上写着‘打土豪分田地，穷人要当主人’等标语，我们一边在地上学着写一边念；如果有人学得比较快，教员就会让他在下一个宿营点写标语，这是一种奖励。这种学习还有一个好处，就是提神儿，默然行军中，沙沙的脚步声，比安眠药都厉害。而学几个字，反而能减少困意。那时，干部团许多同志都是从‘红’、‘军’、‘我’、‘蒋介石’等开始识字的。他们在长征胜利后都摘掉了文盲的帽子，大都能够写简单的军用文书，不少人还能写文章。这也是个了不起的奇迹啊，可以说，大家在完成长征的同时，还完成了一段文化的长征。”

“学习是为了战斗。”后来担任海军副司令员的方强将军回忆道，“1935年5月2日，干部团三营在红军总参谋长刘伯承和干部团政委宋任穷的率领下，伪装成国民党部队，以一昼夜行军100余公里的速度，在第二天赶到金沙江边并控制了对岸渡口。为确保红军主力平安渡江，干部团在团长陈赓率领下，立即翻山去抢占10多公里外的通安州。镇外要隘狮子山上，有四川军阀刘文辉的一个团固守。尽管一路上全是崎岖不平的羊肠小道，有时还要攀登悬崖峭壁，但部队丝毫没有放慢行进的速度。敌人从山头上不时向我们打冷枪、推滚石。尖刀连的学员有的中弹牺牲，有的被滚石砸伤。后面的学员就利用地形地物，贴着悬崖、死角跃进，才避免了伤亡。（此地域）敌军有两个团和一个迫击炮连，企图抢占通安州，阻止红军北进。干部团只有三个营，力量对比悬殊。同时，敌人又居高临下，占据易守难攻的地势。但冲锋号一响，学员们便向前猛冲。敌人很快就垮了下去，有的趴在地上装死，有的从陡坡上掉下去摔死了。击溃敌人一个团，我们才伤 8 人、牺牲 4 人。夺取通安州的胜利，保证了中央红军主力顺利渡过金沙江，使红军跳出了数十万敌人的围追堵截。后来，川军听到戴钢帽的红军干部团就望风而逃。"

当抗日战争转入相持阶段，战场环境日益复杂残酷，抗大在延安面临严重的供给困难时，抗大人深入敌后，先后办起 14 所分校。而在这种"把着敌人枪托办学"的育才实践中，"战教合一"进一步强化，人才培养的质量也随之大大提高——"什么时间需要，什么时间就有干部毕业"。

《一份出色的答卷》——抗大二分校学员赵斌杰的回忆文章，是这样写的：

1942 年 5 月，日军的"五一大扫荡"展开后，整个冀中平原陷入一片血腥恐怖之中。抗大三团被迫按照上级统一部署，提前分散到各部队。我和县游击大队长王东沧同志，就在这时返回冀中安平县游击大队。临行前，学员队领导对我们说：这期学习的课程已基本完毕，但不能按计划结业了，结业考核的答卷也只能由你们回去后用反"扫荡"的实践来填写。

这个"填写"概括地说，就是"孙悟空钻进铁扇公主肚子里去"。我们在学校已经学了不少"七十二般变化"，关键就看怎么用、怎么个"出神入化"了。

角丘岗楼是敌人控制安平县西南部的一个重要据点，驻守着日军一个班，武器装备精良。他们经常在这一带杀人放火、奸淫掳掠。

后来，我们发现岗楼里有一个年轻的翻译叫小律，是安平县人。东沧同志和老县大队的领导一起，发动乡亲们主动接近他。从接触中了解到，他的家人在东北遭受过日本人的欺凌，因而曾流露一些不满日本人的言论。我们就慢慢争取他，适时向他渗透抗日救国的道理，终于使他觉醒过来。一天傍晚，按照他和我们预先商定的计划，游击队员们埋伏在岗楼四周。这位翻译趁鬼子下楼吃饭的空子，抢上岗楼把楼门堵死，打死岗楼上的哨兵，随即向外晃动毛巾。看到信号，东沧同志率领我们游击队立即冲过封锁沟，几十分钟就结束了战斗。这次战斗，打死了10多个鬼子，有3个鬼子一头钻进粪坑，才幸免一死，成了我们的俘虏。我们还缴获了10支三八枪，1具掷弹筒，1把歪把子机枪，2万发子弹。最后，一把火烧掉炮楼，凯旋而归。

在异常错综复杂的反“扫荡”斗争环境中，抗大学员在学校学到的理论知识既指导着斗争实践，同时也在实践中得到验证和发展。对此，赵斌杰写道：

在东沧同志带领下，我们始终坚持灵活机动的斗争方针，本着集中以消灭敌人、分散以争取群众的原则，创造性地采取各种办法与敌人周旋。敌人少数出动时就集中兵力打，敌人多了就想办法干扰，一旦有机会就打他个措手不及；白天敌人戒备森严，我们就把夜间这“半个天下”争夺过来，出其不意地袭击敌人。

1943年中秋节，我们得知秦王庄炮楼的敌人出动一圈没抢到东西，觉得机会来了。东沧同志召集我们研究后，决定给他来个孙悟空的隐身术。这天下午，我们化装成送给养的，抬着西瓜、猪肉、烟酒、鸡、鱼等，大摇大摆来到炮楼下。一见是来送过节食物的，炮楼里的敌人高兴得放下吊桥，争先恐后围过来，你抢他夺地闹着、吃着。我乘机把站岗的也叫了过来。这时，东沧同志一挥手，我们齐齐地亮出手枪，对准了敌人。10来个敌人因为吃着东西，毫无防备，突然被枪管顶住，都连忙举起手，乖乖地被我们带走。由于事先注意调查研究，部署周密，这次行动没放一枪，前后不到20分钟。

在抗大学员的概念里，“答卷”虽然是在实际斗争中“填写”的，但整个斗争过程还是在学校“上课”，因而适时集中起来检讨、总结，也成为完成“作业”必不可少的一环。

一次，我们在抗大学习的几个同志又碰到一起，谈起一年多来的工作和成绩，东沧同志十分认真地对我们说：“日本帝国主义还在我们的国土上，抗大交给我们的答卷还没有答完，我们不能有丝毫的满足，还要继续努力。”他在抗大时是班长兼党小组长，他的讲话我们都当作是学校领导的指示。所以，大家就像回母校又训练了一下，一个个摩拳擦掌，热情和信心大大增强。

在反“扫荡”的1年多里，我们县大队先后捣毁敌人7个岗楼，其中6个是靠里应外合获得成功。我们还根据军分区和安平、深县两个县委的指示，和兄弟部队配合，积极地开展瓦解敌军工作，使敌人一个伪军大队300多人起义、投诚。一次又一次的胜利，搞得敌人惶惶不可终日。

作为国防大学实验式教学的主旋律，这种“战教合一”的做法，在不同的战争条件下都有着富于时代特征的成功变奏。

解放战争时期，为什么成千上万的国民党军官兵，一经转入人民解放军，便像换了一个人似的，迅速由“白”而“红”，英勇善战，不少军官在后来还成长为人民军队的高级将领？为什么深受伪“满州国”奴化教育影响的大批东北青年，经过三五个月的训练，便成为领兵打仗的骨干？重要一条，就在于东北军政大学创造的另一种“实验”——政治上的“战教合一”。他们按照先“洗澡消毒”再树立新思想的方针，通过诉苦教育，启发学员的民族感情和阶级觉悟；通过既“放”（放手使用等）又“管”（做思想工作等），引导大家在血与火的战争生活中改造思想；通过“教学民主”（官教兵、兵教官、官教官、兵教兵的训练活动），提高学员的军事技能。

在抗美援朝战争时期，它则变奏为“教战链接”。除了建院后的第一批学员即是针对世界头号强军美军的作战特点来施训而外，当时的南京军事学院还先后三批次派教员、学员赴朝鲜战场见习，并随时根据来自战场的信息不断充实和改进教学。后来国防大学的防空、防坦克、防化学、外军研究和司令部工作课程，都是那时根据战场实际需要增设的新课程。

“人造高地”

2006年隆冬时节，国防大学教学大楼。随着演习执行总导演、国防大学信息作战与指挥训练教研部主任任海泉少将一声令下，一场由“红”、“橙”、“黄”、“绿”、“青”、“蓝”、“紫”六国七方参与，名为“纵横——2006”沉浸式战略对抗演习的综合博弈，顿时“烽烟四起”。

导演大厅内，大屏幕上迅速播放起“危情导入大片”——以一个政治事件为导火索，引发区域危机。逼真的情节就像纪实影片。与此同时，66名将校学员分别充当各方政治、外交、军事、经济等领域的领导人，按照战略决策、对抗推演的程序，展开整体较量。笔者穿梭于七方之间，只见他们各自的“中军帐”里，标志不同地域时间的时钟正滴答滴答拧紧着战争的发条；新闻墙上，各方媒体报道的重大新闻和相关文电信息接踵而至。综合态势瞬息万变。在紧张的气氛中，完全沉浸于角色之中的七方“领袖”与“智囊团”紧急磋商，制定并不断作出应对与反制举措。

事端是由蓝方挑起的。面对错综复杂的“外部介入”，红方利用视频会议系统，同时直接与黄、绿、青、橙、紫五方连线对话。随着不绝于耳的键盘声，红方的声明、公告、宣言、新闻，相继显示在共享屏幕上；蓝方立即采取措施反制；另外五方也纷纷发表声明，表达立场……

台下的女研究生们则扮演美联社、共同社、埃菲社、CNN等国际大牌媒体的记者，对各方主要“领导人”轮番“轰炸”。面对“记者”刁钻的提问，被问者时常不得不回答说：“你的问题，可以由我的外交部长来回答。”“战争”观摩者——包括一些军事专家，对它的逼真程度大惑不解：各方的政治倾向、官方立场等可能是这样也可能是那样的诸要素，你们是用什么办法模拟出来的呢？现场的信息技术专家司光亚博士并不隐讳：“我们运用当今最先进的人工生命模拟法，把无法评估的政治观点、官方立场、国民态度等予以‘激活’，使之数字化，从而形成一个大体上符合事物发展逻辑的国际政治生态模型。这标志着中国人民解放军高级指挥人才信息化条件下的战略和处危训练，已经达到实战化水准。”

如同革命战争年代“没有枪，没有炮，敌人给我们造”一样，面对长期没有战争锤炼这个巨大弱项，国防大学人依靠自己的智慧，集中精兵强将，历经 10 年联合攻关，终于搭起了同样能够厉兵秣马的信息化“战争实验”平台——“红山号”系列作战模拟实验室。从而，成功推出在广域网环境下进行远程异地、分布交互训练的先进砺将手段。美国国防大学校长奇尔科特中将在参观中国国防大学战役指挥训练模拟系统后，称赞说：贵校的系统设计得很先进，如果可能，我想把它搬到美国国防大学借用一下。近些年，国防大学又相继研发建成包括兵棋系统在内的多种战略战役实验平台，为人民军队抢占虚拟世界制高点提供了有力的技术支撑。正是依靠虚拟世界的“实战”经验和论证手段，国防大学人先后完成数百项国家、军委、总部和学校的科研课题，许多成果以咨询报告等形式进入高层决策视野。

看着虚拟世界一场场“人造高地”的激烈争夺战，笔者的脑海中不由闪现出现实世界的“人造高地”——2004 年 8 月 5 日那次大规模实兵演练。

在某海域，波涛汹涌、炮声隆隆的海面上，一支“红军”特混舰艇编队乘风破浪，向着“蓝军”舰队发起猛烈攻击。与以往对抗演练不同的是，担纲此次演练指挥员的，还有国防大学联合战役、军兵种战役、信息作战指挥方面的专家和教官。

这是国防大学改革教学方式，将课堂延展到部队演兵场，培养新型军事指挥人才的一种尝试。近年来，为拓宽教学渠道，国防大学探索与部队联训联教的新型教学机制，即以学校任职教官为沟通桥梁，将院校理论教学与部队实践紧密结合，使两者“互联、互通、互操作”，在实际磨砺中相互促进、共同提高，全面推进学校和部队育将练兵水平的跃升。在教学过程中，国防大学坚持以重大课题为牵引，突出部队建设的重点、难点问题，紧紧围绕军事斗争准备需要，加大对联合作战中联合火力打击、海空封锁、信息作战、反恐作战等课题的研究力度，着眼部队转变战斗力生成模式的需要，为部队信息化条件下的作战理论、战场建设、后勤保障、装备发展等关键课题提供理论支撑。在军委、总部的协调指导下，国防大学依据部队的任务层次，组织学校教研单位与相关军以上作战部队及领导机关结成对子，采取共同确定课题、集体攻关、互派人员、定期沟通等方式，深入开展联训联教活动，既强化了学校教学的实践操作环节，又促进了部队战役实施组织的理论渗透，从而最大限度地整合利用全军范围内的人才培养资源。

联训联教展开后，国防大学训练部的工作更忙了，但也“心里更有底了”。当时带队参演的国防大学副教育长霍小勇十分自信地说：联训联教贯彻了开放式教育思想原则，可以有效开发院校和部队教育需求的交叉资源，在帮助部队进行实践性课题研究、演练的同时，进一步明确了教学改革的方向和路子，修正和充实了学校教学、科研工作，为提高部队战斗力提供了新的理论增长点。

武力，这位刚过而立之年的国防大学1999级师团职硕士研究生，就是在这样的“人造高地”上冲锋陷阵，创造了入学半年即抢先登上军事学术某方面制高点的“奇迹”：他不仅在全军性重点学术期刊发表文章，应约承担起国防大学某研究课题，还登上了过去只有社会各界权威才能走上去的国防大学学术报告厅主讲台。

学是为了用，用才能带起学；只有以“应用”为牵引的教学，才是成功、有效的教学。近年来，国防大学在整体转型中始终紧紧抓住“应用”这个“牛鼻子”，成功跳出应试教育的巢臼，实现了研究生教育由培养学术研究型人才向培养指挥应用型人才的历史性转变，大大改变了高学历军事人才培养工作长期存在的“高分低能”现象。正是在这种直指实战能力的浓厚转型氛围中，武力创下国防大学的一个历史纪录：一年三次登台报告自己的研究成果——被称为“武力现象”。

“武力现象”源自于武力在“人造高地”上激活的强烈“问题意识”。

2000年寒假，武力并没有回家休息，而是带着“新时期军事斗争准备后勤保障体系应当如何构建”这个一直“折磨”着他的问题，踏上了一线部队调研路。在国防大学和各部队领导大力支持下，他29天行万里路，先后到38个军内外单位所在地，勘查水文、气象条件，考察人文、社情、古战场史以及当地潜在的战时军事资源等。之后，他又接连利用两个假期进行延伸调研，足迹遍及11个省、32个市、28个港口，获得大量难得的第一手材料。于是，便有了他的“捷足先登”。

武力的问题意识，始终聚焦在军事斗争准备上。但在参加全军“十五”科研课题申报过程中，在学校众多著名专家、教授和学科带头人对7个课题的激烈竞争中，武力作为一名普通学员，“很自然地”落选了——最终被排在第8位。这便又很自然地引起国防大学首长的关切：这里面会不会夹杂着名气的“水分”呢？校首长当即召集校内外有关专家，来了个“三堂会审”。结果是：当武力的主题陈述意犹未尽之际，他申报的课题即被最后一次掌声推入全军“十五”科研课题计划。而受此启发，校首长开始关注起另一个问题：武力的成功，说明学员中有“教员”，我们必须下大力推进改革，让学员成为国防大学教学、科研的“生力军”。于是，便有了后来的类似红校时期何长工同时是校长、教员及学员的教、研、学人员“边界模糊”的新型教研模式。

双赢的“战争”

战争也是一种交流。

交流也是一种战争。

这是信息化条件下战争形态深刻变革的必然现象和必然要求。从深层影响看，国与国、军与军、院校与院校之间的互动交流，甚至可能是一种

☆红山论剑　（张立奎　绘）

更具决定意义的战争。那是一种文化之战、思想之战、心理之战、舆论之战、外交之战、综合国力之战，一种最终走向妥协的信息时代的战争。可以说，如果没有这种交流，人类迄今决然不会仅经历两次世界大战，那场以美、苏为代表的世界冷战决然不会一口气“冷”上几十年（那是“冷交流”的结果），其间那些大大小小的已经发生的多次局部战争也决然不会仅仅是那般开场和收兵；而那些本可避免的战争，比如所有已经发生的战争，真要追究起责任来，最终都要把板子打在交流的屁股上——要么是交流不够，要么是交流者中有弱智。

但有一点是没有疑义的：真正的交流一定是双赢的。

或许正是有鉴于此，国防大学人历来把对外交流放到突出位置。纵使在受到敌人严酷封锁的延安窑洞里，抗大也时常通过各种可能的方式，通过世界学联以及斯诺、海伦、史沫特莱等国际社团和友好人士，向全世界传达着自己的声音和形象，让天下有识之士了解从而同情和支持中国共产党及其领导的人民战争。新中国成立以来——除却那段被“文化大革命”扭曲的日子，人们一直把国防大学作为中国对外军事交流的重要窗口来看待。

1986 年 1 月 28 日，也就是新组建的国防大学举行开学典礼后不到半个月，校长张震便主持举行各国驻华武官招待会，向应邀出席的 35 个国家驻华武官宣布：国防大学实行对外开放的方针，愿意同一切与我友好国家的军队院校发展友好往来关系。

国防大学的对外交流，被概括为“请进来”、“走出去”。

“请进来”，是邀请外军高官和专家、学者来看一看、谈一谈、听一听、讲一讲。国防大学每年接待外宾近百批，达上千人次；而每每“有朋自远方来”，国防大学人都会精心准备，在展示中华民族礼仪风范的同时，也把客人所有可能留下的“礼物”保留下来、放大起来。

翻开国防大学那铺陈开来可能比北京长安街还要长的外宾来访名录，首先映入眼帘的是美国国防大学校长劳伦斯中将。这位在中国国防大学组建后第一个月份第一个到访的美国将军，是应张震校长邀请前来与中国国防大学洽商两校建立校际联系事宜的。这是有史以来，世界头号发达国家和世界最大发展中国家的最高军事学府首脑第一次坐到一起商谈第一个合作文件，用劳伦斯中将的话说，这“是两军和两校关系发展史上的里程碑”。

人们记得，在当时那个“军事就是封闭”的年代，远远的便有一个铁牌子，上书“军事禁区”。那时的国防大学是个连中国国民也难得进入的地方。而现在，曾是几十年宿敌的西方军队要员，也成了国防大学的座上宾。

国防大学的对外交流，正是在邓小平倾力推开国门之后，揭开自己门楣上那神秘面纱，向全世界敞开自己宽广胸怀的。而随着中、美两所最高军事学府校际联系的率先沟通，国防大学的对外交流之水，也便有如江河之闸被一个个拔起后，滚滚东流起来。

在国防大学校史馆第一展厅顶部，曾悬挂着一只独特的“彩色花篮”——由 87 个国家的国旗编织而成。那是一只盛满友谊之果的花篮，也是一盏照耀和平之旅的明灯。

“请问美国现代化面临的最大问题是什么？”“请介绍一下美国陆军数字化部队建设的进展情况。”“请问南北朝鲜形势已经趋于缓和，美国为什么还要研制导弹防御系统？”……1997 年 5 月 15 日上午，应邀来华访问的美国前参谋长联席会议主席约翰 · 沙利卡什维利上将，在国防大学学术报告厅发表演讲后，国防大学师生用英语直接向他提问……

在对外交流的平台上，最精华也最具标志意义的，是国防大学学术报告厅里来宾的演讲与答问。正是在这里，交流成了探寻战争火种的侦察兵，成了开辟和平通途的排雷器，成了架设友谊之桥的工程师，因而有时也会很明显地夹杂着“火药味”，以至于后来的美国国防大学校长奇尔科特中将在答问前诙谐地把话说在前面：“我怕被你们问倒了，请各位口下留情。”

拥有广纳天下风云的胸襟，也就有了迈向世界各地的阔步。在“请进来”的同时,国防大学人也更加积极地“走出去”。在经费十分紧张的情况下，国防大学每年都要派出数十批次教职学人员，到外国最高军事学府乃至其他社会领域参观、考察、讲学、留学或是参加学术研讨活动。

1998 年岁末，根据中美两国的军事交流协议，中国一个高级军事代表团出访美国。美方让中方参观了他们引以为豪的数字化部队后，在事先日程没有安排的情况下，突然提出：贵军素质极高，请将军们打一打美军智能化坦克炮如何？面对美方或许是好客也可能是“测试”的目光，这些从国防大学走出的将军欣然应诺，依次骄健地跃进坦克驾驶室，沉着冷静地操纵计算机。随着“长了眼的炮弹”发发命中目标，美方人员情不自禁地鼓起掌来。

阔步走向世界的国防大学人，一面汲取知识信息、博采众长，同时也传播着自己的研究成果和进取形象。美国国际安全问题学术讨论会、伦敦国际战略研究学会年会等世界著名学术交流平台，都留下国防大学人活跃的身影。《中国人民解放军的现代化建设》、《迈向 21 世纪的中国军队》、《冷战后的国际安全体系和中国安全》、《孙子兵法与克劳塞维茨》等一次次赢得热烈掌声的演讲、一篇篇高质量的论文，从不同侧面展示着中国军队和国防大学跻身世界强师劲旅行列的积极姿态与不俗成果。而每当看到那些从美国、从俄罗斯等国高级军校留学归来的国防大学教员，人们不由会想到当年刘伯承、邓小平等留学归来的高才生，是怎样在“中西合璧”中逐步成长为中国工农红军杰出将领的。

如果在一张世界地图前问询联合国总部设在哪里，人们会准确地指向美国纽约。但若再问中国国防大学里的“联合国”在哪儿，人们一准会把目光移开地图：开什么玩笑啊？这不是玩笑，而是《解放军报》特约记者李绪成在一篇通讯中打的一个比方。他指的是那个在南京军事学院时期叫做“留学生系”，后来改名为“外训系”，再后来名之为“防务学院”的“窗中之窗”。看看这篇《走进国防大学里的“联合国”》，我们或许对“交流”二字会有另一番感受和解读——

总部设在美国纽约的联合国总部闻名于世。在风景如画的北京长城脚下,也有一个“联合国”却鲜为人知,这就是国防大学防务学院。作为我军对外开放的窗口，这个学院每年都有许多国家的外军军官前来学习。因此，它被外界称为中国最高军事学府里的“联合国”。在这里，中外军官真诚相待，彼此间结下深厚友谊，发生了诸多“趣闻逸事”。

——司令上台只讲“半句话”

一次，防务学院举办消夏晚会，中方军官排练了一个“三句半”节目，并决定请一位外军军官联袂演出，讲那“三句”之后的“半句”。于是，某国陆军司令施密斯上校便成为无可挑剔的理想人选。中方军官向他说明情况后，施密斯上校毫不犹豫地答应了，还风趣地说：“没问题，我只讲半句，多一句也不讲。”在很短的时间内，施密斯把十几句汉语台词都记住了。演出那天晚上，施密斯跟在3位中方军官后面一出场，便赢得了雷鸣般的掌声。只见施密斯大摇大摆地走台步，有板有眼地敲铜锣，不仅节奏与中方军官的台词配合默契，而且台词接得也是那么合辙押韵，还不时做个鬼脸，把在场的观众逗得前仰后合。

那天晚上，施密斯成为晚会最大的亮点。当人们问他为何演得如此默契时，他一本正经地说：“我的心与中国军人的心，心心相印，目标一致啊！”

2004年5月7日，防务学院偌大的院内烤肉飘香，欢歌笑语，中外学员正在进行露天烧烤晚会。军官们一边品尝丰盛的佳肴，一边载歌载舞。就在晚会达到高潮时，《祝你生日快乐》悠扬的乐曲突然

响了起来。当中国军官把生日蛋糕捧到苏丹学员萨迪格上校手上时，他惊喜万分："我连自己的生日都忘了。没想到学院却想得这么周到，太让我感动了！"

在国防大学防务学院学习过的外军军官，有很多人都曾经历过这种"开心时刻"。一次，某国军官马里德中校过生日。他刚在餐桌旁落座，中国军官便变魔术般地把精美的生日蛋糕放在他面前，其他军官齐唱"祝你生日快乐"，并走上前来与他碰杯、向他祝福，马里德中校被这突如其来的幸福感动得泪光盈盈。

在防务学院学习的外国军官中，许多人在西方国家留过学，面对在其他国度不曾受到的礼遇，他们纷纷用自己的方式表达对中方的感激之情。如有的学员把收到的生日贺卡作为最珍贵的纪念"信物"寄回国内，使小小生日贺卡起到中外友好交往的纽带作用。

——T形台上的"国际服装秀"

2004年3月8日，是国际劳动妇女节95周年纪念日，防务学院组织了一次"中外妇女服装展示"活动。国防大学防务学院的中国军官夫人和外军军官夫人们一起，联袂上演了精彩的国际服装秀。

红地毯铺就的T形台上，伴着轻松的乐曲和美丽的霓虹光影，各国女士身着各式艳丽服装，尽情地展现自己的风采。她们或雍容华贵，或落落大方，或青春靓丽，或热情奔放，让观众饱览各国女士的高雅与俊秀，整个大厅里掌声此起彼伏，连绵不断。

外国女士先后展示了具有印度民族特色的莎丽、乔丽衫等服装，中方女士则展示了旗袍及蒙古族、回族、维吾尔族等我国少数民族的传统服装。

观众们都高兴地说，没想到在这个小小的舞台上，还能够欣赏到这样一场别具风格的"国际服装"表演。不少外军军官和他们的夫人感慨道：在国际劳动妇女节这样一个值得纪念的日子里，中方为各国妇女提供一个展示本国民族文化的舞台，不仅促进了各国文化的交

流，也充分说明中国对妇女的尊重和理解

——校园里的“国际联赛”

在防务学院，中外军官经常进行“友谊杯”篮球联赛等体育比赛。这是名副其实的“国际联赛”，外军军官队是地地道道的“联合国军”。

每次比赛，只要裁判哨声一响，球场上便沸腾起来。双方你争他抢，各不相让。你来个妙传，我就进行抢断；你内线突破搞穿插，我就外线发威来反击；你快速突击如风驰电掣，我就全场紧逼似铜墙铁壁。篮球飞来飞去，不同肤色的球员往返穿梭。球场外，观战的各国军官及夫人、孩子更是热情似火。他们不停地为双方加油叫好，虽然各国语言荟萃，听不清说什么、喊什么，但那份热烈一点不比NBA比赛逊色。

到目前为止，中外军官篮球联赛已经进行了6届，双方都曾捧杯，各有胜负。其实，比赛结果并不重要。重要的是，通过这些活动，各国军人找到了更多的“共同语言”。

的确，世界应该有一门只属于和平与友谊的“共同语言”。这是国防大学人为之不懈努力的真诚愿望，也是中华民族和平发展的一个基本目标。正是在这种寻求共同语言的交流中，国防大学人了解着七彩纷呈的世界，世界也透过国防大学这个独特窗口了解着欣欣向荣的中国。

——美国记者苏珊 · 劳伦斯撰文写道：中国国防大学正在做一件可以被载入军史的事情，它举办中外军官研讨班，向世界进一步敞开了中国军队的大门。

——另一位美联社记者则写道：无论东方军人还是西方军人都承认，中国人民解放军国防大学已成为世界上最著名的军校之一。

而彼此了解，永远是通往“双赢”的金桥。

第七章
创新之光
——国防大学的科研之旅

创新永远是"压力"的专利。
战争年代是死神逼人创新。
和平时期是危机迫人创新。
这样说看似有些悲壮，但在国防大学人看来是大实话。

战火中的奇迹

备忘卡1：1928年1月，历经两次反"进剿"作战后，毛泽东在江西省遂川县城主持召开的中共前敌委员会、遂川和万安县委联席会议上，提出了"坚壁清野，敌来我退，敌走我追，敌驻我扰，敌少我攻"的作战原则。

备忘卡2：1924年4月5日，毛泽东和朱德在《红军第四军前委给中共中央的信》中，正式将红军游击战争的战术原则概括为"敌进我退，敌驻我扰，敌疲我打，敌退我追"。同年9月28日，中共中央在给红四军前委的指示信中，第一次将其称为游击战“十六字诀”。

备忘卡3：1930年10月，在研究中央苏区第一次反“围剿”作战时，毛泽东又提出了“诱敌深入”的作战方针。

备忘卡4：1930年11月至1931年9月，毛泽东、朱德等红军领导人，运用“十六字诀”和“诱敌深入”的作战方针，指挥红军部队分别以4万、3万兵力打败了国民党军以10万、20万、30万兵力对中央苏区发动的三次“围剿”，取得了歼敌7.5万人、缴获武器装备4.7万件的辉煌胜利。

备忘卡5：1930年12月，红一方面军总前委在江西省宁都县小布村召开苏区军民歼敌誓师大会，会场两边所贴巨幅对联，完整而通俗易记地概括出毛泽东游击战思想的精髓：

敌进我退，敌驻我扰，敌疲我打，敌退我追，游击战里操胜算；
大步进退，诱敌深入，集中兵力，各个击破，运动战中歼敌人。

人民军队的起家战法——游击战，早在明朝人写的《草庐经略 · 游兵》中便有记载和概括：“游兵者，谓其兵无定在也。”游击战在第二次世界大战前后的许多国家，也有过这样那样的上演，但由于未能得其要——以人民大众的广泛支持为基石，以科学的军事理论为指导，其主体大都沦为“流寇”：要么被视为“土匪”、“叛军”，要么被称为“恐怖分子”，终难成气候。只有以毛泽东为代表的、善于将马克思主义军事思想与中国革命具体实际结合起来的中国共产党人，通过自己艰苦卓绝的创新实践，才使这一古老的作战样式放射出富于生命力的理论之光，一次次创造出以弱胜强、以劣胜优的战争奇迹，最终走向革命成功。

在抗日战场上饱尝“迷幻战争”——由冀中抗日军民创造的地道战、“麻雀战”、破袭战、地雷战——苦头的日本人，在1962年的《防卫年鉴》中写道：“如果说古代孙子的兵书是哲学性的，克劳塞维茨的兵书是科学性的，那么毛泽东的兵书则是彻底的现实性的东西；如果说前两种是以学习兵法的人为对象的，那么毛泽东的著作则能使每一个士兵、民兵、群众所理解。”

一位研究毛泽东军事思想的美国学者则评价道：“在20世纪20年代和30年代初期，毛泽东在一系列辉煌的游击作战中，把蒋介石及其国民党政府弄得苦恼不堪。10年后，他以游击战和运动战相结合，在中国打败了日本人。40年代后期，他在一系列得心应手的运动战中征服了中国。最后，他的部队在朝鲜阵地战中顶住了美国。哪个领袖能像他这样在这么多的不同类型的冲突中长期立于不败之地！”

然而，在谈论这些发明创造时，人们却忽略了一个不可忽视的事实——在人民战争战略战术的伟大创新实践中，国防大学人曾以自己的出色表现，赢得“试验田”和“探行者”的美誉。

毛泽东军事思想的许多重要观点和论断，都是首先在国防大学的前身院校“实验”，然后逐步推广开来的。著名的游击战“十六字诀”，就是毛泽东在指导井冈山教导队教学工作过程中提出的——如前所述，那时他只提出了“十二字诀”，另外四字“敌疲我打”是在之后的斗争实践中总结、补充的。

由于同时还是“战斗队”，井冈山教导队也成为人民军队编制体制和新生兵种的“试验田”。中国工农红军初创时期的编制体制完全是照搬苏联红军的做法，随着中国革命道路由“城市中心主义”转向“农村包围城市”，其弊端逐渐显露出来。后来，直至现在的部队“三三制”编成，就是毛泽东结合中国革命的实际需要提出并在井冈山教导队试行后，逐步推广到红军各部队的。

在第五次反“围剿”中，国民党军动用百余架次飞机对苏区特别是“红都”瑞金狂轰滥炸。为打破国民党军的“空中独裁”，中革军委代主席项英和总参谋长刘伯承决定在红大组建防空科，开办防空训练队，从前线抽调12个排，组建一支防空部队，由红校毕业生罗华生担任队长。从此，人民军队有了自己的防空部队。

在发挥“试验田”作用的同时，国防大学人也在革命战争这样那样的未知领域积极探索和创新，为夺取革命胜利发挥了无以替代的作用。随着防空队的建立，一个过去从未搞过的军事训练科目——防空演习，在红军学校的演兵场诞生。那是在时任校长刘伯承亲自主持下搭起的“模拟战场”：在两棵大树之间拉起的铁丝上，“飞行”着3架自制“飞机”。隐蔽在草丛中的学员们，有的是两人配合将机枪架起来对空瞄准，没有机枪者则干脆用步枪练习基础动作。从而，为这个新兴兵种的成长，也为新中国人民空军的组建与发展，创造了富于红军特色的训练方式。

在革命战争年代，许多前无古人的奇迹是由“红埔”学员创造的。一天，防空队刚刚进入演练场，3架国民党军飞机突然临空，仿佛刻意要试一试这“共军”的新兵种、新训练一般俯冲来去。几番扫射、投弹后，演兵场顿时炸声四起，浓烟蔽日，学员4亡6伤。情急之下，学员王文礼不管不顾地站起身来，举起手中步枪，向迎面飞来的敌机瞄准射击，但飞机急速掠过，显然没有击中。紧接着，当另一架飞机直冲他飞来时，依然咬牙切齿、保持立姿正在待机瞄准的王文礼稳稳地扣动了扳机——飞机顿时冒起一股浓烟，醉了酒般摇晃着，一头栽到地上，爆炸起火。另两架飞机见势不妙，急逃而去。学员们欢呼着跑向起火的飞机。机上3人已全部毙命。刘伯承闻讯赶到现场，兴奋地拍着王文礼的肩头说：“王文礼同志，我要给你报功！”几天后，在全校表彰大会上，刘伯承亲手将一枚银质奖章戴在王文礼胸前。如今，这枚奖章已作为珍贵文物在中国人民革命军事博物馆珍藏着——奖章正面是步枪、飞机的“合影”和“红军学校奖”一弯小字，背面镌刻着“对空射击手”。

在王文礼这一创举影响、激励下，防空队不仅练兵热情空前高涨，还掀起了武器革新的热潮。包括王文礼在内的队干部和10多名学员，几乎把所有课余时间都用在了对一挺废旧重机枪的拆拆装装上。红军兵工厂的技术工人郝郗英，也被请来投入“攻关”。他们经过反复试验，终于为平射的“30节式”重机枪安上高射架和对空射击瞄准仪，成功改制出中国工农红军第一挺高射机枪。从此，新生的人民防空兵有了自己的对空武器。此后，在抗日战争、解放战争中，人民军队多次击落敌机，而敌机那种肆无忌惮、超低空来犯的“气人场面”也随之成为历史。

抗日战争时期，抗大之所以被誉为“毛泽东思想的试验田”，就是因为毛泽东的《中国革命战争的战略问题》、《实践论》、《矛盾论》、《论持久战》等构成毛泽东思想理论体系的支柱性著作，都是首先作为他在抗大的讲课稿子、再作为抗大的必修课本，经过反复“实验”和修改，才正式发表的。

看过电影《地道战》或是到冀中革命遗址参观过的人，都会为当时抗日军民的奇妙创造击掌叫绝。那时，日军一直试图以恐怖血腥的手段控制这块战略要地。但他们渐渐发现，自己越来越深地陷入了看不到对手的恐怖之中。无论白天黑夜，也无论在村庄里还是广袤的原野上，他们想要抓住的对手都会在瞬间消失，而他们又不知在何时何地何种情形下会突然遭到莫名其妙的打击。这种被日军惊呼为“迷幻战争”的地道游击战场，在采访了这片神奇土地的美国著名记者亚 · 诺尔曼笔下，被赞叹为“中国的地下城市”。这位不乏美国式幽默的著名作家写道：“地道由许多人工洞口连通起来形成一串竖直或倒置的U字形。在里边自卫，只要一根垒球棒就够了。”

然而，将这种始于冀中冉庄的发明创造系统总结、推广到整个冀中平原，并在若干年后“移植”到朝鲜战场让美军吃尽苦头的，还是从红大走出的杨成武将军。杨成武在他的回忆录中说，他曾经钻过冀中平原最复杂和最简单的地道，并派人专门进行过调查，最终他写了一本被列为绝密文件的小册子：《冀中平原的地道斗争》。这部只有两三万字的战地著作，由于汇集了冀中地下作战工事构造的精华，提出了改进的种种意见，而在抗日战争、抗美援朝战争中放射出夺目的创新之光，也成为今人研究“迷幻战争”的重要蓝本。

于“空白”处写“最新”

在今日国防大学，“创新”的另一个名字叫“原创”。非原创的东西也有创新，但国防大学人更愿意把它叫“工作”。在国防大学人的概念里，创新就像人类第一次拿起打制的石器对付猛兽一样具有全新的意义，那是人类之所以成为人类的最伟大里程碑，是人类创新长歌的第一个音符。在这首长歌中，中华民族有过多少个“第一”啊！但眼下国防大学人想得更多的，是中华民族还有多少个“落后”。在各种创新教育活动中，他们一再被提醒，在公元十五六世纪，全世界三分之二以上的发明创造出自中国，那时中国在世界上的位置就跟现在的美国一样；而现在，当人家已经在信息化中领潮而行的时候，中国的将军们还在为解决机械化半机械化的许多问题而奔忙。尽管改革开放以来中国军队的现代化建设和国民经济一样飞速发展着、追赶着，尽管它的领率机关提出一个富于创新精神、十分鼓舞人心的发展战略——走跨越式发展之路，努力实现由机械化半机械化向信息化的历史性转变。但谁都明白，这样的双重历史任务决非一蹴而就之事。换言之，在今后一个较长的时期内，一旦有战事，人民军队还必须把自己的看家本领拿出来——以劣胜优。而在当下这样一个大和平、大市场、多色调、多样化的全新历史条件下，那套“本领”能不能拿得出、用得上、胜得了，无疑是红军传人肩头脑门上最大的“压力”。正是在这样的“压力”下，正是在这样的跨越式发展进程中，正是在这样那样急需填写的“空白”上，国防大学人展开了自己的创新之旅。

任何足可被冠以“创新”的行为，无不首先是精神的历练；任何足可被冠以“创新”的成果，无不首先是精神的果实。如果有人敢打包票说，在当今这样一个科技实力日益成为“第一战斗力”的历史条件下，只要有了当年红军那样的精神状态，人民军队仍将是天下无敌的，那么，国防大学人可以拍着胸脯说：我们身上的“红军基因”一点儿也没有减少，它只是因为置身“大和平”之中表现方式不同而已。

——阴阳界上炮声隆

王三欣，这位在沙场上冲杀了10年，又在讲台上站立了30年的“拼命三郎”，直到生命的最后时刻，还在履行着国防大学科研部副部长的职责，还在华北大演习的沙场上支撑着中军帐，还在不停歇地“上着课”。

他的夫人吴鸣珂是这样描述的：“他在医院里有时清醒，有时糊涂，有时出现幻觉状态，还在想着教学。说话不清醒还能说出来：张家港，拿地图来！拿笔，要红的！他脑子里回放的都是这些，直至完全闭上眼，也没谈起一句家事。”

张震上将在他的回忆录中动情地写道：

> 1986年的寒、暑假，几乎没有人休息。有些老教研人员，已超过或接近离、退休年龄，仍然兢兢业业，为办好第一期、开创新局面做出了贡献。
>
> 我记得，当时交给科研部副部长王三欣一个任务，请他讲军事辩证法，并要求从军事辩证法的角度，讲授马列军事理论和毛泽东军事思想。这是一门新课。他接受任务后，夜以继日，带病坚持工作，经过半年多艰苦奋战，写出了8万字的讲授提纲。第一期学员入学后，他在5个队讲授这门课，均受到好评。三欣同志是刘帅主政军事学院时的优等生，是战史专业的副博士研究生，研究战史很有造诣。他对每一个军的历史沿革，对我国主要战区的军事地理，都非常熟悉，甚至连各县的接壤关系也很清楚，可以脱口而出。在学校筹建阶段，他还担负了学校训练大纲的起草工作，是位精通业务的好干部。遗憾的是，正在我考虑委以其重任的时候，次年2月，三欣同志因心血管疾病突然去世，享年62岁，令人痛惜。①

——“仕而优则学”

孔子很有名的一个说法叫“学而优则仕”。江凌飞则用自己的行动把它倒了过来：仕而优则学。

2001年3月，已做了两年国防大学国际关系教研室副主任的江凌飞，在经过他再三做领导的工作和领导再三做他的工作之后，终于辞去行政领

---

① 《张震回忆录》（下），解放军出版社2003年版，第302—303页。

导职务，静心静气地坐到了只属于教授的办公室里。

没有任何意气成分，更没有任何犯错误之嫌，仅仅是为了能够专心从教。这可以由同年9月，他再次婉拒上级的重要委任意图来作证。

江凌飞是这样看的："一个人的精力是有限的，两副担子能一肩挑起来，固然很好，但如果精力顾不过来，与其赶两个兔子一个也得不到，不如舍弃一头，集中精力把一件工作干好。"他常说："在国防大学当一名合格的教员，是要下功夫用心来做的。"

这些年，一些与他同期或晚于他进入国防大学的同事纷纷走上了领导岗位，肩上挂上了"金豆子"，荣耀和物质待遇诸方面反差明显。他有官不做而选择"当平头百姓"，也经受了一些冷遇和不便，还家里家外落下这样那样的埋怨、"开导"，但江凌飞无怨无悔。他说："当官也有当官的失，不当官也有不当官的得，得和失都是相对的。问题是我们在院校和教员中应当提倡什么、鼓励什么？我看还是应当提倡淡泊名利，鼓励潜心治学。刘伯承元帅指导作战时常讲：'五行不定，输得干干净净'，做学问的诀窍也在于神闲气定！"江凌飞常对自己的学生说："实事求是不光是一种学风，它还是人的一种活法。一个人从生到死，最重要的课题就是能不能给自己一个实事求是的位置确定。"他认为，作为一名教师，在两点上应当比常人做得更好些：一个是在学识见解上要有不同凡响之处，另一个是在为人格调上要有所脱俗。越是不为外界的诱惑所动，越能出大智慧，做大学问。江凌飞在国际战略和国家安全战略研究领域辛勤耕耘，出版学术论著5部、译著1部。其中，《邓小平国际战略思想研究》获全军政治理论优秀成果一等奖，《国家安全论》是国内首部国家安全理论研究专著。他是在用行动改写着官本位社会的"格言"——"学而优则仕"吗？

——"霍急迷得定律"

1998年岁尾。美国国防大学礼堂。

霍小勇作完《面向21世纪的中国高等军事教育》演讲和一连串现场答问后，台下数百名不同肤色的将校军官报以长时间热烈掌声，以至于他不得不3次站起示礼。有一位白发将军没有鼓掌——他翘起大拇指、连声“OK”着，向霍小勇走过来，一脸美国人特有的惊讶。

“霍教授，还记得一年前吗？”他紧紧地握着霍小勇的手，“那时你的高见让我头疼了很长时间。”

霍小勇记起来了，他就是美国信息战权威、美国国防大学国家信息资源管理学院信息运作部部长。

那是1997年12月7日，霍小勇随访问团参加美国国防大学国家信息资源管理学院举办的信息战座谈会。会前，他被告知，这个学院的信息运作部部长是定期被白宫、五角大楼请去作课题和咨询答疑的全美信息战权威。果然，座谈一开始，部长先生便十分“权威”地谈论起信息战的优越性与发展前景。霍小勇眉头一皱：“尊敬的部长阁下，假如有人——甚至这个对手还不穿军装——用信息技术搞乱了纽约股票市场，美军当如何还击？美国社会又会作出怎样的反应？”对方一怔间，霍小勇接着说道：“我认为，信息战发展中有两种倾向值得警惕：一是信息战使传统的战争规则失效，当社会力量也能轻易而直接地介入时，战争将越来越难以控制，人类社会将面临更大的威胁与挑战；二是当信息战走出传统的战场范畴，其危害性将使信息战最终走向‘原子弹效应’——被禁止与限制，由武器的威慑变成威慑的武器……”

看着这位真诚而谦虚的美国同行，霍小勇也自谦地笑了：“哪里，哪里，我那是班门弄斧。”

“NO！ NO！ NO！”部长先生摆着手，“让我百思不解的是，为什么科技、武器乃至现代实战经历远远落后于我们的中国，会出现您这样的目光超前的信息战理论家？”

“您一定记得”，霍小勇说，“沈伟光先生也是中国人……”。

“OK，OK，OK，他是最先提出信息战的人。”这位部长再次上前握住霍教授的手，“不过现在，我更有兴趣的是您。我真诚欢迎您随时到我们学院来做课题，希望能和您保持‘网上交流’……”

在崇尚《孙子兵法》的美国军人眼里，霍小勇是“中国兵法”的新一代传人。但他们有所不知，霍小勇并未满足于对经典兵学的“传承”。

“无论一个真正的军人，还是一个学者”，霍小勇说，“都要有勇气挑战经典，超越传统，甚至超越自己很熟悉、很成功的路数，去拿起那些很陌生、很困难然而很有价值的东西。”这是霍小勇的座右铭，也是他在国防大学20余年从教实践中书写的“成功定律”。

霍小勇的成功似乎是早就注定了的。那时，他刚从海军学院调入国防大学。考虑到海军战略学还是解放军的一门新兴学科，而霍小勇又是初登中国最高军事学府的讲台，教研室领导特地将凝结了自己多年心血的讲义送给他。按照惯常做法，既然已有讲义，并且是领导亲自写的讲义，照本宣科就是了，又稳妥又省事。霍小勇却一反常态，只带个笔记本，一头扎到学员堆儿里去了。两个月的备课时间，将近一半时间和学员泡在一起。他要讲自己的东西，讲学员还没有听过的东西，他要立起自己的授课风格。他成功了，课堂上，那全方位的战略思考“引线”、那翔实的数据资料及与之浑成一气的战略原理、那令人耳目一新的研讨式授课方法，不仅让学员们大呼“解渴”、“过瘾”，就连那位送他讲义的领导也兴奋地称之为“一炮打响”。“打仗讲究‘知己知彼’，讲课也一样。”霍小勇后来说，“不了解学员需要什么、欠缺什么，那是无的放矢；而让学员再嚼他们已经嚼过的‘馍’，还不如不讲。”

在后来的教学实践中，霍小勇曾总结出以“讲台施教”、“课外研讨”、“作业推演”、“学术总结”、“调研报告”为标志的“五步教学法”，却也由于这样的教学法更充分地调动起了学员的学术思维，使自己承担的课程难上加难，甚至出现“难堪”。

那天，霍小勇在与学员们一道研究某特定战役的想定推演中，在既定敌我态势下，他们接连几天无法解开“新战法”的死结，“战役”推演不得不停了下来。

一种难以形容的烦躁在学员，更在霍小勇的思维之海翻卷。所有可资借鉴的书本都翻遍了，所有能够提出的“设想”都提出来了，那个“一定存在的战法”却大海藏针般渺无踪影。

正当霍小勇连续3天彻夜难眠、在家“没着没落”时，一位曾率部参加老山轮战的师长前来串门聊天了：

“……呵，那时敌方经常在夜间使用夜视装备向我方阵地打黑枪，搞得我军前沿部队始终处于紧张和戒备状态。后来，我们开始奇袭敌哨，尽管只组织了两次小规模行动，但敌人马上转入收缩防御，边境线随即平静了……”

“言者无意，听者有心。”霍小勇霍地起身往门外跑去，嘴上咕哝着不知是说给客人的，还是说给他的学员和他自己的两个词——“好了，就这样！”

他一路小跑，径直来到学员宿舍。

“我找到了！快把大家都叫来！”

一个名为“把紧张气氛推给对方”的战法思路，就这样横空出世了。

事后，当霍小勇专程向那位被“晾”了两个多小时、只好自行离去的战友解释时，得到的回应也便是我们所谓“定律”知识产权的出处了：

“没关系啊，阿基米德发现浮力定律时是光着屁股跑了出去，你还穿着军装呢！哈，我建议，就把你那个战法命名为‘霍急迷得定律’！”

玩笑归玩笑，霍小勇还真有点“霍急迷得”的不管不顾劲儿。

1993年年初，刚刚当选“全军优秀教员”，霍小勇却出人意外地向上级递交了一份申请：下部队代职。有人劝他“这种时候无论如何应该守在学校”，言外之意是注意升迁时机的“在与不在不一样”。但霍小勇更看重的不是这个：“嗨，真正的好时候在部队。”学校批准后，他前往海军某部当起了副参谋长，到部队第二天便“单枪匹马”来了个400公里“长途奔袭”——一头扎到某舰艇大队搞调研去了。其间，他随舰艇编队6次穿越浊浪滔天的海峡，掌握了海军作战训练的第一手资料。后在基地进行实兵对抗演习时，他又主动请缨，与司令员共同带队参演。作为主要指挥官之一，霍小勇指挥战舰劈波斩浪，在复杂海况下沉着应战，将自己的多项科研成果付诸“实验”，而“观点新颖、谋略严谨、调度得当、出奇制胜”的战法也被直接吸收进上级有关战备方案中。

回校后，对于谁谁谁提升什么什么了、谁谁谁进入什么什么“预备队”了，等等，他依然是一副不管不顾的样子，一天到晚不出门，翻来覆去“处理”着他那些从“实战”中得来的“宝贝数据”——结果是，接连发表11篇学术论文，还上送军委、总部两篇咨询报告。

1997 年 10 月，军委下达给国防大学的新一代作战指挥训练模拟系统开发任务进入攻坚阶段，校领导指定霍小勇担任“联合战役参谋长”。他与百余名参演人员密切配合，出色地完成了指挥大规模联合战役模拟演习任务。同年 12 月 15 日，军委、总部首长亲临国防大学观看他的汇报演示，给予高度评价。却有好朋友一见面便开他的玩笑了：

“霍参谋长，哎不对不对，你这提升是模拟的……”

一向不苟言笑的霍小勇也乐了：

“哈，模拟的过瘾啊，有弹性，必要时甚至可以指挥多国部队！”

——“我不知道”

1997 年 8 月 2 日，在昌平的老干部培训中心，参加全国科技夏令营的小少先队员也成为乔松楼的“学生”。乔松楼要讲的题目仍是 3 天前给老干部讲过的:《中国的国防现代化》。照例是通俗易懂而富有趣味，照例是在热烈掌声中开始了自由提问。

“请问您一个与物理有关的问题。事物都是两面的，任何事物都可以在相应的地方找到它的对立面。沿某一个对称轴折叠，正反两面就会完全重合，这就可能产生特殊的现象和效应。我想知道，这个理论在军事上应用的可能性和它的价值。谢谢！”

提问的是一位年仅 10 岁的女同学，她的问题也赢得同学们的热烈掌声。

乔教授却突然有了一种“懵”的感觉。教了 16 年的军事科技，他想都没想过这样的问题，更别说解答了。

3 天前，在同一地点，偌大的报告厅里坐着数十位老干部，他们中间最年长的 91 岁，最小的也已 60 多岁。面对这样一群特殊听众，58 岁的乔松楼明显感受到一种无形的压力。刚进大厅时，他隐约听见坐在门口的两位老干部私语说：“就在这儿听他白话吧，讲得好听他一耳朵，讲不好便于走人。”随着他的讲述，乔松楼注意到，台下悄然发生了变化——方才声言随时准备走人的那位年过 9 旬、曾跟随朱老总上井冈山、在新中国成立后担任北京市市政工程局第一任局长的贺弈章老人，轻轻地招了招手，让工作人员搀扶着，从最后排来到了第一排；其他老干部也纷纷向前排靠拢……

而现在，他乔松楼居然被一个10岁学童问住了。

乔松楼的知识储备不可谓不厚实。他是1963年作为理科大学毕业生应征入伍、1979年作为“懂技术的干部”奉调成为军事学院军事后勤科技教研室教员的。尽管那时他已届不惑之年，属于同事中“最年长的新教员”，但凭着“人一能之，已十之；人十能之，已百之”的拼劲儿，第二年便作为最受学员欢迎的教员升任教研室副主任。他曾多次在报端指出一些所谓“专家”的常识性错误，被誉为“令人发憷的纠错专家”。在国防大学的课堂上，他曾跟学员们作过这样一次“游戏”——考试题目：一篇题为《郝参谋错在哪里》的文章，内有10处错误；要求：找出错误并写出正确答案；成绩评定：找出一处得10分，满分为100分。结果，多数学员并没有得到高分，有人甚至怀疑题目里本来就没有10个错误。考试讲评时，乔教授把文中错谬之处一一挑出来，并说明究竟错在哪里，令那些多为本科以上学历的校官学员好一阵欷歔嗟叹。后来这篇文章在《兵器知识》杂志上发表，吸引众多读者加入找错行列。仅读者来信，乔松楼就收到3公斤。但他怎么也想不到，多少年来第一次把他问倒的，居然是这位扎两个小辫儿、说话还有点奶声奶气的10岁巾帼。

如果是在3天前的课堂上被问倒，那他很好办，就说“不知道”。因为听课人本来就是长者、前辈，而他自己本身就是学生，并且他在开场白里先已说明了自己是作为学生汇报感想的。而现在，要说出这个他走上讲台以来从未说过的“不知道”，不知要比他几十年间攻克无数个“不知道”难上多少！

然而，几乎没有怎么停顿的，他像台下的提问者一样，真诚地把自己的“不知道”亮了出来：

“对不起，小朋友，这个，我还真不知道。”

台下一片哗然。

当主持老师几番制止，学生们终于平静下来时，乔松楼说话了：

"同学们，请允许我这个老人提一个请求：请你们收下我这个学生，让我加入你们的行列，来深入研究这个问题。我说'请你们收下我这个学生'，并不是谦虚式搪塞，古人早就有一字之师的佳话。你们是我什么样的老师呢？你们是我的想象力的老师。而且，俗话不是说'提出问题等于解决问题的一半'吗？这位同学提出这样一个尖端问题，说明她在这一点上学问比我高，至少是想得比我高；既然比我高，那就是我的老师了。现在，让我们一起来讨论这个难题，好吗？"

一阵似乎是还没有反应过来的静默之后，台下突然爆发起雷鸣般的掌声。而随着掌声的持续，乔松楼已经走下讲台，来到学生娃中，和那位提问的小同学及其他围拢过来的同学们，认认真真地讨论起来……

几年前，笔者在一篇文章中看到这样的评论：如果一个做学问的人，在任何时候任何地点都做权威状——天文地理无所不知、古今中外无所不晓，那他在本行业多半是个混子、油子甚至是个骗子。笔者当时曾为之击掌叫绝。

而现在，听完乔松楼的这个"趣闻"后，笔者也不由把双手做鼓掌状抬了起来。

——"三蛋理论"

在中国，凡有过联合作战学习或训练经历的人，恐怕没有不知道袁文先及其"三蛋理论"的。

"三蛋理论"其实只是一个比喻。袁文先曾在《解放军报》发表文章，以"鸡蛋"做比，把联合作战和联合训练中的"联合"划分为三种类型：

> 第一种类型是把"三个鸡蛋"放置在一个碗里，这叫初步联合；第二种类型是把"三个鸡蛋"打开放在一个碗里，这叫有限联合；第三种类型是把"三个鸡蛋"打开后经过充分搅拌，融成一体，这叫全面联合。
>
> 不可否认的是，在我军一些联合作战演习中，"联合"尚处于初

级阶段，近似于第一种类型。这种演习给人以“唱折子戏”的感觉。不能不清醒地认识到，我们的“联合”如果只停留于这一种类型，“联合”的战斗力增强效应是十分有限的。高级的“联合”才能发挥出最大的整体作战威力。而我们离第三种类型的联合还存在一定的距离。在一些演习中，情况设置简单、演习如演戏、敌人似弱智的现象比较普遍。这些情况说明了一个问题，就是我们的一些训练没有从难要求。俄国军事家苏沃洛夫说过：“练兵若难，进军就易；练兵若易，进军就难。”这句话强调了从难训练的重要性。为提高联合作战指挥能力，打赢未来高技术条件下的联合作战，我们一定要从难要求，把情况设想得复杂些、困难些、逼真些，把敌人设想得聪明些、强大些，“仗怎么打，将就怎么训”，宁败于操场，不败于战场。

这篇不足千字的文章发表后，立即引起高层关注，也在部队中产生强烈反响。许多熟悉的人打电话给袁文先，激动地说：“这下终于明白了什么是联合作战、什么是联合训练！”邀请袁文先前去讲课的电话也应接不暇。

袁文先的《司令部工作论》、《司令部训练论》、《司令部建设论》、《军事信息学》、《军队院校教育学》等专著，乃至他主导创建并任会长的军队指挥学会，都可谓是开创性的。但真正使他名闻遐迩的并非上述的大部头，而是区区一个比喻。这无疑是一个值得研究和重视的现象。

越来越多的事实表明，形象思维是创新能力的泉源和翅膀。如果说目前人类的创造潜能还有百分之九十需要开发的话，那么，它至少有百分之九十九是在管形象思维的右脑里。人类战争史上大量出奇制胜的战例，都是形象思维能力乃至建筑其间的直觉力的神来之笔。飞机、大炮奈何不得的以色列巴列夫防线之所以被埃及军队的高压水龙头冲垮，就是因为指挥者有足够的想象能力；不会打枪的毛泽东“用兵真如神”，无疑与他的诗人思维分不开……翻阅一些军事理论家的著述，其所以“市场”日益“小圈子化”，根本也在于此——要么是缺乏想象力，要么是想象力被日益强大的逻辑力“吃”了。一些发达国家似乎对此有所认知，纷纷掀起所谓“右脑革命”。

正如袁文先所做的一样，国防大学人也注意到了这一点，比如成立书画院、创作室（后者由于种种原因而只是挂出一个牌子），比如时常请艺术大师办讲座，比如鼓励教职学人员开展各种艺术学习、鉴赏和创作活动等，不断加强右脑的开发。“三蛋理论”也可谓是这种开发的代表作之一。

向未来的“制高点”冲刺

真正的创新一定是指向未来的，而指向未来的创新一定是以富于创造特质的创新机制为前提的。近年来，国防大学立足“以劣胜优”，紧跟时代步伐，瞄准世界新军事变革前沿，从完善创新机制入手，向着夺取人才这个未来战争的制高点奋力冲刺。

在继承前人创新基业的同时，作为2008年创新“龙头工程”，国防大学组织精兵强将联合攻关，仅用半年多时间，便在完善创新机制和科研体系上取得多项重要突破。

——针对新世纪新阶段军队履行新使命的新需求，成功设立了国家安全战略学、空间作战学、外军作战学、信息作战学、国防教育学等若干新兴学科，从而填补了国防大学学科建设的空白，为军队抢占未来战争制高点构建起新的冲击出发阵地。

——针对联合作战指挥人才培养需要解决的一系列重大问题，成功出台了《深入贯彻科学发展观，加强联合作战指挥人才培养的意见》，从而为国防大学今后一个时期全面推进各项改革和建设，立起了基本遵循。

——按照“挑尖选能”的引才思路，协调军内外有关部门，成功建立起“优秀人才库”和“特聘校外研究员制度”,从而为国防大学“搬师请贤”、形成强势名师群体，提供了人才资源保障。

——为深入探索国防大学联合作战指挥人才培养的特殊规律，学校成功建立起“联合作战指挥人才培养理论研究成果数据库”，从而为提升联合办学能力提供了有力的信息资源保障。

——本着“完善已有的、开发急需的”科研设施建设指导原则，学校紧锣密鼓地创建和完善联合作战实验室、装备教学中心以及科研情报分析研究中心等，从而为联合作战指挥人才培养营造更加贴近实战的战争实验体系和科研实践平台。

……

☆虚拟演兵　（王利　绘）

“当今世界”，国防大学党委反复强调，“谁能捕捉到理论制高点、学术创新点，谁就能掌握现代战争的主动权。”为此，2010 年 7 月，经过深入调查研究，校党委出台《国防大学关于推进军事理论创新的意见》，围绕“构建具有我军特色和国际先进水平的战略智库”目标，作出系统规划、提出具体措施。如：构建“3+4”理论创新体系的框架模式，建设国防大学战略咨询研究小组，设立战略智库建设专项基金，加强情报信息和专项实验室建设，打造高端学术活动平台，努力像革命战争年代那样推出经典理论和“国防大学说”。从而，为在人民军队抢占未来战争制高点的冲刺中发挥国防大学应有的作用打开了新径。

第八章 群星璀璨

—— 一份值得炫耀的名单

在一次视察国防大学时，中央军委原副主席张万年环顾在座的军委、总部首长，高兴地对参加座谈会的学员说："我们都是国防大学的学员！"

一语点开万里图。80 多年来，人民军队绝大多数将领都经过国防大学及其前身院校一次或多次培训，地方数以千计的省部级领导干部乃至一些国企领导也曾到这里进修深造；随着防务学院这个特殊对外交流窗口的发展与扩大，这里还走出了一批批外军学员。他们，有的已成长为政府或军队领导人，有的成为社会各界名流大家；他们，既是国防大学辉煌历史的书写者、见证者，又是这所中国最高军事学府灿烂未来的传承者、昭示者。

现在，就让我们走进国防大学校史馆，来看看学员名录，看看那些耀人眼目的名字[①]，看看他们在这片将星升腾之地留下的学习足迹——

① 由于本章系"一份值得炫耀的名单"，个别犯有严重政治错误或刑事罪行的人员未列入其中。

中央军事委员会副主席

（以任职时间为序）

张　震

1937 年 1 月至 8 月，在中国人民抗日军事政治大学第二期[①] 学习；

1954 年 9 月至 1957 年 7 月，在中国人民解放军军事学院战役系学习。

张万年

1958 年 12 月至 1961 年 6 月，在中国人民解放军军事学院基本系学习；

1978 年 9 月至 1979 年 12 月，在中国人民解放军军事学院高级系学习。

☆将星闪耀　（张立奎　绘）

① 与中国人民抗日红军大学第一期衔接，史有“红大没有第二期，抗大没有第一期”之说，下同。

迟浩田

1945年9月，在中国人民抗日军事政治大学第一分校第八期学习；

1959年2月至1960年12月，在中国人民解放军军事学院合成系[①]学习。

郭伯雄

1981年9月至1983年7月，在中国人民解放军军事学院基本系[②]学习；

1990年4月至5月，在中国人民解放军国防大学国防研究系[③]学习；

1993年9月至11月，在中国人民解放军国防大学进修系[④]学习。

曹刚川

1981年9月至1983年7月，在中国人民解放军军事学院基本系学习；

1990年4月至5月，在中国人民解放军国防大学国防研究系学习；

1990年6月至7月，在中国人民解放军国防大学国防研究系学习。

徐才厚

1980年10月至1982年8月，在中国人民解放军政治学院基本系学习；

1990年11月至12月，在中国人民解放军国防大学国防研究系学习；

1991年10月至12月，在中国人民解放军国防大学国防研究系学习。

范长龙

1980年10月至1982年8月，在中国人民解放军军事学院基本系学习；

1993年9月至11月，在中国人民解放军国防大学进修系学习；

1995年9月至11月，在中国人民解放军国防大学国防研究系学习；

1996年4月至5月，在中国人民解放军国防大学进修系学习。

许其亮

1986年9月至1988年7月，在中国人民解放军国防大学基本系学习；

1994年9月至11月，在中国人民解放军国防大学进修系学习；

---

① 1958年3月入中国人民解放军总高级步兵学校。该校于1959年2月并入中国人民解放军军事学院。

② 2012年9月更名为国防大学联合指挥与参谋学院，下同。

③ 2012年9月更名为国防大学国防安全学院，下同。

④ 2012年9月更名为国防大学进修学院，下同。

1998 年 7 月至 10 月，在中国人民解放军国防大学国防研究系学习；

2001 年 3 月至 7 月，在中国人民解放军国防大学国防研究系学习。

中华人民共和国国防部部长

（不含升任上级职务的，以任职时间为序）

耿　飚

1936 年 6 月至 12 月，在中国人民抗日红军大学第一期学习。

张爱萍

1934 年 6 月至 9 月，在中国工农红军大学校上级指挥科学习；

1936 年 6 月至 12 月，在中国人民抗日红军大学第一期学习。

秦基伟

1950 年 11 月至 1951 年 1 月，在中国人民解放军军事学院速成系学习；

1955 年 9 月至 1957 年 7 月，在中国人民解放军军事学院战役系学习。

梁光烈

1975 年 2 月至 1976 年 1 月，在中国人民解放军军政大学军事系学习；

1982 年 3 月至 1983 年 1 月，在中国人民解放军军事学院高级指挥系学习；

1987 年 9 月至 12 月，在中国人民解放军国防大学进修系学习；

1989 年 3 月至 4 月，在中国人民解放军国防大学国防研究系学习；

1991 年 4 月至 5 月，在中国人民解放军国防大学国防研究系学习。

常万全

1994 年 3 月至 1995 年 1 月，在中国人民解放军国防大学基本系学习；

2005 年 9 月，在中国人民解放军国防大学国防研究系学习；

2006 年 5 月，在中国人民解放军国防大学国防研究系学习。

中国人民解放军总参谋长

（不含升任上级职务的，以任职时间为序）

罗瑞卿

1936年6月至12月，在中国人民抗日红军大学第一期学习。

杨成武①

1936年6月至12月，在中国人民抗日红军大学第一期学习。

杨得志

1937年1月至8月，在中国人民抗日军事政治大学第二期学习

1954年9月至1957年7月，在中国人民解放军军事学院战役系学习。

傅全有

1959年2月至1961年2月，在中国人民解放军军事学院合成系学习；

1973年8月至1974年7月，在中国人民解放军军政大学高级系学习；

1979年2月至1980年1月，在中国人民解放军军事学院高级系学习；

1989年3月至4月，在中国人民解放军国防大学国防研究系学习。

陈炳德

1979年9月至1981年1月，在中国人民解放军军事学院基本系学习；

1983年9月至1985年7月，在中国人民解放军军事学院基本系学习。

房峰辉

1988年9月至1989年7月，在中国人民解放军国防大学基本系学习；

2001年3月至7月，在中国人民解放军国防大学国防研究系学习。

① 1965年12月至1968年3月，任解放军代总参谋长。

中国人民解放军总政治部主任

（不含升任上级职务的，以任职时间为序）

罗荣桓

1936 年 6 月至 12 月，在中国人民抗日红军大学第一期学习。

谭　政

1936 年 6 月至 12 月，在中国人民抗日红军大学第一期学习。

李德生

1958 年 12 月至 1960 年 12 月，在中国人民解放军高等军事学院基本系学习。

韦国清

1931 年 11 月至 1932 年 1 月，在中央军事政治学校特科学习；

1934 年 1 月至 5 月，在中国工农红军大学校上级指挥科学习。

余秋里

1936 年 11 月至 12 月，在中国人民抗日红军大学第一期学习；

1937 年 1 月至 8 月，在中国人民抗日军事政治大学第二期学习。

杨白冰

1938 年 8 月至 12 月，在中国人民抗日军事政治大学第四期学习；

1958 年 11 月至 1959 年 5 月，在中国人民解放军政治学院轮训系学习。

李继耐

1994 年 4 月，在中国人民解放军国防大学进修系学习；

2001 年 8 月至 9 月，在中国人民解放军国防大学国防研究系学习。

张　阳

1991 年 10 月至 1992 年 7 月，在中国人民解放军国防大学基本系学习；

2004 年 3 月至 7 月，在中国人民解放军国防大学国防研究系学习；

2007 年 11 月，在中国人民解放军国防大学国防研究系学习。

中国人民解放军总后勤部部长
（不含升任上级职务的，以任职时间为序）

杨立三

1936 年 6 月至 12 月，在中国人民抗日红军大学第一期学习。

洪学智

1936 年 11 月至 12 月，在中国人民抗日红军大学第一期学习；

1937 年 1 月至 1938 年 2 月，在中国人民抗日军事政治大学第二、三期学习；

1953 年 8 月至 1954 年 2 月，在中国人民解放军军事学院高级系学习。

张宗逊

1934 年 5 月至 6 月，在中国工农红军大学校高级指挥科学习。

王　克

1979 年 3 月至 1980 年 1 月，在中国人民解放军军事学院高级系学习；

1989 年 3 月至 4 月，在中国人民解放军国防大学国防研究系学习。

廖锡龙

1980 年 3 月至 1981 年 8 月，在中国人民解放军军事学院基本系学习；

1986 年 9 月至 12 月，在中国人民解放军国防大学国防研究系学习；

1994 年 6 月，在中国人民解放军国防大学进修系学习。

赵克石

1993 年 9 月至 11 月，在中国人民解放军国防大学进修系学习；

2003 年 2 月至 7 月，在中国人民解放军国防大学国防研究系学习。

中国人民解放军总装备部部长

（不含升任上级职务的，以任职时间为序）

张又侠

1994 年 11 月，在中国人民解放军国防大学进修系学习；

1996 年 3 月至 1997 年 1 月，在中国人民解放军国防大学基本系学习；

2003 年 10 月至 12 月，在中国人民解放军国防大学国防研究系学习。

1955 年授衔的元帅

罗荣桓

驻学经历同前。

1955 年授衔的大将

陈　赓

1937 年 1 月至 4 月，在中国人民抗日军事政治大学第二期学习。

谭　政

驻学经历同前。

萧劲光

1957 年 3 月至 6 月，在中国人民解放军军事学院海军系学习。

罗瑞卿

驻学经历同前。

王树声

1937 年 8 月至 1938 年 3 月，在中国人民抗日军事政治大学第三期学习。

1955 年以来授衔的上将

（以授衔时间为序）

张宗逊

驻学经历同前。

王　震

1937 年 4 月至 5 月，在中国人民抗日军事政治大学第二期学习。

许世友

1936 年 11 月至 12 月，在中国人民抗日红军大学学习；

1937 年 8 月至 1938 年 4 月，在中国人民抗日军事政治大学第三期学习。

邓　华

1934 年 8 月至 10 月，在中国工农红军大学校高级指挥科学习。

张爱萍

驻学经历同前。

杨成武

驻学经历同前。

韩先楚

1937 年 1 月至 8 月，在中国人民抗日军事政治大学第二期学习；

1955 年 9 月至 1957 年 7 月，在中国人民解放军军事学院战役系学习。

王　平

1936 年 6 月至 12 月，在中国人民抗日红军大学第一期学习。

宋任穷

1934 年 3 月至 10 月，在中国工农红军大学校高级指挥科学习。

赖传珠

1937 年 5 月至 8 月，在中国人民抗日军事政治大学第二期学习。

洪学智

驻学经历同前

周士第

1936 年 6 月至 12 月，在中国人民抗日红军大学第一期学习。

郭天民

1933 年 5 月至 10 月，在中国工农红军学校高级科学习；

1933 年 10 月至 12 月，在中国工农红军大学校高级指挥科学习；

1952 年 10 月至 1955 年 4 月，在中国人民解放军军事学院高级系学习。

周纯全

1937 年 1 月至 8 月，在中国人民抗日军事政治大学第二期学习。

陈再道

1934 年 12 月，随长征中的红军大学学习。

陈奇涵

1937 年 1 月至 8 月，在中国人民抗日军事政治大学第二期学习。

苏振华

1936 年 6 月至 12 月，在中国人民抗日红军大学第一期学习。

刘亚楼

1929 年 12 月至 1930 年 4 月，在红四军随营学校学习；

1936 年 6 月至 12 月，在中国人民抗日红军大学第一期学习。

刘　震

1936 年 6 月至 12 月，在中国人民抗日红军大学第一期学习；

1954 年 9 月至 1957 年 7 月，在中国人民解放军军事学院战役系学习。

陈锡联

1955 年 1 月至 1957 年 7 月，在中国人民解放军军事学院战役系学习。

韦国清

驻学经历同前。

陈士榘

1936 年 6 月至 12 月，在中国人民抗日红军大学第一期学习。

陈伯钧

1932 年 10 月至 1933 年 1 月，在中国工农红军学校上级干部队学习；

1955 年 3 月至 1957 年 7 月，在中国人民解放军军事学院战役系学习。

宋时轮

1934 年 2 月至 5 月，在中国工农红军大学校上级指挥科学习。

唐　亮

1932 年 12 月至 1933 年 6 月，在中国工农红军学校高级干部政治班学习。

杨得志

驻学经历同前。

王新亭

1958 年 3 月至 11 月，在中国人民解放军高等军事学院速成系学习。

李天佑

1932 年 7 月至 1933 年 1 月，在中国工农红军学校上级干部队学习；

1954 年 9 月至 1957 年 7 月，在中国人民解放军军事学院战役系学习。

贺炳炎

1937 年 11 月至 1938 年 1 月，在中国人民抗日军事政治大学第三期学习。

杨　勇

1950 年 11 月至 1952 年 4 月，在中国人民解放军军事学院高级速成系学习。

李志民

1937 年 6 月至 7 月，在中国人民抗日军事政治大学第三期学习。

赵尔陆

1936年6月至12月，在中国人民抗日红军大学第一期学习。

王建安

1936年11月至12月，在中国人民抗日红军大学第一期学习；

1937年1月至1938年5月，在中国人民抗日军事政治大学第二、三期学习。

秦基伟

驻学经历同前。

迟浩田

驻学经历同前。

杨白冰

驻学经历同前。

郭林祥

1937年8月至1938年3月，在中国人民抗日军事政治大学第三期学习。

尤太忠

1950年12月至1951年2月，在中国人民解放军军事学院速成系学习；

1958年2月至1960年9月，在中国人民解放军高等军事学院基本系学习。

王诚汉

1936年2月至6月，在西北抗日红军大学上级干部队学习；

1938年8月至12月，在中国人民抗日军事政治大学第四期学习；

1950年11月至1951年3月，在中国人民解放军军事学院高级速成科学习；

1955年1月至1957年7月,在中国人民解放军军事学院速成系学习。

张　震

驻学经历同前。

李德生

驻学经历同前。

刘振华

1955年1月至1957年5月，在中国人民解放军军事学院高级速成系学习。

向守志

1958年1月至1960年8月，在中国人民解放军高等军事学院基本系学习。

万海峰

1955年9月至1957年7月，在中国人民解放军军事学院合成指挥系学习。

李耀文

1962年9月至1963年7月，在中国人民解放军高等军事学院速成系学习。

张万年

驻学经历同前。

傅全有

驻学经历同前。

朱敦法

1959年2月至1960年12月，在中国人民解放军军事学院合成指挥系学习；1978年3月至1979年1月，在中国人民解放军军事学院高级系学习。

张连忠

1979年3月至1980年9月，在中国人民解放军军事学院高级系学习；1986年9月至12月，在中国人民解放军国防大学国防研究系学习。

徐惠滋

1956年至1960年，在中国人民解放军军事学院基本系学习。

杨德中

1938年4月至12月，在中国人民抗日军事政治大学第四期学习。

戴学江

1991年4月至5月，在中国人民解放军国防大学国防研究系学习。

王　克

驻学经历同前。

李来柱

1976年3月至1977年1月,在中国人民解放军军政大学军事系学习；

1978年3月至1979年1月,在中国人民解放军军事学院基本系学习。

谷善庆

1983年9月至1984年1月,在中国人民解放军军事学院高级系学习。

刘精松

1989年3月至4月，在中国人民解放军国防大学国防研究系学习。

曹芃生

1978年3月至1979年2月,在中国人民解放军政治学院高级系学习。

张太恒

1958年12月至1961年6月,在中国人民解放军军事学院高级系学习；

1991年10月至12月，在中国人民解放军国防大学国防研究系学习。

宋清渭

1978年9月至1979年8月,在中国人民解放军政治学院高级系学习。

固　辉

1958年12月至1961年6月,在中国人民解放军军事学院基本系学习；

1979年9月至1980年9月,在中国人民解放军军事学院高级系学习；

1986年9月至12月，在中国人民解放军国防大学国防研究系学习。

李希林

1964年至1965年，在中国人民解放军军事学院合成指挥系学习；

1979年3月至1980年9月，在中国人民解放军军事学院高级系学习；

1986年9月至12月,在中国人民解放军国防大学国防研究系学习；

1991年6月至7月,在中国人民解放军国防大学国防研究系学习。

史玉孝

1979年9月至1980年8月,在中国人民解放军政治学院基本系学习。

李九龙

1978年1月至1979年12月,在中国人民解放军军事学院高级系学习;

1989年3月至4月，在中国人民解放军国防大学国防研究系学习。

周子玉

1990年11月至12月，在中国人民解放军国防大学国防研究系学习。

丁文昌

1989年3月至4月，在中国人民解放军国防大学国防研究系学习。

隋永举

1989年3月至4月，在中国人民解放军国防大学国防研究系学习;

1990年11月至12月，在中国人民解放军国防大学国防研究系学习。

曹刚川

驻学经历同前。

杨国梁

1990年4月至5月，在中国人民解放军国防大学国防研究系学习。

邢世忠

1983年3月至1984年1月,在中国人民解放军军事学院高级系学习;

1989年3月至4月，在中国人民解放军国防大学国防研究系学习;

1994年5月，在中国人民解放军国防大学进修系学习。

王茂润

1983年9月至1985年7月,在中国人民解放军军事学院高级系学习;

1990年11月至12月，在中国人民解放军国防大学国防研究系学习;

1994年6月，在中国人民解放军国防大学进修系学习。

李新良

1980年3月至1981年7月，在中国人民解放军军事学院基本系学习;

1986年9月至12月，在中国人民解放军国防大学国防研究系学习;

1990 年 11 月至 12 月，在中国人民解放军国防大学国防研究系学习。

方祖岐

1989 年 3 月至 4 月，在中国人民解放军国防大学国防研究系学习；1991 年 10 月至 11 月，在中国人民解放军国防大学国防研究系学习。

陶伯钧

1983 年 9 月至 1985 年 7 月，在中国人民解放军军事学院高级系学习；1994 年 4 月，在中国人民解放军国防大学进修系学习。

张志坚

1990 年 4 月至 5 月，在中国人民解放军国防大学国防研究系学习。

杨国屏

1982 年 9 月至 1983 年 7 月，在中国人民解放军军事学院进修系学习；1991 年 10 月至 12 月，在中国人民解放军国防大学国防研究系学习；1995 年 8 月至 9 月，在中国人民解放军国防大学进修系学习。

郭伯雄

驻学经历同前。

徐才厚

驻学经历同前。

隗福临

1980 年 10 月至 1982 年 7 月，在中国人民解放军军事学院基本系学习。

吴铨叙

1983 年 9 月至 1985 年 8 月，在中国人民解放军军事学院高级系学习；1990 年 6 月至 7 月，在中国人民解放军国防大学国防研究系学习。

钱树根

1979 年 9 月至 1981 年 1 月，在中国人民解放军军事学院基本系学习；1989 年 3 月至 4 月，在中国人民解放军国防大学国防研究系学习。

熊光楷

1981 年 3 月至 12 月，在中国人民解放军军事学院高级系学习。

袁守芳

1980年3月至1981年1月,在中国人民解放军政治学院基本系学习;

1991年6月至7月，在中国人民解放军国防大学国防研究系学习;

2001年8月至9月，在中国人民解放军国防大学国防研究系学习。

张树田

1984年3月至1985年1月,在中国人民解放军政治学院基本系学习;

1996年8月至9月，在中国人民解放军国防大学进修系学习;

1997年9月至11月，在中国人民解放军国防大学国防研究系学习。

周坤仁

1980年1月至1981年8月,在中国人民解放军政治学院基本系学习;

1990年4月至5月，在中国人民解放军国防大学国防研究系学习;

2001年8月至9月，在中国人民解放军国防大学国防研究系学习。

李继耐

驻学经历同前。

石云生

1970年8月至1971年1月,在中国人民解放军军政大学军事系学习;

1990年9月至10月，在中国人民解放军国防大学国防研究系学习;

1993年9月至11月，在中国人民解放军国防大学进修系学习。

杨怀庆

1994年5月至6月，在中国人民解放军国防大学进修系学习;

1994年9月至12月，在中国人民解放军国防大学国防研究系学习;

2001年8月至9月，在中国人民解放军国防大学国防研究系学习。

刘顺尧

1990年4月至5月，在中国人民解放军国防大学国防研究系学习;

1992年9月至12月，在中国人民解放军国防大学国防研究系学习。

王祖训

1980年3月至1981年7月,在中国人民解放军军事学院基本系学习;

1990年4月至5月，在中国人民解放军国防大学国防研究系学习;

1991年10月至12月，在中国人民解放军国防大学国防研究系学习；

1993年9月至11月，在中国人民解放军国防大学进修系学习。

杜铁环

1982年9月至1984年7月，在中国人民解放军政治学院基本系学习；

1991年6月至7月，在中国人民解放军国防大学国防研究系学习；

2001年8月至9月，在中国人民解放军国防大学国防研究系学习。

廖锡龙

驻学经历同前。

徐永清

1990年6月至7月，在中国人民解放军国防大学国防研究系学习；

1993年4月至6月，在中国人民解放军国防大学进修系学习；

1994年3月至1995年1月，在中国人民解放军国防大学基本系学习；

2001年8月至9月，在中国人民解放军国防大学国防研究系学习。

乔清晨

1994年6月，在中国人民解放军国防大学进修系学习；

1994年9月至12月，在中国人民解放军国防大学国防研究系学习；

2001年8月至9月，在中国人民解放军国防大学国防研究系学习。

温宗仁

1979年8月至1980年9月，在中国人民解放军政治学院基本系学习；

1983年9月至1985年7月，在中国人民解放军军事学院基本系学习；

1990年4月至5月，在中国人民解放军国防大学国防研究系学习；

1993年4月至6月，在中国人民解放军国防大学进修系学习；

1994年4月，在中国人民解放军国防大学进修系学习；

2005年9月，在中国人民解放军国防大学国防研究系学习。

钱国梁

1978年3月至1979年7月，在中国人民解放军军事学院基本系学习；

1991年4月至5月，在中国人民解放军国防大学国防研究系学习；

1992年9月至12月，在中国人民解放军国防大学国防研究系学习。

姜福堂

1979年9月至1980年7月,在中国人民解放军政治学院高级系学习；
1990年11月至12月，在中国人民解放军国防大学国防研究系学习；
1993年4月至7月，在中国人民解放军国防大学国防研究系学习；
1995年4月，在中国人民解放军国防大学进修系学习；
2001年8月至9月，在中国人民解放军国防大学国防研究系学习。

陈炳德

驻学经历同前。

梁光烈

驻学经历同前。

刘书田

1982年3月至7月，在中国人民解放军政治学院高级系学习；
1990年4月至5月，在中国人民解放军国防大学国防研究系学习；
1993年4月至6月，在中国人民解放军国防大学进修系学习；
1994年6月，在中国人民解放军国防大学进修系学习；
2001年8月至9月，在中国人民解放军国防大学国防研究系学习；
2005年9月，在中国人民解放军国防大学国防研究系学习。

葛振峰

1981年9月至1983年7月，在中国人民解放军军事学院指挥系学习；
1990年11月至12月，在中国人民解放军国防大学国防研究系学习；
1991年6月至7月，在中国人民解放军国防大学进修系学习；
1994年9月至12月，在中国人民解放军国防大学国防研究系学习；
1996年4月至5月，在中国人民解放军国防大学进修系学习。

张　黎

2001年8月至9月，在中国人民解放军国防大学国防研究系学习；
2008年9月，在中国人民解放军国防大学国防研究系学习。

张文台

1980年3月至1981年1月,在中国人民解放军政治学院基本系学习;

1990年9月至10月，在中国人民解放军国防大学国防研究系学习;

1996年9月至12月，在中国人民解放军国防大学国防研究系学习;

1998年3月至4月，在中国人民解放军国防大学国防研究系学习。

胡彦林

1986年9月至1988年7月,在中国人民解放军国防大学基本系学习;

1998年3月至5月，在中国人民解放军国防大学国防研究系学习;

2005年9月，在中国人民解放军国防大学国防研究系学习;

2006年5月，在中国人民解放军国防大学国防研究系学习;

2007年11月，在中国人民解放军国防大学国防研究系学习。

郑申侠

1986年8月至1988年7月,在中国人民解放军国防大学基本系学习;

1993年9月至11月，在中国人民解放军国防大学进修系学习;

1995年8月至9月，在中国人民解放军国防大学进修系学习;

2006年5月，在中国人民解放军国防大学国防研究系学习。

赵可铭

1994年4月，在中国人民解放军国防大学进修系学习;

1998年3月至4月，在中国人民解放军国防大学国防研究系学习;

2001年8月至9月，在中国人民解放军国防大学国防研究系学习;

2005年9月，在中国人民解放军国防大学国防研究系学习。

朱　启

1982年9月至1984年7月,在中国人民解放军军事学院基本系学习;

1988年9月至12月，在中国人民解放军国防大学进修系学习;

1990年9月至10月，在中国人民解放军国防大学国防研究系学习;

1991年5月至6月，在中国人民解放军国防大学进修系学习;

1994年9月至11月，在中国人民解放军国防大学国防研究系学习;

1995年8月至9月，在中国人民解放军国防大学进修系学习。

李乾元

1980年10月至1982年8月，在中国人民解放军军事学院基本系学习；

1988年9月至12月，在中国人民解放军国防大学进修系学习；

1991年6月至7月，在中国人民解放军国防大学国防研究系学习；

1994年4月，在中国人民解放军国防大学进修系学习；

2006年5月，在中国人民解放军国防大学国防研究系学习。

刘冬冬

1981年9月至1983年7月，在中国人民解放军政治学院基本系学习；

1995年4月，在中国人民解放军国防大学进修系学习；

2001年8月至9月，在中国人民解放军国防大学国防研究系学习；

2005年9月，在中国人民解放军国防大学国防研究系学习；

2006年5月，在中国人民解放军国防大学国防研究系学习；

2007年11月，在中国人民解放军国防大学国防研究系学习。

雷鸣球

1980年10月至1982年7月，在中国人民解放军政治学院基本系学习；

1990年11月至12月，在中国人民解放军国防大学国防研究系学习；

1992年9月至12月，在中国人民解放军国防大学国防研究系学习；

1994年6月，在中国人民解放军国防大学进修系学习；

2001年8月至9月，在中国人民解放军国防大学国防研究系学习；

2005年9月，在中国人民解放军国防大学国防研究系学习。

刘镇武

1987年9月至1989年7月，在中国人民解放军国防大学基本系学习；

2001年3月至7月，在中国人民解放军国防大学进修系学习；

2007年11月，在中国人民解放军国防大学国防研究系学习；

2008年9月，在中国人民解放军国防大学国防研究系学习。

杨德清

1980年10月至1982年7月，在中国人民解放军政治学院基本系学习；

2001年8月至9月，在中国人民解放军国防大学国防研究系学习；

2005年9月，在中国人民解放军国防大学国防研究系学习；

2006年5月，在中国人民解放军国防大学国防研究系学习。

吴双战

1987年3月至7月，在中国人民解放军国防大学进修系学习；

2006年5月，在中国人民解放军国防大学国防研究系学习。

隋明太

1976年9月至1977年8月,在中国人民解放军军政大学政治系学习；

1986年9月至1988年7月,在中国人民解放军国防大学基本系学习；

1991年6月至7月，在中国人民解放军国防大学国防研究系学习；

2005年9月，在中国人民解放军国防大学国防研究系学习。

张定发

1988年4月至7月，在中国人民解放军国防大学国防研究系学习；

1994年4月，在中国人民解放军国防大学进修系学习；

1999年5月至7月，在中国人民解放军国防大学进修系学习。

靖志远

1981年9月至1983年8月,在中国人民解放军军事学院基本系学习；

2001年3月至7月，在中国人民解放军国防大学国防研究系学习。

刘永治

1982年9月至1984年7月,在中国人民解放军政治学院基本系学习；

1994年6月，在中国人民解放军国防大学进修系学习；

1999年4月，在中国人民解放军国防大学进修系学习；

2001年3月至7月，在中国人民解放军国防大学国防研究系学习；

2005年9月，在中国人民解放军国防大学国防研究系学习；

2006年5月，在中国人民解放军国防大学国防研究系学习；

2007年11月，在中国人民解放军国防大学国防研究系学习；

2008年10月，在中国人民解放军国防大学进修系学习。

孙忠同

1991年4月至5月，在中国人民解放军国防大学国防研究系学习；

2008 年 9 月，在中国人民解放军国防大学国防研究系学习；

2008 年 9 月，在中国人民解放军国防大学进修系学习。

迟万春

1989 年 9 月至 1990 年 7 月，在中国人民解放军国防大学基本系学习；

1997 年 3 月至 4 月，在中国人民解放军国防大学进修系学习；

2001 年 8 月至 9 月，在中国人民解放军国防大学国防研究系学习；

2005 年 9 月，在中国人民解放军国防大学国防研究系学习；

2006 年 5 月，在中国人民解放军国防大学国防研究系学习；

2007 年 11 月，在中国人民解放军国防大学国防研究系学习。

邓昌友

1981 年 9 月至 1983 年 7 月，在中国人民解放军政治学院基本系学习；

1995 年 8 月至 9 月，在中国人民解放军国防大学进修系学习；

2005 年 9 月，在中国人民解放军国防大学国防研究系学习；

2006 年 5 月，在中国人民解放军国防大学国防研究系学习；

2007 年 11 月，在中国人民解放军国防大学国防研究系学习。

彭小枫

1997 年 3 月至 4 月，在中国人民解放军国防大学进修系学习；

2005 年 9 月，在中国人民解放军国防大学国防研究系学习；

2006 年 5 月，在中国人民解放军国防大学国防研究系学习；

2007 年 11 月，在中国人民解放军国防大学国防研究系学习。

裴怀亮

1980 年 10 月至 1982 年 8 月，在中国人民解放军军事学院基本系学习；

1990 年 4 月至 5 月，在中国人民解放军国防大学国防研究系学习；

1991 年 6 月至 7 月，在中国人民解放军国防大学国防研究系学习；

1994 年 9 月至 12 月，在中国人民解放军国防大学国防研究系学习；

1996 年 8 月至 9 月，在中国人民解放军国防大学进修系学习；

1999 年 5 月至 7 月，在中国人民解放军国防大学进修系学习；

2006 年 5 月，在中国人民解放军国防大学国防研究系学习。

符廷贵

1986 年 9 月至 1988 年 7 月，在中国人民解放军国防大学基本系学习；

1995 年 4 月，在中国人民解放军国防大学进修系学习；

1997 年 9 月至 11 月，在中国人民解放军国防大学国防研究系学习；

2001 年 3 月至 7 月，在中国人民解放军国防大学国防研究系学习；

2005 年 9 月，在中国人民解放军国防大学国防研究系学习；

2006 年 5 月，在中国人民解放军国防大学国防研究系学习；

2007 年 11 月，在中国人民解放军国防大学国防研究系学习。

喻林祥

2005 年 9 月，在中国人民解放军国防大学国防研究系学习；2007 年 11 月，在中国人民解放军国防大学国防研究系学习。

朱文泉

1980 年 9 月至 1982 年 7 月，在中国人民解放军军事学院基本系学习；

1993 年 9 月至 11 月，在中国人民解放军国防大学进修系学习；

1995 年 4 月，在中国人民解放军国防大学进修系学习；

1996 年 9 月至 12 月，在中国人民解放军国防大学国防研究系学习；

2002 年 3 月至 7 月，在中国人民解放军国防大学国防研究系学习；

2006 年 5 月，在中国人民解放军国防大学国防研究系学习。

王建民

1989 年 9 月至 1990 年 7 月，在中国人民解放军国防大学基本系学习；

1993 年 9 月至 11 月，在中国人民解放军国防大学进修系学习；

1996 年 8 月至 9 月，在中国人民解放军国防大学进修系学习。

许其亮

驻学经历同前。

孙大发

1986 年 9 月至 1988 年 7 月，在中国人民解放军国防大学基本系学习；

1993 年 4 月至 6 月，在中国人民解放军国防大学进修系学习；

1994 年 6 月，在中国人民解放军国防大学进修系学习；

1998 年 3 月至 5 月，在中国人民解放军国防大学国防研究系学习；

2003 年 2 月至 7 月，在中国人民解放军国防大学国防研究系学习；

2005 年 9 月，在中国人民解放军国防大学国防研究系学习；

2006 年 5 月，在中国人民解放军国防大学国防研究系学习；

2007 年 11 月，在中国人民解放军国防大学国防研究系学习。

吴胜利

1993 年 9 月至 11 月，在中国人民解放军国防大学进修系学习；

1997 年 3 月至 4 月，在中国人民解放军国防大学进修系学习；

2003 年 3 月至 7 月，在中国人民解放军国防大学国防研究学习。

常万全

驻学经历同前。

黄献中

2000 年 5 月至 6 月，在中国人民解放军国防大学进修系学习；

2002 年 3 月至 7 月，在中国人民解放军国防大学国防研究系学习；

2005 年 9 月，在中国人民解放军国防大学国防研究系学习；

2007 年 11 月，在中国人民解放军国防大学国防研究系学习。

刘振起

1998 年 3 月至 4 月，在中国人民解放军国防大学国防研究系学习。

范长龙

驻学经历同前。

马晓天

1993 年 3 月至 1994 年 1 月,在中国人民解放军国防大学基本系学习；

1997 年 3 月至 4 月，在中国人民解放军国防大学国防研究系学习；

2002 年 3 月至 7 月，在中国人民解放军国防大学国防研究系学习；

2004 年 9 月，在中国人民解放军国防大学国防研究系学习。

刘　源

1994 年 9 月至 12 月，在中国人民解放军国防大学国防研究系学习；

1999年5月至7月，在中国人民解放军国防大学进修系学习；

2007年11月，在中国人民解放军国防大学国防研究系学习。

张海阳

1983年9月至1985年7月，在中国人民解放军政治学院基本系学习；

1998年3月至4月，在中国人民解放军国防大学国防研究系学习；

2001年10月至12月，在中国人民解放军国防大学国防研究系学习；

2002年3月至7月，在中国人民解放军国防大学国防研究系学习；

2006年5月，在中国人民解放军国防大学国防研究系学习；

2007年11月，在中国人民解放军国防大学国防研究系学习。

章沁生

1997年3月至1998年1月，在中国人民解放军国防大学基本系学习；

2005年9月，在中国人民解放军国防大学国防研究系学习。

童世平

1993年11月至12月，在中国人民解放军国防大学进修系学习；

2003年2月至7月，在中国人民解放军国防大学国防研究系学习；

2007年11月，在中国人民解放军国防大学国防研究系学习。

李安东

1996年3月至1997年1月，在中国人民解放军国防大学基本系学习。

刘成军

1992年2月至1993年1月，在中国人民解放军国防大学基本系学习；

2000年10月至12月，在中国人民解放军国防大学国防研究系学习；

2003年2月至7月，在中国人民解放军国防大学国防研究系学习。

王喜斌

1994年11月，在中国人民解放军国防大学进修系学习；

1997年3月至1998年1月，在中国人民解放军国防大学基本系学习；

2004年10月至12月，在中国人民解放军国防大学国防研究系学习；

2005年3月至7月，在中国人民解放军国防大学国防研究系学习。

房峰辉

驻学经历同前。

王国生

1991年9月至1992年7月,在中国人民解放军国防大学基本系学习;

2003年2月至7月,在中国人民解放军国防大学国防研究系学习;

2004年9月,在中国人民解放军国防大学国防研究系学习。

赵克石

驻学经历同前。

陈国令

2000年3月至4月,在中国人民解放军国防大学进修系学习;

2004年3月至7月,在中国人民解放军国防大学国防研究系学习;

2007年11月,在中国人民解放军国防大学国防研究系学习。

张　阳

驻学经历同前。

李世明

1999年4月,在中国人民解放军国防大学进修系学习;

2002年10月至12月,在中国人民解放军国防大学国防研究系学习。

孙建国

2002年3月至7月,在中国人民解放军国防大学国防研究系学习。

侯树森

2002年3月至7月,在中国人民解放军国防大学国防研究系学习。

刘晓江

2001年3月至7月,在中国人民解放军国防大学国防研究系学习;

2002年11月至12月,在中国人民解放军国防大学进修系学习。

张又侠

驻学经历同前。

李长才

1997年3月至1998年1月,在中国人民解放军国防大学基本系学习;

2000年10月至12月，在中国人民解放军国防大学国防研究系学习；

2002年3月至7月，在中国人民解放军国防大学国防研究系学习；

2007年11月，在中国人民解放军国防大学国防研究系学习。

杜金才

1998年3月至1999年2月，在中国人民解放军国防大学基本系学习；

2003年10月至12月，在中国人民解放军国防大学国防研究系学习。

刘亚洲

1998年3月至4月，在中国人民解放军国防大学进修系学习；

2001年3月至7月，在中国人民解放军国防大学国防研究系学习；

2008年9月，在中国人民解放军国防大学国防研究系学习。

杜恒岩

1999年9月至2000年1月，在中国人民解放军国防大学基本系学习；

2003年2月至7月，在中国人民解放军国防大学国防研究系学习；

2008年9月，在中国人民解放军国防大学国防研究系学习。

田修思

1994年3月至1995年2月，在中国人民解放军国防大学基本系学习。

王建平

1996年3月至1997年1月，在中国人民解放军国防大学基本系学习；

2003年2月至7月，在中国人民解放军国防大学国防研究系学习；

2009年7月，在中国人民解放军国防大学进修系学习。

许耀元

1998年3月至1999年2月，在中国人民解放军国防大学基本系学习；

2003年7月，在中国人民解放军国防大学进修系学习。

魏凤和

1997年3月至7月，在中国人民解放军国防大学进修系学习；

1998年3月至1999年2月，在中国人民解放军国防大学基本系学习；

2004年10月，在中国人民解放军国防大学进修系学习；

2005 年 5 月至 9 月，在中国人民解放军国防大学国防研究系学习；

2009 年 7 月，在中国人民解放军国防大学进修系学习。

新中国社会各界名流大家

（以入校时间为序）

魏　巍——著名作家

1938 年 1 月至 3 月，在中国人民抗日军事政治大学第三期学习。

吕　班——著名电影演员

1938 年 4 月至 12 月，在中国人民抗日军事政治大学第四期学习。

苏　里——著名电影导演

1938 年 4 月至 12 月，在中国人民抗日军事政治大学第四期学习。

高　帆——著名摄影家

1938 年 4 月至 12 月，在中国人民抗日军事政治大学第四期学习。

涂光炽——中国科学院院士

1938 年 8 月至 1939 年 6 月，在中国人民抗日军事政治大学第五期学习。

刘大年——著名历史学家

1939 年 1 月至 6 月，在中国人民抗日军事政治大学第五期学习。

史若虚——著名教育家

1939 年 1 月至 6 月，在中国人民抗日军事政治大学第五期学习。

戚元靖——中国工程院院士

1948 年 6 月至 8 月，在中国人民解放军华北军政大学学习。

……

外国军政要员

（以中国人民解放军国防大学防务学院“外军学员名册”为序）

洛朗 · 德西雷 · 卡比拉——刚果（金）民主共和国总统

约瑟夫 · 卡比拉——刚果（金）民主共和国总统

努乔马——纳米比亚总统

罗伯特 · 加布里埃尔穆加贝——津巴布韦总统

伊萨亚斯 · 阿费沃尔基——厄立特里亚总统

萨莫拉 · 莫伊塞斯 · 马谢尔——莫桑比克总统

若阿金 · 阿尔贝托 · 希萨诺——莫桑比克总统

亚西尔 · 阿拉法特——巴勒斯坦国总统

S . J. 尼扎姆——孟加拉国海军参谋长

朱尔 · 贝尔纳 · 旺德——中非军总参谋长

鲁克曼古德 · 卡特瓦尔——尼泊尔政府军参谋长

施杜尔德 · 桑德尔斯——牙买加国防军参谋长

贾格兹——斯里兰卡陆军司令

保利诺 · 若塞 · 马卡林格——莫桑比克国防军总参谋长

迪艾尔 · 施特克曼——北约前欧洲盟军司令部参谋长

卡洛斯 · 安特罗 · 伦兹——玻利维亚武装力量总参谋长

阿曼乌 · 帕切科——玻利维亚武装力量总参谋长

阿德尔弗 · 里纳尔多 · 巴斯克斯 · 普埃托——玻利维亚武装力量总参谋长

拉米罗 · 奥莱亚纳 · 托里科——玻利维亚武装力量总参谋长

弗雷德里希 · 里希曼——德国作战司令部司令

杜桑多斯——安哥拉特种部队司令

豪尔赫 · 阿尔贝托 · 卡德纳斯 · 坎通——墨西哥教育总局局长

奥林比奥 · 卡多索 · 拉伊瑟 · 坎博纳——莫桑比克武装力量副总参谋长

……

朋友，看着这个名单，看着他们的“学历”，看着人民共和国在屈辱中抗争的历史、在和平中崛起的今天，如果你的心弦上也在激越着母亲河黄河沧桑旋律的话，那么，就让我们一起来重温或学唱《抗日军政大学校歌》吧——因为，只有它才能穿越时间的隧道，驭着我们的畅想曲，飞向国防大学乃至人民军队和中华民族更加灿烂辉煌的未来——

黄河之滨集合着一群
中华民族优秀的子孙
人类解放救国的责任
全靠我们自己来担承
同学们努力学习
团结紧张严肃活泼
我们的作风
同学们积极工作
艰苦奋斗英勇牺牲
我们的传统
像黄河之水汹涌澎湃
把日寇驱逐于国土之东
向着新社会前进、前进，
我们是劳动者的先锋！

主要参考书目

1. 苏士甲、康景海：《中国人民解放军院校发展史》，国防大学出版社 1991 年版。
2. 中国人民解放军历史资料丛书编审委员会：《院校 · 回忆史料》，解放军出版社 1995 年版。
3. 国防大学：《中国人民解放军国防大学史》第一、二卷，国防大学出版社 2004 年版。
4. 国防大学：《中国人民抗日军事政治大学史》，国防大学出版社 2000 年版。
5. 《何长工回忆录》，解放军出版社 1987 年版。
6. 舒云：《大将罗瑞卿》，解放军文艺出版社 1998 年版。
7. 范硕等：《叶剑英传》，当代中国出版社 1995 年版。
8. 《刘伯承回忆录》，上海文艺出版社 1981 年版。
9. 陈石平：《中国元帅刘伯承》，中共中央党校出版社 1992 年版。
10. 李维民：《罗荣桓》，昆仑出版社 1999 年版。
11. 《萧克回忆录》，解放军出版社 1997 年版。
12. 《张震回忆录》，解放军出版社 2003 年版。
13. 中国人民解放军《中国人民解放军高级将领传》编审委员会、中国中共党史人物研究会《中国人民解放军高级将领传》编撰委员会：《中国人民解放军高级将领传》，解放军出版社 2007 年版。
14. 艾思奇文稿整理小组：《一个哲学家的道路——回忆艾思奇同志》，云南人民出版社 1981 年版。
15. 《李志民回忆录》，解放军出版社 1993 年版。

16. 孙毅:《在战火中办学——抗大二分校回忆录》,国防大学出版社 1988 年版。
17. 罗通:《来自井冈山下》,东方出版社 1996 年版。
18. 中共中央文献研究室:《毛泽东早期文稿》,湖南出版社 1990 年版。
19. 申沛昌、郭必选等:《延安精神的原生形态》,陕西人民教育出版社 1993 年版。
20. 雷云峰:《延安名人辞典》,国际炎黄文化出版社 2002 年版。

后　记

就跟装修房子总会有遗憾一样，由于能力、时间等原因，本书还有着这样那样的缺憾。例如，由于客观原因，自张震老校长以后的多位校首长，均未能以专节来写；由于“丛书体例”规定“以专节来写的名师原则上不超过 10 位”，故除许志功 (全军重大典型)、徐焰和金一南 (连续三届当选为杰出教授 , 按学校规定可以立传 ）而外，其他十余位国防大学评选的“杰出教授”均未能以专节来写 , 而只是在叙述中尽可能显示他们的名字或典型事例。这是十分遗憾的。好在这些领导和同志对此都十分理解。国防大学各级领导和教研人员对这本书十分重视，给予多方面的指导和支持，弥补了诸多不足，终于使它克服种种困难，作为写国防大学的第一部纪实作品，就要和读者朋友见面了。这便足以让我发自内心地来说该说的“谢谢”了。

国防大学侯树栋、李殿仁等老首长，政治部原主任徐天亮、张文忠，主任吴杰明，原副主任任天佑，副主任洪晓东、段天杰等领导同志，对本书立项、采访、写作及出版等工作给予了宝贵的指导和支持。国防大学训练部原教育长任海泉，科研部原部长霍小勇、副部长秦天，教研部袁文先、金一南等领导同志，给予大力支持。徐焰教授在工作十分繁忙的情况下，仔细审读书稿，并作了多处具体修改。解放军总政治部宣传部新闻出版局的领导和同志，对本书给予认真审读、把关和整体指导，提出了多方面宝贵的修改意见。

解放军档案馆，国防大学档案馆、图书馆、校史馆等单位，井冈山、瑞金、延安等地的国防大学校史纪念单位，提供了大量资料，给予很大帮助。

本书所用照片，除有署名者外，均由国防大学校史馆提供。

国防大学政治部秘书处原秘书长李向峰参与了本书立项、策划等工作；

原秘书长姚胜利查找并提供了大量图书、文件和图片资料，并在采访和经费等方面给予很大支持。校办原副主任王伟，宣传部原部长林培雄、原副部长李绪成等，对本书送审工作给予积极协调。

国防大学政治部宣传部卢周来部长，对本书出版给予关键支持和指导，并认真审读书稿和图片，提出重要的修改意见，还提供了一些宝贵的美术作品。秘书处邹国贤秘书长挤时间审读书稿，提出重要修改意见，并协调提供了许多资料，给予多方面支持。宣传部副部长许森对书稿进行了认真审读，提出重要修改意见。干部部、组织部、老干办的领导热情地接受采访、介绍情况、提供资料。

国防大学外语教研室王迎辉教员提供了有关翻译支持。

国防大学刘增良、王苏平、张勇、牟显明、李杰、郭荣伟、周晓宇、郑春龙、沈振新、王靖英、梁五妹、王恒、马祥林、薛蕾、桑成舟、褚振江、杨军、何选、雷俊、雷晨东、刘建华、杨守畔、王佳鑫、张立奎等同志，都是有“找”必应，给予了积极的配合与支持。

纪根亮、苏亚琳、张金戈、崔家林、朱丙娟等朋友，在采访、查找资料和校对文稿方面给予热情帮助。

我的妻子高婷婷，同样每天工作十五六个小时，从网上查找下载大量资料，整理大量采访录音资料，对书稿进行字斟句酌的校对、修改，并独揽家务，使我全身心投入写作。

可以说，没有以上领导、同志、朋友和家人的指导、支持与帮助，就没有这本书。在此，请允许我以作者和国防大学历史需要的名义，一并向他们致以诚挚的谢意！

书中错谬之处，恳望有关专家和读者朋友赐教、指正，以便在以后修订时加以弥补完善。谢谢！

作　者

2013年3月28日